U0850624

乡村旅游学研究

张晶晶　著

北　京
冶　金　工　业　出　版　社
2021

内 容 简 介

本书共分 7 章，主要内容包括乡村旅游的理论基础研究、乡村旅游与社会发展、乡村旅游与经济发展、乡村旅游与文化、乡村旅游的保障要素、我国典型地区的乡村旅游和我国典型模式的乡村旅游。

本书的主要读者对象为旅游管理领域的研究人员及专家学者、旅游管理专业的高校师生，也可供地方旅游管理机构及旅游企业管理者参考。

图书在版编目(CIP)数据

乡村旅游学研究/张晶晶著. —北京：冶金工业出版社，2018. 10（2021. 9 重印）

ISBN 978-7-5024-7934-3

Ⅰ. ①乡…　Ⅱ. ①张…　Ⅲ. ①乡村旅游—旅游业发展—研究—中国　Ⅳ. ①F592. 3

中国版本图书馆 CIP 数据核字（2018）第 244036 号

出 版 人　苏长永
地　　址　北京市东城区嵩祝院北巷 39 号　邮编　100009　电话　(010)64027926
网　　址　www. cnmip. com. cn　电子信箱　yjcbs@ cnmip. com. cn
责任编辑　俞跃春　美术编辑　吕欣童　版式设计　禹　蕊
责任校对　李　娜　责任印制　李玉山
ISBN 978-7-5024-7934-3
冶金工业出版社出版发行；各地新华书店经销；北京中恒海德彩色印刷有限公司印刷
2018 年 10 月第 1 版，2021 年 9 月第 2 次印刷
710mm×1000mm　1/16；11. 25 印张；216 千字；169 页
63. 00 元

冶金工业出版社　投稿电话　(010)64027932　投稿信箱　tougao@cnmip. com. cn
冶金工业出版社营销中心　电话　(010)64044283　传真　(010)64027893
冶金工业出版社天猫旗舰店　yjgycbs. tmall. com

（本书如有印装质量问题，本社营销中心负责退换）

前　言

乡村旅游是以农业为基础，以旅游为目的，以服务为手段，以城市居民为目标，第一产业和第三产业相结合的新型产业。乡村旅游可以合理开发城市边缘区域景观生态资源，发展城郊生态旅游，实现城市和乡村优势互补、协调发展。

乡村旅游是现代旅游业向传统农业延伸的新尝试，通过旅游业的推动，将生态农业和生态旅游业进行了有机融合，是一种新型的产业形式。

20世纪90年代以来，随着中国改革开放的深入和产业结构的调整，中国的旅游业获得较快发展，而且在重视城市旅游和风景区旅游的同时，积极推动乡村旅游和农业旅游的发展。乡村地域辽阔，自然景观多样，且绝大多数地方保持着原有的自然风貌，加上各地风格各异的风土人情、乡风民俗，使乡村旅游在活动对象上具有鲜明的独特性。乡村优美的自然环境、古朴的村庄作坊、天然的农副产品、原始的劳作形态、真实的民风民俗、悠久的农耕文化和古代的村落建筑，在乡村地域上形成了“古、始、真、土”的独特景观，具有城市无可比拟的贴近自然优势，为游客重返自然、返璞归真提供了条件。乡村和农业已由过去单一的农民自居和农业生产功能，转为集农业生产、生态涵养、观光休闲、农耕体验和教育娱乐等多元功能于一体。中国大城市周边乡村地域的传统农业生产功能已经逐渐减弱，其观光休闲功能开始日益凸显。

中国地域辽阔，自然类型复杂，形成了多样的乡村农业景观，这些各具特点的乡村农业景观资源为发展中国乡村旅游业提供了优越的条件。乡村旅游作为一个新型产业，随着外部市场环境及自身发展优势的凸显，必将有着广阔的发展空间。

本书基于乡村旅游的基础理论研究，对中国乡村旅游的发展进行了全面论述，阐述了乡村旅游与社会发展、经济发展和文化的关联，分析了保障乡村旅游可持续发展的要素，诠释了我国典型地区和典型模式的乡村旅游，以期对未来中国乡村旅游的可持续发展有所裨益。

本书在撰写过程中，借鉴和参考了很多学者的研究成果，在此表示衷心的感谢。

由于作者水平有限，书中不足之处，敬请专家和读者批评斧正。

作　者

2018 年 6 月

目　录

1 乡村旅游的理论基础研究

伴随着城市居民越来越快的工作生活节奏以及较差的生活居住环境，乡村旅游产业，是一种新的而又在城市难以体会得到的生活方式，让城市居民回归自然、享受自然，而且乡村旅游产业中的果蔬采摘、农家乐等模式已经受到了城市居民广泛的欢迎。同时，发展乡村旅游也可以为当地农村居民收入的增加带来实现机制，为农村以及农业的产业结构调整提供助力。

1.1 旅游与乡村旅游

1.1.1 旅游与现代旅游的概念

1.1.1.1 旅游的概念

关于旅游的定义，古今中外至少有上百种，众说纷纭，莫衷一是。每个定义都是在不同历史时期从不同的角度，为了解决某一方面的现实问题而提出来的，还没有形成一个统一的被大家所接受的定义。

在我国现代文献中，“旅游”一词出现在20世纪60年代，《现代汉语词典》和《辞海》中，都把旅游当作一个复合词来看待，解释为“旅行游览”之意。

在西方，旅游（tour）一词来源于拉丁语的“tornare”和希腊语的“tornos”，其含义是“车床或圆圈；围绕一个中心点或轴的运动。”旅游可以被看作是一种往复的行程，即指离开后再回到起点的活动。在1811年版的《牛津词典》中，首次出现了“tourism”（旅游）一词，被解释为“离家远行，又回到家里，在此期间参观游览一个地方或几个地方”。后来国际上关于旅游的定义越来越多，概括起来可以分为两类：一类是从理论性与实践性关系进行定义；另一类是从相关学科的角度对旅游进行定义。

从理论性与实践性关系的角度或者是从概念性和技术性的角度定义旅游，被称之为旅游的概念性定义和技术性定义。关于旅游概念性定义的典型代表是IASET定义，该定义认为，旅游是由非定居者的旅行和暂时居留而引起的现象和关系的总和。这些人不会因而永久居留，并且主要不从事赚钱的活动。技术性定义一般包括旅行的距离、逗留时间和出游目的三个要素。代表性定义是世界旅游组织提出的：旅游是指人们为了休闲、商务或其他目的离开他们惯常环境，去往他处并在那里逗留连续不超过一年的活动。

从相关学科的角度对旅游进行定义，主要包括以下几个方面：

一是从经济学的角度。经济学家认为之所以会产生旅游这个行业，是因为现阶段人们的生活水平普遍提高，民众对于自己的生活质量有了更高的期望和需求，而且人们的休闲时间有所增加，收入也在不断增长。史密斯将旅游定义为：旅游是一种企业的组合，这个组合为离开家的人们提供休闲、娱乐、商务活动等方面的服务。

二是从社会学的角度。按照人类社会交往的需要，把旅游活动的产生和发展视为社会交往的需要。现代社会学认为，社会交往是人类社会的普遍现象，人的身心的健康发展离不开社会交往。人在成长过程中总是不断地寻找社会交往的机会，而旅游活动正好满足了人们社会交往能力，促进身心的健康发展。陈方英认为旅游是“人们以审美和愉悦为主要目的到异地暂时停留以提高生活质量的一种不同于日常生活的经历”。

三是从文化学的角度。文化人类学家认为，追求文化差异和精神享受是人类旅游产生的基本原因，旅游是人们为寻求文化差异所进行的一种暂时性文化空间跨越的行为和过程。斯基德莫尔（S. Skidmore）和派斯日卡（R. Pyszka）认为“国际旅游的主要动机，是置身于其他文化中，以亲自了解那里的人民和体验其文化”。

四是从综合的角度。旅游是各地区、各国家在接纳旅游者的过程中，各方因发生的相互间的作用所产生的一些关系以及现象的总和。这些关系方包括旅游企业、游客以及旅游目的地的政府及居民。这种定义在学术界得到较多的认同，如我国大多数《旅游学概论》教材是采用这种定义。

此外，还有许多学者从旅游的目的、内容、本质、功能等方面对旅游进行了定义。

1.1.1.2　现代旅游的概念

从发展过程上来看，现代旅游形成于18世纪的产业革命，发展于19世纪中叶以后，成熟于20世纪中叶。“二战”结束后，世界各国的经济得到了快速发展，世界人口也急剧增加，各国人民的收入水平提高明显，交通以及运输条件有了很大改善，人们也有了更多的闲暇时间，特别是民用航空运输的发展，使人们对旅游活动的需求不断增加，使得现代旅游进入了一个前所未有的持续快速的发展阶段，大众旅游在世界各国迅速普及。

A　现代旅游的定义

现代旅游是指人们暂时离开居住地而到异地进行的包括观光游览、休闲度假、感受特色区域文化等在内的，有目的的全部活动的总称。如果依据地域来划分，现代旅游可以包括国内旅游和国际旅游；如果依据组织形式来划分，现代旅游可以包括自助式旅游、散客式旅游、团体型旅游、包价式旅游等；如果依据旅游的方式来划分，现代旅游可以包括汽车旅游、海上旅游、铁路旅游、航空旅游等；如果依据活动的内容来划分，现代旅游可以包括科学考察、体育竞赛、疗养式旅游、探险类旅游和文化类旅游等；如果依据来源来划分，现代旅游可以包括公费旅游、自费旅游和社会旅游等。

B 现代旅游的性质

（1）现代旅游是现代社会经济发展的产物，是综合性的社会经济活动。随着世界现代经济的不断发展，先进的交通工具和通信设备不断更新，劳动生产率持续提高，人们的闲暇时间大幅度增加，对于旅游娱乐的需求量不断增大，旅游开始变得更为大众化，更加面向国际范围，而且具有持续性。随着社会经济的不断发展，旅游活动的需求也不断增加，现代旅游业得到了迅速的发展。世界经济的飞速发展，使得大规模发展国际化、大众化、现代化的旅游业成为可能。

现代旅游已经成为一种社会性的活动，它的目标就是不断提高人们的物质和文化生活的水平，旅游并不是一种纯粹的经济性质的活动。但是旅游的过程中一些涉及饮食、住宿、交通、旅游、购物、娱乐等方面的服务又是伴随始终的，需要有专门的机构和人员来提供相应的服务，这些服务又实际上成为经济活动。因此，经济活动仍然是现代旅游的基础，而满足旅游者的需求是现代旅游的目标。以旅游产品生产和交换为特征，将不同种类的生产要素结合起来，从而成为一种综合性的社会类经济活动。

（2）现代旅游是现代社会文化发展的产物，是一种特殊的文化活动。现代社会发展阶段人类所创造出来的精神财富以及物质财富结合起来就构成了现代社会的文化。也可以说旅游是一种精神类财富的汇总。当人类的社会经济发展到特定的水平和阶段时，旅游这种精神文化类的消费活动就产生了。这是因为当人们的文化素质和生活水平提高到了相应的水平后，物质上的需要得到了初步满足，这时候精神文化方面的需求就会凸显出来，而旅游则恰好是一种文化的载体，因此人们对于旅游的需求就相应地强烈起来。在整个旅游过程中，都渗透了丰富的文化内涵，旅游活动是一种特殊的文化活动。旅游主体（旅游者）是依赖一定社会文化背景而产生的，旅游客体（旅游资源）是一定社会文化的物质载体，旅游的组织者、服务者是文化的传播者，旅游设施则是一定社会文化的表现形式。如果剔除旅游活动中的文化内涵，旅游就是一个空壳。

（3）现代旅游是一种高层次的消费活动。旅游是人的一种需要，是人在满足基本物质生活需要后的高层次需要。首先，现代旅游是人们较高层次的一种心理需求。在现代工业化社会高节奏的状况下，人们迫切需要相应的高情感补偿，特别是生活在城市中的人们，他们渴望回归原始纯朴的大自然，以放松自己的心情，调整自己的心态，于是，各种以追求新、异、奇、美为主的旅游需要就成为人们更高层次的心理需求。其次，旅游是一种消费行为，精神享受是这种消费行为的主旨。在任何时间和任何空间里，旅游者都可以通过旅游来进行自由的审美，让各类景观与自己的心情相契合，从中获取自身需要的审美感受。寄托志向、宣泄忧虑、陶冶情操、省悟人生都是旅游所能带给人们的精神享受。在这个过程中，旅游所能带给人们的精神享受要比物质享受更多。再次，旅游这种消费行为的文化性以及经济性都比较高。现代旅游与社会文化是密不可分的，没有了社会文化的要素，现代旅游也就无从产生和发展，更不可能出现文化性高的旅游型消费。社会经济的发展水平决定着旅游消费的水平，同时，旅游消费又可以在很大程度上推进社会经济的发展步伐。

1.1.2 乡村与乡村旅游

1.1.2.1 乡村的概念

研究乡村旅游文化，首先必须明确什么是乡村，这是关系到研究对象、范围和内容的前提。然而遗憾的是，“乡村”这个司空见惯的词，其概念似乎清楚但不明晰，一般来说，乡村是一个相对于城市而言的概念。在有关文献中，已有大量的城乡划分标准，但仍然缺乏一个足以说明乡村总体本质较为准确的概念，不同的学科对其有不同的视角和解释。

黑尔法奎（Halffacree）认为，乡村是一个地域范围，突出乡村的特质即乡村性。拉采尔认为，乡村指人群与房屋的分散，而城市则指从事交通方便，人群与房屋的集中。波贝克指出，乡村指从事田园式的人地综合体，而城市则指从事公务式劳动的人口综合体。格利普提斯（Glyptis）认为任何非城市环境，即“城市边界之外的区域”皆为乡村。麦克斯韦尔（Maxwell）等认为，乡村空间的共同性为：乡村空间的主体是农田、牧场、森林、水面、山体和沼泽，村落和基础设施所占空间很少；居民大量的工作时间用于农业生产；具有丰富和相对廉价的土地；交易费用高。

张小林从三个侧面论述了乡村的概念：

一是职业的定义。乡村作为职业的概念是与历史上农村联系在一起的，它指的是以农业生产为主体的地域，从事农业生产的人就是农民，以农业生产为主的劳动人民聚居的场所就是农村聚落。这一定义的本质是把农业生产作为农村赖以产生、存在与发展的前提和根本条件，也就是说，如果没有农业产业的存在，农村则将不再是农村，农民也就将不再是农民。

二是生态的定义。从生态的角度定义乡村，乡村是单个聚落规模较小、人口密度较低、土地利用相对比较粗放、与城市相对隔离的地域。该定义是以人口分布、景观、土地利用特征、相对隔离程度等生态环境背景来定义乡村，这也是引起城乡差异性发展的重要动力机制。

三是社会文化的定义。从社会文化构成的角度来定义乡村，着眼于城乡之间居民行为和态度上的差异性。乡村文化被描述为传统的、改变很慢的、地方性的和宿命论的。乡村社会则被认为是和谐的、劳动上分化不多的、相互关系密切的等。

由此可见，乡村不是一个简单的定义所能涵盖的，它是一个复杂而又模糊的概念。从单个方面来定义乡村也是不会被广泛接受的。但在通常意义上理解和认识乡村，至少从以下几个方面进行。

(1) 乡村是包围城市的面积广大的地区，以居民点为中心，与周围地区相联系并包括国民经济各部门，以及生态、社会文化等方面的地域综合体。一般是指县域以下的广大地区。

(2) 乡村人口以农业人口为主，乡村经济以自给性、半自给性生产为主。

(3) 乡村景观包括乡村聚落景观和非聚落景观两种类型。乡村聚落是乡村地区居民一切活动的据点。非聚落景观所占的面积远大于聚落景观，由于不同乡村地区构成非聚落景观的因素及其组合状况各不相同，所以乡村非聚落景观的类型极为多样。

(4) 乡村的动态性、相对性、不整合性是导致乡村概念复杂的主要原因。乡村人口总是以各种方式向农业以外的其他产业部门转移，乡村地域不断地向综合化方向发展，乡村的经济和社会文化职能转型明显加快，这种乡村发展的动态性导致城乡相对关系的不断调整，以及在社会文化、经济与生态三者之间在城乡的互相重叠，产生了复杂的不整合性，由此导致乡村的概念与内涵的不断变化。

在世界城市化迅速发展的今天，套用传统的观念来定义乡村，已经很难符合乡村发展的实际了，乡村的定义可以由乡村性来取代，即乡村的概念可以由乡村性的强弱程度来确定。一般而言，随着聚落规模的扩大，聚落职能的非农化程度越高，乡村性也就越弱。乡村性强的地区就是乡村地域，城市性强的地区就是城市地域，两者之间不存在断裂点，城乡之间是连续的。

1.1.2.2 乡村旅游的概念

从目前国内外学者对乡村旅游概念的界定来看，关于乡村旅游的概念至少包括以下几个方面的内容。

(1) 乡村旅游发生在乡村地区，显著区别于城市的乡村性景观资源（乡村聚落景观、乡村文化景观、乡村经济景观和乡村生态环境景观）是对城市居民主要吸引力所在。

（2）乡村旅游是以乡村民俗民族文化为灵魂，独特的乡村旅游文化内涵是乡村旅游持续发展的魅力所在。

（3）乡村旅游以农民为经营主体，充分体现“住农家屋、吃农家饭、干农家活、享农家乐、购农家物”的旅游文化特色。它是集餐饮、住宿、游览、参与、体验、娱乐、购物等于一身，陶冶性情的一种综合性休闲度假旅游活动方式，是一种传统的观光旅游向休闲旅游过渡的新的旅游形态。

1.2 乡村旅游的内涵及外延

1.2.1 乡村旅游概念

什么是乡村旅游？人们对其所指含义似乎清晰，毕竟其指出了乡村这一地域特征，与城市旅游必然不同；但是，对其准确指向并不明晰，一方面理解过宽，把地处乡村的旅游均认为是乡村旅游，另一方面理解过窄，主要把农家乐活动理解为乡村旅游。我国乡村旅游已呈现出异彩纷呈的新特点，仅从一个视角出发是不能全面理解乡村旅游的。事实上，对乡村旅游的概念认知，既要与国内外国情背景相结合，又要与旅游业发展的时代特征相结合。

1.2.1.1 国际乡村旅游概念辨析

乡村旅游在英文文献中一般被称为 rural tourism（乡村旅游），但是也有 agritourism（农业旅游）、farm tourism（农场旅游）、ecotourism（生态旅游）、geotourism（地学旅游）等说法。不同的国家用词会有所不同，这与当地的产业基础和休闲方式有很大的关系。如爱尔兰最喜欢用 rural tourism（乡村旅游），波兰旅游经营者和农场主喜欢用 agritourism（农业旅游），北美、大洋洲等国家经常用 farm tourism（农场旅游），农场旅游是乡村旅游的一部分，经营更接近农业生产，在很多欧洲农场里农业旅游或乡间的活动都称为乡村旅游。

国外乡村旅游发展历史悠久，对于乡村旅游的界定也有不同维度的阐释，表1-1 列举了一些国外学者对于乡村旅游概念的界定。

表 1-1 国外关于乡村旅游的概念界定列举

定义者	定义内容	关键词
Gibber（1990）	乡村旅游的对象局限于农场、牧场，其实质是农业旅游，农户为旅游者提供住宿等条件，使其在农场、牧场等典型的乡村环境中从事各种休闲活动	农场、牧场，农业旅游休闲活动

续表 1-1

定义者	定 义 内 容	关键词
世界经济合作与发展组织（OECD，1994）和欧盟（EU，1994）	乡村旅游指发生在乡村的一系列旅游活动，乡村性是乡村旅游整体推销的核心和独特卖点	乡村性旅游活动
Reichel（1999）	乡村旅游是指位于农村区域的旅游活动，具有农村区域的特点，如区域开阔、可持续发展等	农村区域旅游活动
Dernoi（2001）	乡村旅游是发生在非城市地区的旅游活动，它与土地密切相关，这里居住着永久性居民，永久居民的存在是乡村旅游发展的必要条件	非城市地区的旅游活动
Bernard Lane（1994）	乡村旅游是一种基于农业的高层次的旅游活动，既包括了传统的农村游玩项目，又具有教育意义和区域民俗旅游活动	传统农村游玩项目，民俗旅游活动
Busby（2000）	乡村旅游是乡村生活体验的商品化和模式化	乡村生活的商品化
Bill Barnwell	乡村旅游必须是在乡村地区；基于乡村特征（开放空间、乡村遗产等）；小规模的环境、经济、历史和本地性的综合模式	乡村地区、乡村特征
Insekeep（2002）	乡村旅游是一种旅游形式，这种形式与传统乡村有关。参与这种旅游形式，村民和游客都可以从中受益	传统乡村、村民和游客受益
芬兰乡村发展委员会（2003）	乡村旅游是全面开发乡村资源，创造出口产品的途径和工具，通过量和质两个方面增加努力，乡村旅游可以被建设成为乡村就业和收入的基本源泉	乡村旅游的经济功能

通过对国外学者概念界定的梳理，可以发现一些共通点，这也成为乡村旅游概念研究的重要基础。

一是强调乡村旅游发生的场地空间。很多学者在概念当中都提到了这一点，有的认为乡村旅游发生的空间是农村区域，也有的人认为是非城市区域，还有的说是乡村地区。欧盟（EU，1994）和世界经济合作与发展组织（OECD，1994）将乡村旅游定义为发生在乡村的旅游活动，明确乡村旅游发生的场地空间是乡村旅游概念研究的前提。

二是强调乡村旅游活动的乡村性。乡村性（rurality）是客观、准确地描述乡村旅游活动区域及活动对象特征，同时区别于其他不同旅游类型的主要依据。其概念主要建立在城市和乡村关系的社会学理论体系之上，乡村区别于城市的、根植于乡村世界的乡村性是吸引旅游者进行乡村旅游的基础。欧盟（EU，1994）和世界经济合作与发展组织（OECD，1994）认为乡村性是乡村旅游整体推销的核心和独特卖点。Reichel（1999）认为乡村旅游活动“具有农村区域的特点”。Bernard Lane（1994）认为乡村旅游是一种基于农业的高层次的旅游活动，既包括了传统的农村游玩项目，又具有教育意义和区域民俗旅游活动。Insekeep（2002）认为乡村旅游是一种旅游形式，这种形式与传统乡村有关。可见国外学者对于旅游活动的乡村性是非常关注的。

三是强调乡村旅游的作用与效益。Insekeep（2002）认为通过参与这种旅游形式，村民和游客都可以从中受益。Bill Barnwell 认为乡村旅游是小规模的环境、经济、历史和本地性的综合模式。芬兰的乡村发展委员会就曾指出，如果能够对乡村资源进行成功的开发，并且有力拓展产品的出口渠道，那么乡村旅游也可以成为当地居民就业和创收的优质途径。Reichel（1999）认为乡村旅游具有农村区域的特点，如区域开阔、可持续发展等。国际乡村旅游概念强调乡村旅游的居民和游客的综合受益，也强调乡村旅游的可持续发展。

四是强调旅游开发是可以与当地的土地开发和土地利用相结合的。有些业内人士认为乡村旅游和农业旅游是一致的，两者都是与农村土地开发相关联的。这说明乡村旅游的开发与农业土地利用的关系非常密切，农业旅游、农场旅游、牧场旅游、林场旅游等都是与乡村旅游非常密切的概念。

综合来看，国外对于乡村旅游概念的界定并不是采用系统归纳概括的方法，而是依据发展实际，抓住乡村旅游的某一个或某几个方面的典型特点进行解释性阐述。这与发达国家的国情相适应，其乡村人口占比较小，围绕乡村人口形成的乡村聚居地相对集中，因而，其乡村旅游所指向的地域特点、环境特点、体验特点等都比较一致。其乡村旅游概念基本属于狭义范畴，突出乡村旅游与乡村社会、社区之间的紧密联系。给我们的启示是界定乡村旅游概念一定要抓住乡村旅游的本质特点，而不是泛泛而谈。

1.2.1.2 国内乡村旅游概念辨析

国内学者对于乡村旅游的界定有很多的表述方式，不同的表述侧重点也有所不同，综合研究对比目前国内乡村旅游的概念，可以发现一些共性的内容，见表1-2。

表 1-2 国内关于乡村旅游的概念界定列举

序号	定义者	定 义 表 述	关键词
1	杜江（1999）	乡村旅游是以乡野农村的风光和活动为吸引物、以都市居民为目标市场、以满足旅游者娱乐、求知和回归自然等方面需求为目的的一种旅游方式	乡村资源、都市居民
2	吴必虎（2001）	乡村旅游就是发生在乡村和自然环境中旅游活动的总和	乡村空间

续表 1-2

序号	定义者	定义表述	关键词
3	肖佑星 (2001)	乡村旅游是指以乡村空间环境为依托，以乡村独特的生产形态、民俗风情、生活形式、乡村风光、乡村居所和乡村文化等为对象，利用城乡差异来规划设计和组合产品，集观光、游览、娱乐、休闲、度假和购物为一体的一种旅游形式	乡村空间、乡村资源、旅游活动、城乡差异
4	马波 (2004)	乡村旅游是以乡村社区为活动场所，以乡村独特的生产形态、生活风情和田园风光为客体的类型	乡村空间、乡村生产、生活资源
5	王兵 (2005)	乡村旅游是以农业文化景观、农业生态环境、农事活动及传统的民俗为资源，融观赏、考察、学习、参与、娱乐、购物、度假为一体的旅游活动	乡村资源、旅游活动
6	刘德谦 (2006)	乡村旅游是以乡村地域以及农事相关的风土、风物、风俗、风景的组合而成的乡村风情为吸引物，吸引旅游者前往休憩、观光、体验以及学习的旅游活动	乡村空间、旅游活动
7	吴人韦 (2006)	以地方农业、农村自然环境和农村民俗风情三者为核心，与城市旅游相对立的，建立在乡村空间环境和乡村生产关系上的特殊旅游类型	乡村空间、乡村资源
8	林刚 (2006)	乡村旅游是指发生在乡村地域，以乡村田园风情、农业生产活动、农家生活和民俗文化等自然和人文景观为旅游吸引物的休闲、观光、游览及度假活动	乡村空间、乡村资源、乡村旅游活动
9	郭焕成 (2010)	乡村旅游是指以乡村地区为活动场所，利用乡村独特的自然环境、田园景观、生产经营形态、民俗文化风情、农耕文化、农舍村落等资源，为城市游客提供观光、休闲、体验、健身、娱乐、购物、度假的一种新的旅游经营活动	乡村空间、乡村资源、城市游客、旅游活动
10	郭丽 (2010)	乡村旅游是指在乡村地区，以乡村自然和人文景观为吸引物，使旅游者领略农村乡野田园风光，体验农事生产劳作，了解风土民俗和回归自然，融观赏、考察、学习、参与、娱乐、购物、度假等于一体，能够满足旅游者求异、求知、求根等需求并能产生经济效益的旅游活动	乡村空间、乡村资源、乡村旅游活动

一是强调乡村旅游发生的空间。几乎所有学者都会将空间作为概念的前提条件，比如郭焕成认为乡村旅游是以乡村地区为活动场所；吴必虎强调乡村旅游发生在乡村和自然环境；肖佑星认为乡村旅游是以乡村空间环境为依托；郭丽也认为乡村旅游发生在乡村地区。

二是强调乡村旅游依托的资源。杜江认为农村的风光和民俗活动是乡村旅游中对游客的吸引源；郭焕成也认为要想成功开发乡村旅游资源，就要充分利用好农村的田园风光、自然资源、环境优势、民俗风情、建筑资源、文化资源和生产生活资源。

三是强调乡村旅游的活动和形式。目前学者的研究主要基于两个维度，一个是强调泛化的旅游活动，比如吴必虎认为乡村旅游就是发生在乡村和自然环境中的旅游活动的总和；杜江认为乡村旅游是以满足旅游者娱乐、求知和回归自然等方面需求为目的的一种旅游方式，他们不注重旅游活动是否结合地域乡土文化。另一个维度强调具有乡村性的旅游活动，比如肖佑星认为应利用城乡差异来规划设计和组合乡村旅游产品；刘德谦认为应以乡村风情为吸引物，设计吸引旅游者前往休憩、观光、体验以及学习的旅游活动；吴人韦认为乡村旅游是与城市旅游相对立的，是建立在乡村空间环境和乡村生产关系上的特殊旅游类型；郭焕成认为乡村旅游应当充分利用乡村的一些自然、人文资源，将休闲、观光、娱乐、健身、度假融为一体，将其发展成为一种新兴的旅游经营项目。从这一维度的研究来看，乡村旅游的活动和形式也应该是具有乡村性的。

四是强调乡村旅游者。学者认为乡村旅游者进行乡村旅游活动的主要动机是接触大自然和体验乡村生活的方式，通过乡村风情或农事活动获得放松休闲、观光游览、体验及求知等的旅游活动。同时还强调了乡村旅游者的来源，郭焕成认为乡村旅游是为城市游客提供观光、休闲、体验、健身、娱乐、购物、度假的一种新的旅游经营活动，杜江认为乡村旅游是以都市居民为目标市场。可见，城市居民是乡村旅游者的主要构成，也是促进乡村旅游市场流动的最主要群体。

综合来看，国内乡村旅游会将乡村旅游的所有相同的特征归纳进它的概念当中。能够代表乡村旅游本质的特点主要表现在以下三个方面：一是地域特点；二是活动特点；三是资源特点。我国的国情是乡村人口众多、乡村地域广阔、乡村资源多样、乡村民俗丰富，要一一列举必然不全面，因而采用综合概括方法是科学的。现有乡村旅游概念基本属于广义范畴。与国外相比，不足之处在于没有强调乡村旅游与乡村社区之间的关系，需要进一步揭示。

1.2.1.3　乡村旅游概念

从以上乡村旅游概念的国内外演化和比较来看，乡村旅游是有广义和狭义之分的。

从狭义的角度上，并非所有发生在乡村地区的旅游形式均为乡村旅游，旅游必须紧密地与乡村资源环境、乡村社区环境和生产生活环境相融合，才能称之为“乡村旅游”。也就是说，乡村旅游中的乡村要强调乡村性，尤其要强调乡村旅游的社区参与，因此乡村旅游必须是发生在乡村地区的（农村），与乡村生产生活密切关联（农业）的，注重社区参与的（农民）旅游形式。

随着时代的发展，乡村旅游概念的范畴在不断扩展，人们到乡村旅游已经不局限于与乡村性有关的活动，更多的是在乡村环境的各种非城市的旅游体验，因此广义的乡村旅游概念更契合时代的发展和需求。

从广义的角度上，乡村旅游并不强调乡村社区参与和活动，只是空间和资源上具有乡村性。

本书认为，把握乡村旅游的概念与内涵，应充分认识到以下属性。

（1）空间属性。旅游活动是否位于乡村地区。如果从地理的概念出发，那么乡村实际上可以被看作是一种空间性的概念，这个空间里主要居住着从事农业生产的劳动人民，与之相对应的是“城市”。在“乡村”这个空间里发生的旅游就叫作“乡村旅游”。这种旅游同城市旅游可以实现空间上的互补，内涵上的相对。

（2）资源属性。旅游活动的开展（旅游产品开发）是否依托乡村物质和非物质资源。乡村旅游资源是指存在乡村的资源，因其所具有的审美和愉悦价值而使旅游者为之向往的自然存在、历史文化遗产和社会现象。所以，对于乡村旅游这个概念，可以将它的范围定得更广，因为它指的不仅是农业类的旅游资源，比如自然风景等，而且还涵盖了乡村的民俗文化、乡村的服饰文化、乡村的农业相关的景观、乡村的传统建筑、乡村的农业活动以及其他的一些人文资源等；这些乡村旅游资源有些是有形的，有些是无形的。

（3）产品属性。从旅游活动内容上看，如果是属于根植于本地资源与乡村文化密切相关的乡村活动，可以称为狭义的乡村旅游；如果是旅游者参与的任何旅游活动，则称为广义的乡村旅游。在乡村旅游地区的活动可以是与乡村生产生活紧密相关的，即有乡村性的旅游活动；也可以与乡村的生产生活无关，可以拓展乡村旅游活动的范畴。

根据对于乡村地域的传统认识，以及按照乡村旅游的逻辑概念，对乡村旅游做出如下定义：从广义上讲，乡村旅游是发生在乡村地区，依托乡村资源开发观光、休闲、度假等旅游体验活动的一种旅游方式。

从狭义上讲，乡村旅游是发生在乡村地区，以自然资源、田园风光、乡村文化以及具有乡村性的农事生活和建筑景观为主要吸引物，以观光、休闲、度假、养生及各种乡村生活体验为目的的一种旅游方式。

狭义的乡村旅游特指发生在乡村地区，以具有乡村性的自然和人文客体为吸引物的旅游方式。

本书以下各部分内容，除特别说明外，所言及乡村旅游的内涵均取其宽泛含义，即广义定义。

1.2.2 乡村旅游的外延

由于依托资源基础和开发产品类型的交叉重合，在发展演化过程中，人们会将乡村旅游概念与农业旅游、生态旅游以及民俗旅游等概念相混淆，比如民俗旅游依托的文化资源基础会包含乡村文化，生态旅游依托的资源基础会包括乡村生态资源，它们在内涵和外延上既有交叉又各有侧重，为了更好地理解乡村旅游概念，需要对它们之间的关系加以梳理。同时随着乡村旅游市场需求的升级，乡村度假群体涌现，乡村度假、乡村生活是乡村旅游深度体验的一种方式，也是需要界定清晰的概念。

1.2.2.1 乡村旅游与生态旅游的关系

生态旅游是目前旅游机构使用频率最高的词汇之一，也是旅游产品中增长最快的部分，但关于“生态旅游”的概念莫衷一是，国内外学者均没有统一的认识。

生态旅游的概念至少在以下三个方面是形成共识的，并以此与乡村旅游有所区分。

(1) 生态旅游目的地（生态旅游景区）必须是相对原始的自然区域，以尽可能少受人类活动干预的区域为旅游地。所以，生态旅游理论上是排斥大量人类活动干预的，即便是规模化、产业化的现代农业生产活动也概莫能外。而乡村旅游并不排斥这一点，相反，甚至因为有这类活动的干预而使乡村旅游在产品形式和品质上更为多元和优质。当然，乡村旅游行为仍然是一种低干扰程度的行为体系，合理的乡村旅游应当具有较强的生态旅游特征。

(2) 生态旅游有较高的“准入门槛”，其对旅游目的地和旅游者的选择同等重要。生态旅游往往对生态旅游者在其社会、经济和文化属性方面有特殊要求，学习和教育功能的体现是旅游者出游的重要目的，而生态旅游的观赏和娱乐功能会相对次要。而乡村旅游在这一点上并无明显区分，相反，其休闲娱乐功能有时还会略占上风。简言之，乡村旅游多数情况下人们是将其纳入“大众旅游”范畴的，至少其大众旅游的色彩显于生态旅游；而生态旅游是“选择性旅游”，对目的地和旅游者存在双重选择。乡村旅游是生态旅游的比较一般的相对大众化的旅游方式之一。

(3) 乡村旅游首先是以旅游活动发生的场所作为区分乡村旅游和非乡村旅游的第一指标的。就旅游活动发生的场所而言，广义乡村旅游与一般生态旅游有交叉，但并不重合，随着生态旅游的概念演化，出现了城市生态旅游，是指以城市地域内的自然风光和文化风情为基础，满足城市居民和外来游客需求，同时是维护城市环境生态平衡和促进环保观念的一种大众化旅游活动体系，因此城市生态旅游在地域空间上与乡村旅游已经有了本质上的划分。

当然，乡村旅游与生态旅游亦有较大的共轭空间。发达国家在乡村旅游中非常关注在开发的同时保护当地的自然环境，他们十分重视保护旅游景区的民俗风情和传统文化，景区所在地居民对于旅游开发的态度也在政府考虑的范围之内，当地政府还会关注景区居民对于旅游、对于游客的态度。虽然他们也希望通过开发旅游资源来提高当地居民的生活水平，推动地方经济的发展，但他们更看重乡村的环境保护，看重当地的自然以及经济是否能得到可持续的发展，所以他们更侧重于保护环境，发展生态旅游业。

1.2.2.2 乡村旅游与农业旅游的关系

农业旅游是指充分利用农业资源，以旅游内涵为主题而开发出的以农村独特的田园风光、农事劳作及农村特有的风土人情等为内容，将农业建设、科学管理、农艺展示、农产品加工及旅游者的广泛参与融为一体的新型旅游形式。

根据国家旅游局2002年颁发的《全国农业旅游示范点、工业旅游示范点检查标准（试行）》指出，农业旅游是指以农业生产过程、农村风貌、农民劳动生活场景为主要旅游吸引物的旅游活动。

乡村本来就是进行农业生产的区域，乡村旅游自然离不开农业的元素，因此乡村旅游的重点实际上还是农业旅游。游客可以在乡村氛围内体验农家的生产和生活，现场购买当地新鲜的土特产和农产品，还能够在广阔的非农地域游览观光、度假休闲等多样化的活动，可以说乡村旅游所包含和涉及的内容要比农业旅游广阔得多、宽泛得多，乡村旅游的活动也比农业旅游的活动更成熟、分布地域更广泛，因此，农业旅游只是乡村旅游的一个类型。

由于都市农业的出现（都市农业是位于大都市中、都市郊区和大都市经济圈以内，以适应现代化都市生存与发展需要而形成的现代农业），农业并不都发展在纯粹的乡村地区，所以农业旅游有时与乡村旅游并不一定发生在共同的地域范围之内。

伴随我国农业的转型升级，农业的产业功能和旅游内容在深化和扩展，“农业+”在不断融入人们的生活，农业+安全、农业+观光、农业+休养、农业+医疗等丰富的农业体验使得农业旅游将成为乡村旅游的重要的组成形式，见表1-3。

表1-3　农业功能的拓展及农业旅游今后发展方向

与农业配合	构成内容
农业+安全（安全力）	安全农业、无毒农业、可持续农业、有机农业、有机蔬菜、安心蔬菜、安全蔬菜、健康蔬菜、清洁蔬菜
农业+观光（观光力）	绿色休闲旅游企业（农家民宿、农家餐厅、农产品直销中心、农产品加工开发）的推广
农业+休养（疗养力）	安静休养、在农山渔村安稳对话、什么都不做、无忧无虑地停留等疗养空间的推动
农业+医疗（治愈力）	园艺疗法、动物疗法、芳香疗法等农业所具有的治疗力的开发与推广

续表 1-3

与农业配合	构成内容
农业+教育（教育力）	与小动物互动、透过栽培花草与农产品，开发情操教育、推动专业农业体验的教育农园
农业+福祉（福祉力）	由农家经营老人之家、团体之家、照护之家，围绕身心障碍者的农业体验等福祉

1.2.2.3 乡村旅游与民俗旅游的关系

民俗旅游是指人们离开惯常居住地，到异地去以地域民俗事项为主要观赏内容而进行的文化旅游活动的总和。它是属于文化旅游的一种。而文化旅游，是指人们通过旅游或在旅游活动中了解和获取知识的活动。

对民俗旅游概念的理解，也是因人而异。我国学者刘其印认为，民俗旅游是以民俗展示和参与为基础的旅游项目，比如一些民间的艺术类表演、风味小吃、民居住宿、寺庙朝拜、民俗展览、乘坐老式交通工具、祭祖寻根活动等，目的就是引导游客亲身体会农家的生活和文化习俗。有业界的学者认为，民俗旅游欣赏的不是自然风景，而是人文的景观，这是一种层次更高的文化类旅游项目。所有国家以及民族的传统建筑、节日庆典、传统歌舞以及民俗礼仪等都可以成为珍贵的民俗旅游资源。

关于乡村旅游与民俗旅游之间的关系说法不一，有些学者认为乡村旅游包括民俗旅游，其实不然。民俗旅游有多种分类方式，陶思炎教授在《略论民俗旅游》一文中，从民俗旅游涉及的民俗范畴、民俗生活的空间、民俗旅游的产品性质以及民俗旅游产品的服务功能四方面进行划分，其中根据民俗生活的空间，民俗旅游可作市井民俗游、水乡民俗游、山村民俗游、渔村民俗游等划分，因此民俗旅游既可以在农村开展，也可以在城镇进行，故两者不是包含与被包含的关系，而是含有共同部分——乡村民俗旅游的关系。

1.2.2.4 乡村旅游与乡村休闲、乡村度假、乡村观光及乡村生活的关系

乡村休闲、乡村度假、乡村观光及乡村生活是乡村旅游在发展过程中存在的几种比较常见的概念说法，往往容易混淆，但是他们都是乡村旅游的重要形式，在乡村旅游发展过程中不可或缺，因此需要厘清这几种说法之间的关系。

度假旅游和观光旅游是相互关联的两个不同层面的旅游形式。观光旅游是旅游业发展的初期阶段，度假旅游是旅游业发展到高级阶段的必然产物。乡村观光最鲜明的特点是以到乡村“看”为主要形式，而乡村度假最鲜明的特点是以到乡村“养”为主要形式。从心理学的角度深度剖析旅游需求，观光旅游追求的

是“刺激”，即通过“求新求异”获得刺激，从而获得与日常生活全然不同的体验，其主要特点是追求感观的愉悦；而度假旅游是利用假日外出，以度假和休闲为主要目的和内容的，进行令精神和身体放松的康体休闲方式，它追求的是通过各种方式和活动获得生理和心理上的“放松”，从而恢复正常的生理机能和心理平衡。不过度假旅游和观光旅游有时也没有明确界限，游客在度假旅游中同样带有观光活动，两者是结合在一起的。

在最初的乡村旅游发展中，乡村观光的需求比较大，人们追求有别于城市的新奇观感，但快速的城市化进程使得人们也更加向往在乡村身心放松的体验，乡村度假成为乡村旅游深化发展的重要形式，与乡村观光共同为乡村旅游者提供丰富的旅游体验。

乡村休闲包含了乡村度假和乡村观光。古希腊哲学家亚里士多德被公认为第一位对休闲进行系统研究的学者，他所提出的“休闲是一切事物围绕的中心”“只有休闲的人才是幸福的”等观点深刻地影响着西方文明的演化与发展，而后众多旅游学者继续对休闲进行研究，最终得出大家比较认同的休闲的含义，休闲是个人闲暇时间的总称，是指在非劳动及非工作时间内以各种“玩”的方式求得身心的调节与放松，达到生命保健、体能恢复、身心愉悦目的的一种业余生活，也是人们对可自由支配时间的一种科学和合理的使用，休闲活动是人们自我发展与自我完善的载体。

休闲是人们合理支配自己的闲暇时间，旅游行为是否发生与休闲方式不存在直接的联系；观光和度假则是站在旅游的角度去分析人们在闲暇时间时产生的初级和高层次旅游行为。

从范围上看，作为人们对闲暇时间的利用方式，外出旅游、多样化文化项目、体育项目，甚至逛街、吃饭、喝茶、打牌、K 歌都是休闲方式，休闲内容涵盖范围远比观光旅游和度假旅游大得多，旅游也仅是休闲的一个部分。

从时间和支出上看，休闲的时间可长可短，10 分钟可以休闲，10 天也可以休闲，弹性很大，因而休闲的支出也是从低到高，范围较广。而旅游则需要人们有较高的可支配收入和较长的闲暇时间，条件限制相对较多。休闲旅游是指以旅游资源为依托，以休闲为主要目的，以旅游设施为条件，以特定的文化景观和服务项目为内容，为离开定居地而到异地逗留一定时期的游览、娱乐、观光和休息。但不可否认的是休闲和观光旅游、度假旅游都已经成为人们生活中的重要组成部分。

因而乡村休闲包含的范围也比较广，在乡村所发生的所有休闲活动都可以称为乡村休闲，时间可长可短，内容涉及观光、度假、生活等旅游形式，是一种最为普遍的乡村体验。

乡村生活是乡村旅游者去到乡村体验具有乡村性的生活型旅游方式，这种体验会有乡村观光、乡村度假以及乡村休闲的体验形式和生活方式，但又不完全包括。比如去乡村观看大山大水，到乡村旅游度假区去放松身心，就不属于体验乡村生活的范畴；比如去乡村锻炼、作画等休闲活动也不属于乡村生活内容。乡村生活的最大特点是在乡村“住”下来，把乡村当作“家”进行短时期的生活体验。

1.3 乡村旅游的组织管理形式

随着我国乡村旅游的发展，各种类型的旅游产品开始出现，如农家乐、民宿、休闲农庄等。在发展的过程中，由于受到被动或主动因素的影响，往往会产生更高级别的组织管理形式，来进一步引导乡村旅游朝着更标准、更规范、更成熟的方向发展。依据目前存在的乡村旅游产品的组织管理形式，可以将其划分为村域型组织管理形式、景区型组织管理形式、度假区型组织管理形式和集聚区型组织管理形式，但也并不排除随着乡村旅游的发展会出现或已经出现的其他组织管理形式的存在。

1.3.1 村域型组织管理形式

1.3.1.1 发展及特征

在乡村旅游发展的最初阶段，一般是以个体农民经营为主，这种早期“单打独斗”的发展模式，虽然能使个体户的经济利益得到保障，但从村域整体发展环境来说，却减弱了居民保护和改善乡村公共区域环境的积极性，这就导致乡村环境出现恶化，基础服务设施逐渐落后。除此之外，农民经营者缺乏管理经验，整体服务水平较低，又由于没有统一的管理规范和标准，也使得诸如农家乐、民宿等产品品质较低。总的来说，“单打独斗”“各自为政”的经营方式使得乡村旅游的后劲不足，且存在诸多问题。因此，为了改善乡村旅游的发展状况，进一步发挥“合力作战”的集聚效应，确立统一的组织管理形式显得尤为重要。只有通过统一的组织管理，才能有效提升村子的整体发展环境、提高农民的收入水平，从而为乡村旅游的发展营造一个优质的社会和经济环境，逐步达到村民共同富裕、经济快速发展的目的。

通过分析，可以大致总结出村域型组织管理形式的主要特征：（1）乡村旅游发展已形成一定规模；（2）有统一的管理组织。

1.3.1.2 两种形式

乡村旅游的发展经历了从不成熟到成熟的阶段，在这个过程中，旅游产品业态得到升级、乡村旅游发展规模逐渐扩大，组织管理形式也随着乡村旅游的日渐成熟而发生着改变。总的来说，可以概括为两种类型：一是全域型组织管理形式，二是景区型组织管理形式。这两种类型并不完全是并列的关系，也包含着一种演进发展的递进关系。

全域型组织管理形式是乡村旅游发展到一定阶段的产物。为了在已有发展的基础上，更好地促进乡村旅游产业要素的集聚和转型升级，应该逐渐过渡到以全域旅游理念指导下的乡村旅游发展阶段，通过对整体乡村旅游发展环境的打造，全面提升乡村旅游的服务水平及区域接待能力。随着乡村旅游的进一步发展，乡村环境和旅游服务设施等都已达到了较高水准，这些情况的出现也都要求该类村镇朝着景区型发展方向转变，景区型组织管理形式由此出现，可以视为全域型组织管理形式的升级模式，标准化、规范化、统一化是其主要的管理特征。由此，乡村旅游的发展又进入了一种全新的阶段。从全国乡村旅游发展的情况来看，这一组织管理形式的转变是一般规律，但也不排除特殊情况的存在，各地组织管理形式的选择还需要因地制宜。

1.3.1.3 发展的关键

(1) 做好乡村公共服务建设。乡村旅游的发展需要整洁的环境、便利的设施做基础。应积极做好乡村旅游的生态环境和旅游服务设施工程建设，致力为乡村旅游的发展创造一个良好的生态环境和社会环境。这样做，一方面能为游客提供舒适、宜人的旅游环境，且能有效改善村民的生活环境；另一方面能为游客提供便捷的服务，满足游客的游览需求。

(2) 做好规划和引导。我国乡村旅游的发展处于初级阶段，管理者大都缺乏有效的管理经验、旅游规划意识不强，这就容易导致经营无序、乡村旅游产品雷同、产品特色不鲜明等现象的出现。因此，作为乡村旅游的管理主体，一方面要转变传统的思维方式，树立旅游规划的理念，做好乡村旅游的发展规划；另一方面要注重先进管理经验的学习，创新组织管理形式，同时积极引导农民参与乡村旅游的发展，通过不定期的业务培训，提高他们的服务水平和专业素养。

1.3.2 景区型组织管理形式

1.3.2.1 发展及特征

乡村旅游的发展催生了不同类型的旅游产品，如农庄、度假村、农园等。多样化的产品虽然丰富了乡村旅游的产品体系，但是随着发展的逐渐深入，也存在一些问题，主要表现在两个方面：一是缺乏统一的管理标准或规范，我国乡村旅游的发展还不成熟，对于目前存在的产品类型，大都没有统一的发展标准和管理规范，往往各成体系、自成章法，这就容易导致整体市场的经营混乱，也为管理部门的监管带来了困扰；二是大市场环境下的影响力难以释放，就目前乡村旅游市场而言，同质化产品竞争激烈，以低价竞争获取经济效益和市场关注的现象频繁出现，这就使得自身的品牌影响被遮掩，难以在市场中树立良好的品牌形象。考虑到这两个主要方面的影响，向景区方向转型往往成为某一类旅游产品发展的最佳选择，这也是其发展到一定阶段的可能趋势。采取景区标准化、规范化的管理方式能较好地使某类旅游产品实现标准化管理，同时能在短时间内获得大众的认知，进而实现扩大市场影响、提升发展层级的目的。

一般而言，大体有三类旅游产品适宜向景区型方向发展。第一类是由“村中有景、景中有村”的村景结合形成的复合型景区。如山西永济的神潭大峡谷和水峪口村，两者相互依托、相互促进，形成了当地的热点旅游景区。第二类是由同类旅游产品集聚而形成的综合型景区。第三类是由具有封闭性的经营实体发展形成的个体型景区，如庄园、农园、度假村等。总的来说，就是在已有的旅游产品形态上通过捆绑或叠加近邻旅游产品的方式，将新的产品打包整合成一个景区，进而通过景区化运营的方式，提升整体的竞争力和影响力。通过分析，可以大致总结出景区型组织管理形式的主要特征：（1）有标准化的管理方式；（2）有统一的管理组织；（3）有明确的管理边界。

1.3.2.2 发展的关键

（1）聚焦核心卖点，打造个性品牌。随着乡村旅游开发力度的增强，同类型产品的竞争日渐激烈。因而找准自身资源特色、树立品牌形象往往成为乡村旅游发展的关键。一方面需要梳理自身资源，找到具有竞争力的吸引点，实现乡村旅游产品的差异化发展；另一方面需要以市场为导向，寻找自己的客源目标，打造自己的品牌产品，从而迅速扩大自己的市场影响力。

（2）创新业态和收入模式。乡村旅游不仅是发展旅游的一种重要手段，也是促进新农村建设的一种有效方式。因此，不断创新产品业态，探索新的盈利方式对乡村旅游的发展尤为重要。一方面，结合市场需求和资源特色，创新开发新的产品类型，满足游客的消费需求，促进乡村型景区的可持续发展；另一方面，丰富旅游供给侧体系，改变单一的收取门票的经营方式，实现从门票经济向产业经济转变，通过多元化的经营方式帮助村民致富。

1.3.3 度假区型组织管理形式

1.3.3.1 发展及特征

度假区是集住宿、餐饮、休闲、娱乐等功能于一体的综合型旅游区。和景区型旅游产品不同，度假区更强调生态环境的打造以及休闲度假功能的植入，也更突出作为一个综合区域的整体发展形态。随着乡村旅游的深入推进，规模化经营的乡村旅游度假区得到发展，国家也提出了旅游度假区的概念和标准，这也为乡村旅游度假区的发展和规范提供了指引。可以说，度假区型的组织管理形式主要是为了突出某一空间范围内的度假资源和功能而形成的。通过强化度假区型的组织管理形式，可以对现有发展并不成熟的乡村旅游度假区提供管理参考，进一步规范其发展。

通过分析，可以大致总结出度假区型组织管理形式的主要特征：（1）有明确的经营管理主体；（2）有标准化的管理方法；（3）有明确的管理界限。

1.3.3.2 发展的关键

（1）注重度假环境的打造。休闲度假旅游逐渐成为一种趋势。随着人们对旅游消费品质的提高，作为度假旅游的主要目的地——旅游度假区，具有良好的度假环境应成为旅游度假区发展的重要条件。针对这种需求的变化，管理主体要充分保障度假区内部的自然环境、人文环境和心理环境的建设，通过生态景观营造、主题文化的打造以及安全防护的完善等方面，提高度假区整体的舒适性、康益性和安全性，为游客创造一个良好的度假旅游环境，让度假者真正获得身心的放松。

（2）开发多元化的度假产品。传统度假旅游的主要目的是保健康疗，现代度假旅游的目的则逐渐多元，延伸出以亲情回归、社会交往、商务会议、消磨闲暇等目的的度假旅游。随着旅游的发展，游客的需求也在不断地发生变化，这就要求度假旅游市场要根据游客的特殊兴趣、爱好、职业、身体状况等设计不同主题的度假产品，如康体疗养、亲子游乐、商务会议、民俗体验类度假产品等，通过打造特色化、主题化的度假产品，增强度假区的竞争优势，满足度假区客源市场的休闲度假需求。作为经营主体，应做到主动了解快速变化的消费市场，不断创新开拓新的消费市场，激活潜在的消费市场。

1.3.4 集聚区型组织管理形式

1.3.4.1 发展及特征

从空间和区域的角度来看，旅游产业往往是集聚发展的，或集聚于旅游景区，或集聚于景区所依托的中心村镇等。产生这种集聚的原因主要有两个方面：一是由于旅游产业特性的要求；二是由于产业集群产生的外部经济效应。但在形成集聚的过程中，也会导致一些问题的出现，如没有统一的管理组织，导致管理混乱；没有统一的公共服务设施规划，导致游客满意度降低等。

产业集聚现象往往依托某种资源或产业自发形成，繁杂问题的出现也使得划定区域、统一管理成为必要的管理手段。总体而言，建立乡村旅游集聚区，一方面能实现旅游发展的有效管理，改善市场无序的经营状况；另一方面能有效改善区域的旅游公共服务设施，为经营者和游客提供便利，营造良好的旅游环境。目前，乡村旅游集聚区暂无国家标准，但地方相关管理部门为规范行业发展，在实际操作过程中出台了相关标准和管理规章。如浙江省湖州市编制了《湖州市乡村旅游集聚区产业发展专项规划》，出台了《关于加快市本级乡村旅游集聚示范区建设的实施意见》，制定了乡村旅游集聚区、示范村、示范农家、示范农庄和乡村民宿的认定标准，促进了全市乡村旅游集聚区的标准化、产业化、品质化、国际化发展。

通过分析，可以大致总结出集聚区型组织管理形式的主要特征：(1) 有明显的管理边界；(2) 有专门的管理机构。

1.3.4.2 发展的类型

通常，乡村旅游集聚区类型有两种最常见的划分方法：一是按重要程度及占地规模分为国家级、省级和市级乡村旅游集聚区；二是按乡村旅游集聚区占据空间的土地利用属性分为主题型、园区型和行政区型乡村旅游集聚区。

1.3.4.3 发展的关键

(1) 改善区域的发展环境。乡村旅游集聚区的规划，旨在提升管理效率，实现旅游产业的跨区域管理或村域管理。而集聚区整体的发展环境则尤为重要。因此，要重点完善区域发展环境，包括市场环境和服务环境等。要建立统一的管理协调机构，保障旅游质量、旅游安全、旅游统计等各项制度健全有效。同时，完善服务设施以及区域品牌建设，进一步加快集聚区规范化、标准化的发展步伐，提升乡村旅游服务水平及区域性接待能力。

(2) 做好整体发展规划。目前，已形成的乡村旅游集聚区存在“小、散、乱”的现象，重复建设、低层次开发、环境破坏现象时有发生，这些情况不仅造成了资源的极大浪费，也使乡村旅游产品的品位较低，影响了乡村旅游的可持续发展。为了改善乡村旅游集聚区发展的现状，加快乡村旅游集聚区规范化、标准化的发展步伐，因此，编制一份具有科学性、规范性、前沿性的旅游发展规划至关重要。要通过编制相关规划来引导乡村旅游集聚区的健康发展，最终将其建成生态环境优美、旅游产品丰富、基础设施完善、公共服务健全、管理规范有序、百姓富裕幸福的乡村度假目的地，湖州市长兴县“上海村”已经成为“浙江省乡村旅游产业集聚示范区”，成为全国乡村旅游集聚发展的标杆。

1.4 我国乡村旅游发展现状及趋势

1.4.1 乡村旅游产业的形成条件与功效

1.4.1.1 乡村旅游产业的形成条件

乡村旅游在近30年间“爆发性增长”，其中蕴含了具有规律性的发生机理。揭示并认知其机理，对于因势利导促进乡村旅游未来发展无疑是必要的。借鉴国内外有关研究，这里先概述乡村旅游的发生机理要点。

如同一般产业那样，乡村旅游的发生是由供给与需求及其两者的关系所决定的。不同于一般产业的是，乡村旅游不仅是一种物质性活动，而且是一种精神性活动，它满足的不仅是人们对物质的需求，而且更重要的是满足人们对精神的需求。因此，乡村旅游的发生机理必须从物质与精神两个层面加以解释。

（1）从物质层面上考察，乡村旅游的发生显然与经济发展提供的物质基础和条件密切相关。以下两点或许是最重要的。

1）经济发展带来收入水平提高，消费层次从生存型消费转变为发展型消费，乡村旅游由此应运而生。国内外经验表明，乡村旅游成为大众化消费活动，是在经济发展进入中等收入阶段之后普遍发生的。经济学理论指出，消费者收入是决定其需求的重要因素，是需求实现的客观必要条件。随着收入水平的变化，需求层次也发生变化。一般地，收入水平越高，需求水平也就越高，人们的总需求水平与其收入水平呈正相关关系。不妨考察中国居民的恩格尔系数变化，恩格尔系数是指人们的食物支出金额在消费总支出金额中所占的比例，其含义在于，可通过观察人们在满足了生存的基本需求后，还剩多少“闲钱”，判断生活水平是否提高。众所周知，吃是人类生存的根本需要，在收入水平较低时，其在消费支出中必然占有绝对地位。随着收入的增加，在生存需要基本满足的情况下，消费的重心才会开始向穿、用等其他方面转移。根据联合国粮农组织提出的标准，恩格尔系数在59%以上为贫困，50%~59%为温饱，40%~49%为小康，30%~39%为富裕，低于30%为最富裕。恩格尔系数，在国际上常常被用来衡量一个国家或地区人民生活水平的高低。一般来讲，该系数越高，表示人们生活的贫困程度越高；反之，则表示人们生活的富裕程度越高。据有关统计，2002年中国农村居民恩格尔系数为46.6%，城镇居民为37.9%，到2011年变化为农村居民恩格尔系数为40.8%，城镇居民为36.4%。这就表明，当下中国城乡居民特别是城镇居民已经有相当数量的“闲钱”用于发展型消费，包括旅游消费。21世纪初，中国城乡居民收入水平总体上达到小康，开始进入发展型消费阶段，也打开了乡村旅游普遍兴起的时间窗口，至今方兴未艾。可以预期，随着中国城乡居民收入进一步提高，恩格尔系数进一步降低，乡村旅游需求将会增长得更多，乡村旅游消费增量将会更大。

2）闲暇时间是乡村旅游发生的必要条件。闲暇时间，按马克思的定义是指“非劳动时间”“不被生产所占用的时间”。闲暇是由劳动生产创造的，随着劳动生产率的提高，劳动时间可以缩短，从而产生出闲暇时间。马克思把闲暇时间分为两类：一类是“用于娱乐和休息的余暇时间”，另一类是“发展智力，在精神上掌握自由”的时间。1999 年 9 月，随着国民经济的发展和人民生活水平的提高，国家在经过一段时间的双休日的试行后，决定增加广大劳动者的休闲时间，将春节、“五一”“十一”三个中国人民生活中最重要节日的休息时间延长为 7 天，于是“旅游黄金周”的概念应运而生。近年来，虽然国家取消了“五一”7 天假期规定，但增加了职工带薪年假。据估算，城镇职工全年节假日加上双休日，共有 110 天左右的假期。此外，大中小学的寒假暑假，职工退休后的闲暇时间，更增大了人们闲暇时间的总量。这也意味着，乡村旅游与闲暇时间区间呈正相关关系，节假期间、学校寒暑假期间往往是乡村旅游的高峰区间，因此乡村旅游具有季节性及其峰谷波动性；节假时间之外，乡村旅游的主要客户群体大都是闲暇时间最多的退休人员。

（2）从精神层面考察，乡村旅游的发生与城市居民的“逆城市化”精神需求密切相关。

1）在中国历史文化中，乡土认同始终浸染于人们的精神生活，一旦在物质条件具备后，人们对乡土的心理认同与回归诉求便会成为现实消费需求。在城市人工异化的景观中，特别是在现代消费经济时代商品价值取向的社会背景中，人失去了借以归属的大地与定位自我的空间向度。回归乡土的实质即是在寻找家园中获得身份认同与信仰重建，让生命重新扎根于厚重的土地，让灵魂回家，温习久违的淡泊与宁静。可以说，乡土认同需求是乡村旅游发生的重要因素。

2）旅游的本质之一是审美活动，乡村审美的历史传统构成了中国人的田园精神。当城市居民远离农村并与农业生产拉开距离，再反观这种原始的乡野景物从而产生美感认知时，乡村开始走入人们的审美视野，成为人们重要的审美对象。中外文人留下了无以计数的描绘人们心目中传统乡村普遍的诗化记忆与历史认知的优美篇章，建构起一个个明净纯洁宁静淡远的世外桃源，给人们构筑了澄净心智栖息灵魂的精神家园，积淀了乡村审美丰厚的历史传统。回望乡村田园，其根本的心理哲学依据，恐怕还是对家的诉求与生命本源的回归，皈依生命之于土地天然的联系，是一种“诗意地还乡”。这种审美意愿，就是乡村旅游发生的主观动因之一。

3）对城市的逆向需求。“逆城市化”是城镇化发展到一定阶段派生出来的新潮流，也是人类文明的重大趋势。“逆城市化”对城镇化而言是吐故纳新，随着城镇化发展水平越高，“逆城市化”趋势越强。这对农村来说，则是巨大的发展能量。“逆城市化”潮流涌向哪里，哪里的农村发展速度就快。同时，利用“逆城市化”的力量，也有助解决“大城市病”，促使城乡同发展、共繁荣。特别是通过官员、知识分子等精英人士“告老还乡”，实现人才的“回流”，可以提升农村整体素质，也可以促进乡风文明，弘扬和传承乡贤文化。

乡村是人类触摸传统、滋养心灵的故乡，田园牧歌表达着人心底里“对人类生活的原初境界的诚挚追慕，对生命的自由境界的热切向往，对心灵幽远境界的自我营造，以及对生命的宇宙境界的自然皈依”。中国的城市化被国内外学者看作是影响21世纪人类发展进程的关键因素之一。不可否论，在中国城市化进程中，城市的大规模急速扩张与农村建设滞后存在相当程度的时空危机。一方面，乡村的地理空间和文化传统受到了城市的侵蚀；另一方面，城市本身具有令人不安的享乐主义、孤独、紧张以及冷漠。农民工进城务工，为城市的建设做出了贡献，而乡村却被抽干了活力和血液，产生了一个又一个的“空心村”。城市居民厌烦了嘈杂污浊的城市环境，向较为宁静的乡村迁移，产生了逆城市化的过程。然而，这一过程却又促进了乡村加速走向城镇化。乡村逐渐荒芜衰落，而在肥沃的耕地上，一批批的城镇涌现，工业化和商业化的脚步挤占了乡村的生存空间。在这样的背景下，城市的人们越来越感受到城市的混乱、污染和喧嚣，感到精神抑郁、呼吸困难、空间狭仄、时间紧张。他们渴望离开城市，回到祥和、宁静、闲适的乡村，因为乡村生活代表了一种原生态空间和一种生活理想，一种对人和生活本身的尊重和敬意。回到乡村，把乡村作为心灵的家园，代表的是对简单朴素的生活方式的追寻，对人与大地和自然的关系的重新建立。人们希求通过回到乡村的方式来治愈城市生活和现代文明给人心带来的创伤。乡村旅游所提供的不仅仅是休闲娱乐和享受，更满足了人们对根性产品的需要，由此架起了人与自然之间、人与人之间、工业文明与农耕文明之间密切交往的桥梁。

（3）农民、农业自身的演变，为乡村旅游发展提供了供给基础。在当今社会，农业、农民和农村都发生了一系列的演变。农业呈现出了多产化的趋势。乡村旅游的发展，诸如垂钓鲜食、民俗村、农家大院、农家乐、大棚生态餐厅以及采摘农业等一系列的旅游产品，推动了乡村民俗文化消费、餐饮住宿、家禽家畜和蔬菜瓜果消费、观赏作物种植等一系列产业的发展，也使得第三产业在农村占有越来越大的比重。同时，农民呈现出多业化趋势，从单一务农的身份变成了农商并举。在乡村旅游业大力发展的今天，不少农民甚至以旅游作为主业而种植反而成了副业。农户在商业经营中可以自营，也可以建立私营企业。同时，为了满足旅游业的需要，农民更为重视精品农业、生态农业以及观光农业的发展。而农村则呈现出景区化的趋势。乡村以其独特的风貌发展为旅游度假的胜地。在农村的建设中，以景观的概念作为指导，在农业的经验中，兼顾旅游的理念。而乡村居民可以与本地的文化特色相结合，以现代型、文化型、生态型、环保型、产业型作为农村发展的指导思路。此外，农村资源趋向产品化。农村的生活和生产资料可以转化为具有休闲、体验和观光价值的产品。同一区域内不同地区的发展要具有差异性，可以有多种旅游的发展模式和主题，比如科普教育、休闲度假、村落乡镇、农家乐、民俗风情、田园农业等。

1.4.1.2 乡村旅游的功效与价值

考察中国现代乡村旅游发展的进程，可以认知目前乡村旅游已经显现出令人瞩目的功效与价值。从各地的实践经验和效果看，大体有如下表现。

（1）乡村旅游是中国农民的第三次创业。如前所说，乡村旅游是中国农民创造的。中国农民从改革开放以来有过数次创业经历。第一次是乡镇企业的发展，第二次是大批农民工为务工经商而进城，第三次则是最近几年乡村旅游业的蓬勃兴起。对于农民这一次所进行的创业活动，政府没有像之前那样加以约束，反而颁布了一系列政策给予鼓励和支持。

（2）乡村旅游能够保护乡村文化和激活乡村“沉睡的资源”。比如，过去看似无价值的天然风光、古代遗存、乡间传说和民俗，现在乡村旅游中都成了高价资本；过去的农村非劳动人口如老人和孩童，现在也参与乡村旅游的服务活动而创造价值。

（3）乡村旅游促进“三农”发展。农民、农业、农村作为乡村旅游中“乡村性”的基本要素，能够成为社区参与的重要依托和旅游目的地。作为社区的主人，农民是乡村旅游的供给主体；作为社区旅游的场域，农村是乡村旅游的核心吸引物；作为乡村的生产方式，农业是乡村旅游的产业支撑。乡村旅游的社区需要社区、政府、企业等各利益主体的参与，守住乡土性，以“新农民、新农村、新农业”为基础发展乡村旅游产业，开辟中国乡村现代化发展更加广阔的道路。

1.4.2 中国现代乡村旅游发展阶段与趋势

1.4.2.1 我国乡村旅游发展的三个阶段

很难考证中国现代乡村旅游究竟发端于何时何地，但若以“农家乐”乡村旅游形式来说，则起源于 20 世纪 80 年代中期。在迄今的近 30 年发展过程中，大致经历了兴起、引导和提升三个发展阶段。

（1）自发兴起阶段（1950~1995 年）。应该指出，农家乐旅游是农民自发的创造。20 世纪 50 年代，当时我国接待外宾，在山东省石家庄村率先开展了乡村旅游活动，我国乡村旅游开始萌芽。乡村观光旅游的正式发展是在改革开放以来国家提出了对于社会主义新农村的建设战略之后。有资料显示，1986 年，成都郫都区农科村的一群花卉苗木种植户自主开发了以徐家大院为代表的一批乡村旅游景点。最初只是作为客商考察的接待点，后来也逐渐开始面向市民游客，以园林景观和乡村风貌吸引游客，发展起了集餐饮、休闲和游玩为一体的农家庭院休闲旅游业。在学者们的有关研究中，这被认为是中国农家乐的开端。自此之后，成都周边一代的农民纷纷效仿，依托于田园和农家庭院，用农家生活和田园风光吸引市民前来体验劳作、观光娱乐、休闲度假。1987 年，成都举办了第一届桃花节，这一事件被作为中国乡村旅游正式兴起的标志。

（2）引导发展阶段（1996~2005 年）。农家乐形式的乡村旅游在各地越来越普遍的发展，逐渐引起政府相关部门的重视。20 世纪 90 年代，我国乡村旅游作为生态旅游的重要组成部分，受到党和国家领导人的高度评价，也得到了世界旅游组织和其他国际组织的大力推动。2001 年，国家旅游局出台《农业旅游发展指导规范》，从政府规划层面引导和促进农家乐乡村旅游。2003 年，上海颁布实施《农家乐旅游服务质量等级划分》，这是我国第一个地方性乡村旅游标准。2004 年，国家旅游局等机构在全国评选出了 203 个农业旅游示范点，推动了全国各地多种形式乡村旅游更加广泛开展。

（3）提高升级阶段（2006 年至今）。这一阶段农家乐旅游发展的方式、质量和形态都得到了显著提升。由最初分散的一家一户扩展为一村一片，乡村旅游基础设施水平和农家服务质量大为提高；乡村旅游的形态也从单一转变为多样，由最初的单一休闲农业旅游扩展到乡村健康旅游、乡村摄影旅游、乡村野行旅游、乡村养老旅游、农业教育旅游等，不一而足；全国涌现出四川“休闲游”、北京“民俗游”、贵州“村寨游”、湖南“农庄游”、浙江“渔家乐”、内蒙古的“牧家乐”等多种乡村旅游地域性品牌，标志着乡村旅游的产业化层次达到新水平。

1.4.2.2 我国现代乡村旅游发展趋势

经过近 30 年的发展，随着人们消费层次不断提高，旅游需求大幅攀升，中国乡村旅游不仅已经有了庞大的规模体量，而且更有广阔的发展前景。从零散的自发开发到政府引导规划发展，从一家一户的小规模开发到产业化发展，从口口相传的宣传到借助网络平台进行多渠道的营销，乡村旅游开发逐渐形成了自身的特色。概括有关学者研究成果，中国乡村旅游有以下主要趋势。

（1）从精英带头到政府引导下多元主体参与。乡村精英在乡村社会经济文化发展中扮演着重要的角色，中国乡村旅游的发展与农村种植养殖大户、农村基层干部、乡镇企业回乡创业者等乡村精英的带头开发创业是分不开的。随着农家乐和乡村旅游的多元化发展，不仅政府有关部门给予了更多的重视和支持，将休闲农业和乡村旅游发展纳入农村社会经济发展和旅游业发展的体系中加以引导和扶持，而且农家乐的经营者也突破了单一由农民自发投资经营的局面，村民投资、政府支持资金、城市产业投资、城市居民投资、外商投资等多元投资风生水起，在经营主体上，形成了村民、外来投资商和城市居民多元并存的局面；经营的场所从农民自家的庭院延伸到了周围交通便利且风景优美和周边地带，涌现出了大量景区周边型和景区内农户接待型的农家乐场地。其开发模式逐渐由早期的少数农民带头转向了多元主体。

（2）从依托于已有的资源到开发出各具特色的新资源。在乡村旅游业的初始阶段，国内各地开展的乡村旅游都以本地的自然资源为依托，突出当地的地方特色。这一开发模式至今仍然具有重要功效，因此仍被刚开始发展乡村旅游的地区广泛运用。但是，随着乡村旅游和休闲农业的发展，如果只是单纯地利用已有的资源来进行发展已经不再适应时代背景了。各地乡村旅游逐渐注意到，仅仅依托已有的资源难以满足发展需要，而要开发出尽可能多的特色资源。2013 年农业部和国家旅游局发布的《关于继续开展全国休闲农业与乡村旅游示范县和示范点创建活动的通知》中，明确要求全国休闲农业与乡村旅游示范县创建条件是："主要休闲农业与乡村旅游点要有地域、民俗和文化特色，体验项目和餐饮、服务功能有较强的吸引力。能够依托当地特色种植业、养殖业和农产品加工业开发设计休闲农业与乡村旅游产品。"这就把乡村旅游产业化发展模式的基本要求提升到更高水平，引导乡村旅游向现代产业迈进。

（3）从分散经营到产业集聚。现代产业具有集聚性的规律性要求，正如农业不可能在一家一户分散经营的基础上形成现代农业，乡村旅游作为现代产业也不可能沿袭一家一户分散发展模式，否则就不能产生集聚效应和规模效应，难以实现持续发展。研究表明，旅游业是一个敏感性产业，容易受到外部条件的影响而产生较大的波动；农家乐经过二十多年的发展，所面临的市场竞争越来越激烈。在乡村旅游发展早期，经营者大都是一家一户分散经营的小农生产方式，一些经营者由于缺乏相关产业支撑，抵抗市场风险能力弱，逐渐退出经营。例如，最早发展农家乐的郫都区农科村，在市场淘洗中，2006 年年底农家乐经营户数比 2001 年锐减了 80%，只剩 20 余家。吸取教训的乡村精英们在率先经营农家乐的同时，积极鼓励和帮扶其他村民经营农家乐，形成整村进行乡村旅游开发，开办农家乐、合力发展的局面。乡村旅游从分散到产业集聚转型的经验总结，也指出了乡村旅游未来发展方向。

（4）从无标准经营到规范化管理。在乡村发展初期，乡村精英们自发性经营农家乐等旅游业务，并且由于乡村旅游是新事物，一段时期既没有经营标准，又缺乏管理规范，导致出现了各种问题。类似的案例越来越多地发生，促使乡村旅游经营者和各级政府部门对于乡村旅游发展状况进行反思，并逐渐认识到了规范化管理和标准化经营的重要性。政府有关部门以乡村旅游示范点和休闲农业的建设为着手点，提出了针对乡村旅游经营的管理条例和规范标准，要求各地对于乡村旅游景区的建设，包括星级农家乐、乡村旅游示范点等要符合国家的标准。通过景区标准化示范，带动了乡村旅游从相关基础设施及其配套、服务标准和规范到政府旅游部门管理向标准化、规范化升级。

（5）“互联网+乡村旅游”提升产业形态。早期的乡村旅游还带有浓郁的传统产业形态，随着互联网日益在农村地区普及，乡村旅游也开始走上了“互联网+乡村旅游”的崭新形态。其中，现时最为突出的表现是网络化整合营销。有资料显示，我国农家乐发展初期，经营者主要通过散发名片及通过旅行社进行宣传、吸引游客，客源范围相对较为狭窄。随着21世纪的网络技术的飞速发展，网络营销所具有的成本低、信息传播迅速、宣传范围广等优势逐渐为人所注意。而农家乐经营者在这样的时代背景下也积极地使用网络平台来进行营销，利用包括创建旅游专业网站和农业网站等门户网站的手段来进行宣传。许多农家乐的宣传依托于一批乡村旅游和休闲农业的专业网站的平台，但更多的休闲农业企业或村落则建立自己的专业网站，农家乐的发展从单纯依赖口碑营销进入了网络化整合营销的新阶段。目前，“互联网+乡村旅游”更进一步拓展到乡村旅游的产品设计、个性化定制、网上交易和大数据信息互通等前沿领域与新兴项目，呈现出不可估量的变革发展前景。

1.4.3 当前中国乡村旅游发展的现状

我国具有丰富的自然资源、农业资源和人文资源，这些都为发展旅游产业奠定了深厚而坚实的基础。随着中国经济发展和居民收入增长，消费结构转型升级加快，中国乡村旅游发展态势迅猛。据统计，目前全国乡村旅游经营户超过200万家，乡村旅游特色村镇10万个以上，5A级旅游景区总数达184家，接待游客占全国旅游接待总人数的1/3。

1.4.3.1 乡村旅游规模不断提升

目前，作为世界最大的国内游市场，我国城镇居民周末休闲及假期出游，70%以上选择周边乡村旅游点，全国主要城市周边乡村旅游接待人数年增长均高于20%，我国乡村旅游已发展成为我国旅游业的重要组成部分，乡村旅游规模实现快速扩张。2008~2014年，全国乡村旅游接待游客从4亿人次增加到12亿人次，6年增加了2倍，年均增长20.1%；乡村旅游收入由600亿元提高到3200亿元，6年增加了4倍多，年均增长32.2%。我国乡村旅游初步形成围绕大中城市、名胜景区、山水生态区、特色农业区的发展格局，成为城镇居民周末休闲度假的主要场所，已发展成为国内旅游发展主战场。

在旅游大省浙江，乡村旅游主要经济指标增速均快于全省旅游业发展速度，对农村发展、农业增效、农民增收的带动作用强劲。2014年，浙江省拥有省级农家乐特色村853个，较上年增长9.1%，省级农家乐特色点2393个，较上年降低3.6%；共拥有农家乐经营户1.5万家，较上年增长8.3%。其中，床位数达到20.4万张，较上年增长8.8%，餐位数达到112.6万张，较上年减少1.4%，直接从业人员数达到14.3万人，较上年增长6.7%。农家乐经营业绩继续呈现快速增长势头，全年累计接待游客1.8亿人次，同比增长25.1%，实现营业收入141.2亿元，同比增长26%，其中，游客在乡村购物收入34.8亿元，同比增长34.8%。

安徽省大力实施“3311”乡村旅游富民工程，乡村旅游规模不断扩大，带动了农民创业就业，特别是在贫困地区推进乡村旅游，使越来越多的贫困群众从乡村旅游发展中获得收益。2014年全省乡村旅游就业人数达到269.1万人，占全省第三产业从业人员的15.6%；全省共有农家乐1.2万家，营业收入近230亿元，直接就业人数16.7万人；“十二五”以来，安徽省通过发展旅游减少贫困人口44.6万人，占全省脱贫人口的14%以上。安徽省印发了《关于进一步促进全省乡村旅游业提升发展的意见》，提出建设一批特色旅游名镇名村和休闲农庄、乡村酒店、特色民宿、自驾露营、户外运动和养生养老等特色乡村旅游产品，截至2018年，全省打造500个精品民宿和50家省级旅游度假村；乡村旅游年接待人次突破4.5亿人次，营业收入3040亿元。

1.4.3.2 管理服务体系基本建立

全国建立健全了国家旅游局与发展改革委、环境部、城乡建设部、农业部、国家林业局、国务院扶贫办等部门的乡村旅游协同推进工作机制，颁布了乡村旅游发展规划，做好顶层设计，以科学规划为主导，保证乡村旅游开发建设有序推进。2014年，国务院出台《关于促进旅游业改革发展的若干意见》（国发〔2014〕31号），提出了新时期旅游业改革发展的方向和任务，强调要大力发展乡村旅游。与中宣部、中央文明办共同开展提升中国公民出境旅游文明素质宣传活动，营造文明旅游社会氛围。各省区市深入贯彻落实国发31号文件，强化了旅游统筹协调机制，海南、北京、云南、江西、广西、西藏6个省（市、自治区）市先后成立旅游发展委员会。海南、云南、上海等地修订了旅游条例。山东、浙江、甘肃、安徽等省先后出台贯彻落实国发31号文的政策文件。旅游综合改革深入推进，共有10个市县开展国家旅游综合改革试点，这些都为乡村旅游发展提供了政策保障。同时，我国不断健全乡村旅游标准化体系，建立和实施了乡村旅游住宿、餐饮、娱乐、购物等主要消费环节的服务规范和安全标准。加快乡村旅游协会、合作社等中介组织建设，发挥了行业协会的服务和自律作用。强化了市场监管、宣传促销、人才培训和公共服务等工作。江苏省大力扶持乡村旅游，2014 年，全省新批省四星级乡村旅游点 40 家，安排扶持乡村旅游资金 5500 万元。积极推进乡村旅游星级评定标准修订和乡村旅游休闲集聚区标准制定。与省住建厅联合认定邳州铁富镇等 11 个省级特色景观旅游名镇，南京高淳漆桥村等 11 家省级特色景观旅游名村。安徽省加强旅游标准化工作，围绕乡村旅游、旅游诚信、旅游安全等，制定修订 12 项省级标准或规范，出台安徽省旅游服务标准化管理办法。将长三角旅游景区（点）道路交通指引图形标志设置规范、房车旅游服务区基本要求和省级旅游强县、优秀旅游乡镇评定标准转为省级标准。加快黄山西递宏村开展的全国旅游标准化试点。会同省质监局，推进阜阳八里河、芜湖大浦乡村旅游世界等开展省级服务标准化试点。

1.4.3.3 开发模式不断创新

乡村旅游具有明显的投资小、见效快的特点。投资的主体灵活，社会资本、农户都可以，一个农户简单的投资，就可以成为“农家乐”“民宿家”。即带动乡村投资，形成乡村产业发展，又带动农民大幅增收。经过多年的探索发展，我国乡村旅游形成了多种开发模式：一是“公司+农户”开发模式；二是“公司+社区+农户”开发模式；三是“政府+公司+农民旅游合作组织+旅游企业”开发模式；四是股份制开发模式；五是“农户+农户”开发模式。从浙江省乡村旅游投资来看，乡村旅游已成为社会资本投资的热点。2014 年，浙江省在建旅游项目的业态主要集中于乡村旅游、生态旅游、医疗健康旅游等业态，乡村旅游增长势头较为突出，投资额增幅达到 16.2%，吸引了大量社会资本参与乡村旅游开发，为乡村旅游加快发展提供了稳定资金支持。

1.4.3.4 农村面貌日益改善提升

近年来，随着城乡一体化进程的加速和乡村旅游业的发展，国家加大了对农村的投入，加强改厕、互联网、电网、安全饮水和道路等基础设施建设，乡村社会环境得到优化，大力实施了农村“四化”工程，即“美化”“净化”“亮化”以及“绿化”。这些措施极大地改善了农村面貌，提高了农民的生产积极性和生活质量，提升了农村文明水平，促进了生态和谐、城乡和谐。同时，随着城市的工业化进程，城市的环境污染和交通拥挤的状况越发严重，城市景区人流、车流、物流不断增多。而乡村地区则以辽阔的空间、丰富的自然人文资源，主动回应中心城区城市化的集聚、辐射与带动作用，乡村旅游的吸引力不断攀升，成为新时期的旅游亮点。带有自然风味和泥土气息的乡村给城市居民的休闲旅游提供了新的去处。多年来，我国加快乡村旅游发展，使城乡交流日益密切，城乡差距逐步缩小，农村社区环境也得到了改善，农村的社会服务体系越发健全，这加快了农村的城镇化进程。从各地的情况看，旅游扶贫试点已逐步成为各级地方政府集中力量加速推进贫困村基础设施建设的有效平台，大大改善了农村基础设施条件，有力地促进了农村城镇化。浙江省在“五水共治”“四边三化”“三改一拆”“景区环境百日整治”等行动中大幅改善，“五水共治”消灭垃圾河6496千米，治理黑臭河4660千米；“三改一拆”拆违建1.66亿平方米；美丽乡村建设深入推进，全面启动并加快农村污水治理，完成农村生活污水治理的村庄6120个，为乡村旅游发展提供了更加具有吸引力的环境资源。

1.4.3.5 农民收入持续提高

目前，乡村旅游已成为农民增收和农村脱贫致富的重要方式。随着包括电力和交通网络在内的农村基础设施的建设和农村地区旅游资源的开发，乡村景观进入了更多人的视野，也吸引着更多的城市游客。而与旅游业相配套的交通、住宿娱乐、餐饮服务等行业就业门槛低，技能要求不高，适合乡村居民运营，农民主要通过以下途径参与乡村旅游，实现就地就近创业就业，增加收入：一是直接经营乡村旅游业；二是与乡村旅游经营户合作，提供游客的接待服务；三是加入乡村旅游合作社，获取土地租金；四是借助乡村旅游也拓展自家的农副产品的销售，提高销售价格；五是通过土地、人力和资金等资源入股乡村旅游经营，获取利润分红。四川省作为旅游大省，2015年全省乡村旅游实现总收入1708亿元，同比增长27.5%；全省农民从旅游发展中得到人均纯收入786.2元，比上年增加81.7元；全省从事乡村旅游业农户人均纯收入13500元，比上年同期增加1425元。全省5万多个行政村中发展乡村旅游带动农民致富的超过5000个，乡村旅游经营户10万余家，带动800余万农民受益。

1.4.3.6 农民素质稳步提高

乡村旅游让部分农民不用再背井离乡地外出打工，可以在家门口实现“当老板”的愿望，将日常的生活设施稍加改造，注入文化色调，投入人力资源，就可以创造财富。在旅游过程中，外来经营户和游客的需求极大地促进了农村住宿卫生条件的改善。除此之外，随着农户与城市游客的接触，他们越来越多地了解到了城市的时代气息和现代生活理念。这不仅使村民获得了先进的经营理念和科学知识，而且为村民较为保守的价值观带来了改变，促进了农民素质和文明意识的提高，加速了农村精神文明建设。同时，我国是一个多民族国家，从北到南我们拥有的不仅是地质上的不同风光，还是人文上更加丰富的内涵，从寒带到热带我们拥有的不仅是气候上的改变，更是不同风土人情的融合。通过与游客之间的文化交流，当地居民也对本土文化有了更加充分的了解和认识，其文化保护意识也得到了提高。为了发展文化旅游，村民会对传统文化的内涵进行整理和深入的挖掘，可以有效保护和传承传统文化。山东省高度重视旅游相关人员培训工作。近年来，多次组织乡村旅游带头人赴台湾参加省旅游组织的学习培训，组织了旅游强乡镇分管负责人赴浙江大学培训学习。多批次组织乡村旅游重点镇、村（点）以及乡村旅游企业负责人赴浙江、江苏、成都等乡村旅游发达地区考察学习发展经验和做法，并定期组织乡村旅游培训班，邀请国内知名专家授课，努力提高旅游管理和经营水平。

1.4.3.7 农业休闲功能大大拓展

乡村旅游是在原有的自然资源和农业生产条件上开发而成的，对资源的要求不高，讲究因势利导，基本保持了原有的农业生态，依托了自然的人文景观，具有循环性、持续性、环保性的特点。乡村旅游所提供的产品服务丰富多彩，可以是自然的山水、民俗的建筑，也可以是艺术商品，还可以是民俗文化体验活动等。多年来，我国大力发展乡村旅游，紧密结合“互联网+”，有效拓展了农业功能，扩大了产业领域。安徽省实施乡村旅游富民和精准扶贫工程，开展旅游强县、旅游乡镇、旅游特色村和农家乐四级联创。会同相关部门，开展全国休闲农业与乡村旅游示范县、示范点创建和特色景观名镇名村、体育旅游基地、“徽姑娘”农家乐创建。支持合肥、黄山等地加强乡村旅游集聚区建设。

2　乡村旅游与社会发展

乡村旅游的开展符合农村发展，促进城乡共繁荣的发展方向。本章重点论述乡村旅游与小康社会、乡村旅游与生态环境的发展。

2.1　乡村旅游与小康社会

2.1.1　乡村旅游是全面建成小康社会的有效途径

2.1.1.1　乡村旅游有利于促进农村经济建设

旅游业具有很强的关联性，因此，乡村旅游不仅能促进相关产业的发展，而且能促进农村产业结构的调整。除了农业以外，乡村旅游还带动了纪念品加工业、建筑业、交通运输业、旅馆业、饮食业以及农村第二产业、第三产业的发展。通过产业之间的互动性和渗透性，能够促进传统农业转变至现代农业，带来乡村经济的良性发展和繁荣。

2.1.1.2　乡村旅游有利于推进农村基层管理民主

由于乡村旅游业属于服务业，在旅游业的发展过程中，也会将先进的服务业管理理念带入乡村社会。乡村旅游业的发展使村民的自治能力和民主管理能力得到提高。各种协会在农村建立起来，农民在基层组织下进行民主决策和自主决策，这加速了农村的民主管理进程。

2.1.1.3　乡村旅游有利于促进农民素质提高和乡风文明

随着游客的增多，乡村居民为了更好地提供接待服务，更加积极地学习外语、电脑和普通话等技能。一些农民为了服务水平的提高，甚至特意参与了旅游培训，学习诸如接待礼仪之类的技能。这些学习活动的进行，有利于农民文化素质的提高和农村精神文明的建设。

2.1.1.4　乡村旅游有利于促进乡村地区生态环境建设

乡村旅游的发展，使有关部门对于乡村生态环境的治理越发重视。乡村环境不仅包括对于乡村的整体规划、道路建设、田园景观构建等宏观的环境，也包括了对于村容的统一、庭院的美化和公共卫生等微观环境。对环境的治理有利于乡村社会整体环境的改善和当地居民环境维护意识的增强，这样有利于乡村地区的生态资源和环境资源的保护，促进了乡村的可持续发展。

2.1.2 全面建成小康社会是开展乡村旅游的重要保障

2.1.2.1 全面建成小康社会为乡村旅游奠定了雄厚的经济基础

在党和国家提出的全面建成小康社会的目标之下，农民、农业和农村的发展得到了更多的支持，农村的经济建设稳步进行，为乡村旅游业的发展奠定了充足的经济基础。具体表现为以下两个方面：

(1) 国家和各级政府颁布了一系列加强农村经济建设的有利政策，加大了对农村地区的投入，使乡村旅游业拥有了更多的经济支持，有利于旅游基础设施的建设。

(2) 随着农业的现代化建成，乡村旅游具备了雄厚的产业基础。

除此之外，新兴的特色农业和高科技农业本身也可以作为旅游景点吸引游客。因此，全面建设小康社会的政策，为乡村旅游提供了丰富的经济资源，为旅游项目的建设提供了有利的物质条件，使旅游业的发展具备了展开的物质基础。

2.1.2.2 全面建成小康社会为乡村旅游奠定了良好的社会环境基础

全面建成小康社会的目标促进了农村社会的建设，不仅使农民的生活条件得到了改善，减轻、消除了农村地区的贫困状况，而且使得农村的整体教育水平有了提高，农民的受教育程度提升，培养了有利于农村发展的创新人才。同时，农村的社会管理体系建设也得到了重视。

2.1.2.3 全面建成小康社会为乡村旅游提供了良好的文化支撑

全面建成小康社会的目标对农村新面貌的形成、乡风文明的建设以及农村文化的繁荣提出了要求，有利于农村的文化建设和精神文明建设。

2.1.2.4 全面建成小康社会为乡村旅游提供了良好的自然生态环境

乡村旅游是在农村的原生生态环境和村容村貌的基础上开展起来的。这些作为乡村的特色旅游资源，吸引着对农村生活感到好奇和对农村优美的原生生态环境感到向往的游客们前来参观。因此，为了提高乡村旅游的吸引力，增加乡村旅游的附加值，乡村地区应当建设良好的生态环境和优美的村容村貌，同时需要加强基础设施的建设。在全面建成小康社会的思想指导下，乡村通过加强污水和垃圾处理、改造住房、改灶、改厕、改路以及改水等一系列措施，改善了农村的生态环境，使农村村落具有了更加优美的面貌。这为乡村旅游水平的提高奠定了基础。

2.2 乡村旅游与生态环境

2.2.1 乡村旅游生态环境的内涵

随着人类的繁衍，为了获取足够的食物和舒适的生活环境，人们开始从事种植业、养殖业和村庄建设，开始修渠、修路等各种生产活动，大地被逐步演化为农田、村庄、农渠、道路，出现了丰富多彩的农村景观现象。农村的起源、存在、发展是以自然生态条件为基础的，从本质上说，农村具有很强的“自然生态”属性特征，这种特征也是乡村旅游活动赖以开展的乡村自然生态环境，包括由大气、水文、地貌、土壤、生物等组成的自然综合体。

在地方乡村旅游发展过程中，根据生态环境“尺度”的不同，可以把乡村旅游生态环境划分为宏观生态环境和微观生态环境两个部分。宏观生态环境是指反映乡村特色的大尺度的景观以及这些景观在乡村地域的整个空间结构和格局。如地形地貌、海拔高度、区位、环境地质灾害决定了村庄建设的适宜性，以及人们生产、生活的便捷性；土壤母质类型、气候生产潜力属性决定了土壤的宜耕作性与庄稼宜种性；有无河流则决定了农业的可灌性，在很大程度上决定了农作物产量；农村用地结构形成了乡村的景观特征，包括水域、农业用地、宅基地、公共用地（道路、水渠）、绿化用地的比例和结构等。微观生态环境是指由乡村的人居环境，包括村容村貌、旅游接待设施卫生状况、建筑材料和风格、旅游设施的形象标识等要素形成的具体物化生态环境。

从自然生态要素来说，乡村旅游生态环境系统主要包括以下要素：

（1）水系。水是生命之源，“逐水而居”是从古至今人类争取生存与发展一直遵循的居住法则。水滋润万物生长，有水的地方，生机盎然。水作为旅游资源是构景的基本要素，乡间的小溪、沟渠、坝塘、湖泊都可以作为吸引乡村旅游者的旅游资源。“山重水复疑无路，柳暗花明又一村”，水和山，水和动植物，水和建筑物有机结合，相映成趣，构成乡村优美的风景组合。

（2）大气。与城市相比，乡村没有林立的工厂和密集的车流，工业废气和汽车尾气少，并且乡村遍布农作物和树木等绿色植物，能通过光合作用产生氧气，还能吸收大量污染物，净化空气。对于经常受雾霾侵袭的城里人来说，清新的空气是乡村旅游的卖点之一，蕴藏着植物和泥土芳香的空气满足了人们亲近自然的愿望。

（3）地貌。地貌是乡村景观的重要决定性因素。如平原地区耕地面积视野开阔，规整的长方形农田景观是乡村景观的本底，村庄及房前屋后的绿化种植是乡村景观中的斑块，纵横交错的灌溉水渠是廊道，综合构成了平原地区乡村网状的自然景观。山区则重峦叠嶂、沟壑纵横，形成了错落有致的山区地形背景；沟壑、滩涂、冲击台地、丘陵、低山、中山、高山，这些地貌构成了山区特有的景观资源，远近起伏跌宕的山峦、盘旋弯曲的山路与台阶使山村景观具有多样性。

（4）植被。植被是最活跃的景观构成要素。浓密的参天大树和形态各异的灌木，随着季节的变化呈现出地区特有的“季相”。色彩各异的树木和山坡上遍地的野花自然组合，展现出生态群落的自然美。迥异的自然环境具有不同的植被特征，多彩的植被塑造出多样的乡村景观。

（5）耕地。连绵的耕地，多样的农业种植物，是乡村景观的重要组成部分，也是影响乡村旅游景观生态性的重要因素，利用农作物的特性结合景观空间合理配置可以实现富于变化的乡村农业景观。欧洲和日本的很多地区就这样有意或无意地安排农事，或清一色，或花花绿绿的农作物相互交织，或一小块一小块的间种着，或整个一大片相同的作物，显得非常美丽、壮观，为此每年都引来众多的游客。就我国广大农村地区而言，既有传统型的耕作方式，也有融入了现代科技成分的方式。虽然有些地方的农户使用了现代机械和科技手段，但多数地区仍使用原始的农耕方法，从农作物的种植、收割到农作物的挂晒、脱粒、储存、销售过程，都可以作为乡村旅游的参观体验资源。

（6）生物。乡村地区生物多样丰富，“鹰击长空，鱼翔浅底，万类霜天竞自由”，对旅游者具有强大的吸引力。生物可用于观赏，也可用于体验。如采摘体验、品尝体验等。另外，利用各种乡土植物、动物展开生态教育、科普教育是近年来国际上日益兴起的乡村旅游活动。

2.2.2 乡村旅游与农村生态环境的互动关系分析

乡村旅游与生态环境既相互促进又相互制约，农村生态环境是乡村旅游的根基，没有良好的生态环境，乡村旅游发展就会受到制约；反过来，有序发展的乡村旅游则会促进农村生态环境保护，改变我国大多数乡村地区“脏、乱、差”的面貌。

2.2.2.1 乡村旅游对农村生态环境的消极影响

（1）加大了农村地区的污染负荷。由于过去长期实行城乡二元结构的区域发展政策，重城市轻农村，导致农村环保欠账多，农村环境基础设施严重滞后。据统计，截至2014年年底，全国设市城市、县累计建成污水处理厂3717座，污水处理能力1.57亿立方米/天；全国已有1402个县城建有污水处理厂，占县城总数的86.9%；累计建成污水处理厂1610座，形成污水处理能力0.28亿立方米/天。我国大中城市的污水处理率已在90%以上，县城也达到了78.47%。然而，我国尚有大量县级以下的城镇（一般统称为小城镇）不具备污水处理能力，据统计，我国建制镇的污水处理率约30%，村庄的污水处理率只有8%。小城镇未处理而外排的污水总量为城市和县城总量的总和，村庄未处理而外排的污水总量是城市未处理污水总量的1.5倍，其污水处理率远低于县城及以上城市的水平。目前来看，上海、江苏、浙江、北京、广东等经济发达地方的小城镇和农村生活污水治理水平较高，中西部地区治理水平落后。农村地区垃圾处理收运体系建设刚刚起步，仍存在很多不足，特别是在垃圾处理设施建设与运行、垃圾清扫保洁及收运体系常态化运行机制等方面，任务仍然艰巨而繁重，2013年全国生活垃圾进行处理的行政村比例只有36%。随着乡村旅游的发展，且城市居民的出行、旅游往往集中在特定时段，游客和交通工具大量进入乡村旅游地，伴随产生大量的生活污水和各种垃圾，如各类塑料制品及包装物，剩茶剩饭、瓜果皮核、人畜禽粪便等污染物，对于垃圾收运、污水处理系统薄弱的乡村而言，无疑不堪重负，对水体、土壤、植被等产生污染。

（2）不合理开发行为带来生态破坏。为追求短期经济效益，乡村旅游经营者往往急功近利，不能因地制宜进行开发，乱采滥伐，导致植被破坏，生物多样性减少，生态平衡遭到破坏。

以黄山市黄山区为例。在旅游业的带动下，黄山区的农村经济获得了一定的发展，但是原本完好的农村生态环境也面临着威胁。首先，由于游客量的不断增加，农村的生态环境平衡系统被打破。长期以来，农村的环境是建立在大自然自洁的基础上，在农村相对封闭和商品经济不发达的情况下，农村环境的自洁能力基本上能够保持平衡。发展旅游业必然会加大环境压力，如垃圾量的增加，而目前黄山区的很多农村还没有垃圾池，乡镇也没有垃圾中转站，以目前人力、物力、财力都很难有效处理这些垃圾，这就给环境带来了很大的隐患。其次，开发利用不当造成土地资源的闲置和浪费。社会资本的大量引进，虽然发展了旅游，但也带来了农村旅游滥开发的局面。很多投资者只注重眼前利益和自身利益，在开发旅游资源过程中经常侵占一些生态良好的耕地和林地，又无法有效利用这些土地，造成耕地的闲置和资源的浪费。最后，发展农村旅游业过程中对自然环境的直接破坏。一些景区过度开发生态旅游资源，已经给环境带来隐患。如谭家桥镇的普仁潭景区为了开发漂流，已经数次开挖麻川河河道，造成河道渐深、河堤松弛，一旦洪水泛滥，两岸的田地将面临巨大的威胁。还有些景区当需要资源时，就近取材，直接砍伐树木、开挖山土，极易造成水土流失。尽管当地政府已经认识到了生态环境对发展旅游的重要性，并尽力采取补救措施，但生态环境破坏后再修复的成本是巨大的。

2.2.2.2 乡村旅游对农村生态环境的积极影响

（1）促进了乡村旅游参与者生态环保意识的提升。在乡村旅游发展过程中，经营者、当地政府和居民必将逐渐体会到生态环境对旅游业可持续发展的重要性，良好的环境能吸引更多的旅游者，也将为当地带来更好的经济效益和社会效益，这是最有效的正向刺激作用。

（2）促进了乡村环境面貌的改善。美丽乡村的建设是构建美丽中国的重要基础，也是建设社会主义新农村的新型载体，更是推进生态文明建设的重要工程。最近几年，很多省份都在积极主动探索并建设具有本土特色的美丽乡村，取得了可观的成绩，但在建设过程中也出现了不同程度的问题。要有效解决这些问题除了要找准问题的根源之外，还要迎合社会发展的需求。运用生态文明的理念推动美丽乡村建设就是最有效的途径。受提升乡村旅游竞争力和经济效益驱动，乡村旅游地政府和社区往往会结合新农村建设，持续增加乡村旅游地环境整治和维护的资金投入，从而使乡村旅游具有了促进乡村自然生态环境改进和乡村村容村貌改善的社会功能。如一些地方为了发展乡村旅游，积极翻修或新建住房，改水、改电、改厨、改厕，对村镇进行科学规划，涌现出了大批村容整洁、各具特色的旅游小城（村）镇。农村交通条件不断改善，乡村旅游地基本实现了村村通公路。绿化在乡村日益受到青睐，人们在村落道路两旁植树，在自家庭院种花种草，美化家园，努力营造出更加清新、优美的村容村貌。

（3）激发了农业的生态功能。农业不单单是种粮食，还能够提供优美的自然景观并保护生物多样性。农业不仅能够产出我们所需的各种食物资源，而且还能产出清洁的空气、令人心旷神怡的原野、自然与人工相互交织的农业景观以及安静祥和的环境。随着乡村旅游的发展，休闲农业、观光农业等新的业态也蓬勃发展起来。旅游者通过各种农业体验活动，不仅满足了亲近土地、亲近自然的愿望，还促进了绿色农业的发展。同时，由于休闲、观光农业发展的构成要素中资源型要素占有相当大的比重，为了实现休闲农业的可持续发展，随着农村经济实力不断增强，地方政府和农民也会加大对乡村旅游环境的打造和资源的整合，注重对农业生态环境的保护与合理开发，提高资源环境质量，促使农业生态系统良性循环，创造良好的农村生产生活空间。

2.2.3 加强生态环境保育促进乡村旅游发展的思考

乡村旅游以具有乡村性的自然生态资源为基础，只有切实保育好这些资源，如新鲜的空气、洁净的水体、绿意盎然的花草、干净卫生的绿色蔬菜等，才能使游客在欣赏优美的田园风光、体验乡村民俗生活的过程中，满足游客体验自然、爱护自然、融入自然的情感需求，才能实现乡村旅游的可持续发展。

2.2.3.1 按照生态文明的理念发展乡村旅游

党的十八大提出，面对资源约束趋紧、环境污染严重、生态系统退化的严峻形势，必须树立尊重自然、顺应自然、保护自然的生态文明理念，把生态文明建设放在突出地位，融入经济建设、政治建设、文化建设、社会建设各方面和全过程，努力建设美丽中国，实现中华民族永续发展。党的十八届五中全会审议通过的《中共中央关于制定国民经济和社会发展第十三个五年规划的建议》，提出了创新、协调、绿色、开放、共享“五大发展”理念。加快乡村旅游开发建设，就是按照生态文明要求，落实五大发展理念，在尊重自然的基础上，顺应自然，师法自然，以生态学的原则指导乡村旅游的可持续发展，突出自然景观的特色和风貌，减少人为破坏。

一要注重培养提升乡村旅游参与者的生态环保意识。要想保护乡村生态环境的完整性和促进乡村旅游业提质升级，就要增强人民群众的生态环保意识。应该组织农村居民开展多种形式的以保护生态环境为主题的教育活动，依靠乡村旅游业的迅猛发展使人民群众环保意识不断提高的有利时机，把乡村的旅游业作为推进乡村生态环境治理的重要载体，突出乡村旅游对生态环境的正面引导作用。要引导当地居民制定与环境保护有关的乡规民约，采用包括经济、技术、政策、法律法规等多途径的手段，综合提升乡村旅游业主的生态环境意识。要发挥乡村旅游内在的生态环境教育功能，针对游客开展生态环保知识的教导，让游客对乡村生态环保概念有全面的了解，提高游客乡村环保观念，突出游客的自控力和社会影响力，提高游客对环保意识的自觉性和社会教育性，使游客在思想上支持环保，在行动上践行环保措施。

二要加强对自然生态系统的规划保护。乡村旅游规划应尽可能地保留农村原有的资源地理自然的形态、生物的多样性及人与自然生物之间密不可分的共生共存的关系。某些乡村发展旅游业以损坏原有的自然资源为代价，甚至无休止地砍伐国家名贵保护植物，以达到美化旅游布局的目的，建造的乡村旅游景区耗费了大量的人力、物力、财力，有悖于乡村旅游战略的宗旨。乡村旅游需要的不仅是一朵吸引游客的花朵，更是需要寻找和造就一片适合花朵生长的土壤。美景是一种可以生长而非生产的结构，要想旅游可持续发展，就要不违背自然规律。

三要保持乡土特色。保留乡村本土人文风俗是保证乡村旅游业发展的先决条件，乡村本土性是乡村旅游业的标志。在实施乡村生态旅游发展过程中，要注意防止与城市发展规划趋同化，在设计规划景观设施过程中，要以现有的自然资源为基础进行建造，对地方性乡土自然材料和特定物种进行科学规划利用，确保乡村旅游景观设施与自然环境相互促进和谐共生。韩国近年提出的传统题目“农村建设”项目，就是他们在重新反思20世纪韩国新农村建设利与弊的基础上的一大创新，它是指将农村的历史、文化与自然生态资源，包括农耕文化景观、田园景观、农村风土人情等有形和无形资源结合在一起所形成的一种完全区别于城市的新的农村发展形态，也就是说新农村必须要与城市差别化发展。要以乡村环境为背景，以农业生产和生活为旅游吸引物，注意以农业用地和林地等自然用地为主，尽可能整体保护村庄周边的自然风貌，延续村庄与山水田园相互映衬的格局，保护原有乡土环境和生物生境，尽量减少建设对生态的影响，达到人与自然真正的和谐。

2.2.3.2 建设干净整洁的农村人居生活环境

全面整治农村卫生环境，治理生活垃圾和生活污水污染，这是建设美丽乡村最首要的任务，也是发展乡村旅游的基础条件。

一是建立农村垃圾收集处理系统。引导农民对生活垃圾分类减量就地消化，将有机易腐垃圾通过堆肥或沼气池就地处理，砖瓦、渣土等无机垃圾作为农村废弃坑塘填埋或道路垫土使用，对农业生产垃圾，设置回收箱，强制回收农药瓶、塑料地膜等生产资料废弃物，对医疗垃圾回收处理。统一规划垃圾存放点，严禁将垃圾倾倒在河流、沟渠、山塘水库中，严禁在公路两旁建造大型露天垃圾围池。在乡镇转运站采取分类处理，配套建设有机易腐垃圾处理设施，产生的有机肥料还林还田，减少垃圾收运和最终处理处置量，加强对废纸、玻璃、金属等可回收垃圾的资源化利用，实现农村垃圾的资源化、无害化和垃圾处理产业化。

二是有效处理生活污水。污水处理要因地制宜，科学处理。人口密集的乡镇，都应兴建标准化污水处理厂，确保生产生活污水达标排放。城镇周边村庄，可以充分利用城镇污水处理设施，把污水统一到城镇集中处理，实现城乡一体化处理。村庄集中、经济条件好的地区，管道布置投资小，采用集中处理。村庄分散、山区农村以及经济条件较差的地区，宜采用分散收集、分散处理。分散处理可根据实际条件采用“分散式、低成本、易管理”的处理工艺，鼓励采用投资较少、运行费用较低的生物滤池、强化人工湿地等处理方式。加快卫生厕所建设，兴建“化粪池”，有效处理人畜粪便。

2.2.3.3 营造洁净优美的乡村水环境

农村水环境是指分布在农村的河流、湖泊、沟渠、池塘、水库等地表土壤水和地下水体的总称。水环境是人们生活、生产和居住的必要条件，是形成乡村景观外貌、塑造乡土风情的重要因子，但同时由于水体的汇集作用，农村存在的各种污染最终体现为水环境的污染，因此，治污必先治水。

水之美不在其水量多少，而在其动人之态，其动人之处就在于自然，要按照尊重自然、顺应自然的理念开展水环境治理。农村水环境是经过了漫长自然演化而形成的，是地形、地貌的长期塑造以及人、动植物、微生物与之适应的结果。如果肆意改变乡村原有的自然水系结构，以控制水而不是尊重水的心态进行水环境治理，势必增加水环境安全压力，加速水土流失，破坏溪流、水塘的生物生存环境，大大削弱水体自我净化能力和降解减毒能力，乡村生态环境和文化景观也会遭到严重破坏。

农村河道是农村重要的水环境之一，是人们亲水活动、休闲游览的主要场所。长期以来，人们在治水中，较多注重河道本身功能，如行洪、排涝等，河道断面形式一直较为单一，走向笔直，高筑硬化堤岸，河道护坡结构采用两面光、三面光的渠道形式改造，从不少已实施的工程情况看，硬性材料的护坡和护岸结构由于隔绝了水陆之间的物质、能量的交换，已对当地的水生态带来了一定的负面影响。在村庄河道整治中，要尽量保持河流自然本色，保持自然河岸的蜿蜒曲折，尽量少裁弯取直，这样做可以体现水体自然优美的曲线。杜绝或减少水泥护堤、衬底，多用和推广生态护坡，在坡度较缓或滩地较大的河道，主要采用植被保护河堤，如种植柳树、芦苇等喜水性的植物，利用它们发达的根系来达到稳定河岸的目的；在较陡的坡岸或冲蚀较严重的地段，除种植植被外，还可以采用天然石材、木板或竹料等护堤，加强堤岸的抗冲刷能力；在滩地较小，设计洪水标准频率较高的滨水区域，在自然型护堤的基础上，依据当地水位变化的实际情况建设梯级驳岸。岸边因地制宜进行生态绿化，尽可能构建能够适应水陆环境梯度变化的近自然植物群落。

水塘曾经在农村地区广泛分布，是农民灌溉的水源地之一，有着调节局部小气候、拦蓄地表径流和泥沙、存储消化氮、磷等营养物的生态作用。近年来由于淤积、填塘造陆和作为垃圾堆放场所以及建设用地，池塘在农村已大量萎缩和消失，还有一些地方为了防洪和防止水土流失，以及方便垂钓，许多塘岸被水泥固化，如今仅存的一些池塘，其调蓄、灌溉、维护生物多样性、净化水体的功能均已严重退化，许多已沦为荒塘，或杂草丛生，或死水一潭，或淤积退废。农村水塘也是农村湿地系统的重要组成部分，在乡村旅游开发过程中，应禁止填、挖各类坑、塘，以适度清淤、生态护岸等治理水塘脏、乱、臭现象，根据生态规律，遵循物种多样化，再现自然的原则，综合考虑湿生、水生植物的特性配置植物，形成坑塘湿地生态系统，构建线状和点状自然景观，充分发挥河道、池塘的综合功能，使农村水环境重新成为各类水生物、鱼类游乐栖息的“乐园”，实现“水清、河畅、岸绿、景美”的美好景象。

2.2.3.4 绿化美化建设生态乡村

乡村的绿化是最能体现宜居的要素。“绿树村边合，青山郭外斜”是画里乡村的体现。

一要保护好自然植被，加大林业生态保护力度，严禁乱砍滥伐，保护现有生态植被。实施退耕还林工程，绿化荒山荒坡，提高森林覆盖率。原生态植被是乡土物种的自然栖息地，如果原生境遭到破坏，很多乡土物种就会消失，而这些乡土物种，往往是乡村旅游的重要资源，对于打造高端乡村旅游目的地具有重要的标志性意义。名扬台湾的乡村旅游目的地“卓也小屋”，就是依靠萤火虫作为最大卖点。为了营造轻罗小扇扑流萤的情境，卓也小屋及临近乡村旅游民宿经营者专门致力于萤火虫栖息地的营造，保护自然植被，保证干净的水源，无污染的生态，以确保螺类的生长。只有螺类长好了，萤火虫幼虫才有食物。如此努力，就是为了一睹经过长长寒冬、历经千辛万苦，终于羽化成虫的萤火虫漫天飞舞的点点荧光。“青蛙丫婆的家”则是以青蛙观赏知名，该民宿所在的桃米生态村拥有全台 29 种原生蛙类中的 23 种，完全得益于当地居民对自然植被和原生境的保护。

二是绿化村庄环境。坚持生态化、多样化的原则，科学合理地进行农村绿化建设，建立具有美化、休闲和经济功能的农村绿化网络系统。村庄广种绿化树、经济林，营造绿色氛围，住宅间要以草坪、灌木及农作物为主，营造视觉绿意。道路绿化综合考虑道路等级、性质、地形、植物等各种因素，科学选择道路绿化植物，景观上要有层次，充分利用沟、坡地等地形地貌，结合地势高差对道路进行修整、护坡，避免“一条路，两行树”现象，车道中间绿化带种植低矮花灌木，路侧结合绿化带种植乔木，在道路和绿地设计时形成地势高差，这样有利于雨水排入道路旁的绿地，以达到水分补给的目的。要做好对古树名木和大树的保护管理工作，严禁人们砍伐、买卖古树名木和大树。

三是美化农家庭院。对分散居住的农户，鼓励发展庭院经济，美化庭院环境；对集中居住区，规划建设绿化带和生态景观带，防止房前屋后过度硬化。要科学规划公共绿地、道路及庭院绿化，以乡土树种为主，适当增加外来树种，确保种群间合理搭配，增加景观季相变化，丰富景观层次，形成乡村的特色天际线；适当设置园林景观小品和健身活动空间，满足村民休闲、娱乐、运动等各种需求。通过生态美化建设，形成道路河道乔木林、房前屋后果木林、公园绿地休憩林、村庄周围防护林的村庄绿化格局，实现村庄园林化、庭院花园化、道路林荫化。

2.2.3.5 发展生态农业打造美好田园

生态农业是根据生态学原理，因地制宜地在传统农业精耕细作的基础上应用现代科学技术建立和发展起来的一种多层次、多结构、多功能的综合农业生产体系，它遵循生态规律，宜林则林、宜农则农、宜牧则牧、宜渔则渔，合理应用农药化肥和农业废弃物资源，积极地保持水土，防治水土流失，保护植被。因此，生态农业可以充分发挥农业的生态功能，营造优美宜人的生态景观，调节环境，平衡生态，构建充满生机与活力的人与自然相协调的自然生态环境。发达国家普遍重视发挥农业的生态功能，如德国农业部制定的政策目标，农业肩负着双重任务，除了粮食生产外，还要保护自然生存基础，特别是物种的多样性、地下水、气候和土壤的良性循环，同时保护自然景观不受破坏，使自然资源可持续使用。为此，政府制定了多部相关法律，如植物保护法和土壤保护法等，对农业生产过程中的肥料使用，土壤松土的深度、轮作、休耕等方式、期限都有严格规定，避免不良的耕作导致环境污染和资源浪费，从而对环境保护、食品安全和农业可持续发展都有着重要意义。

农业生态系统、农业用地沉淀着乡村的历史和传统，有着丰富的生物多样性和特有的乡土环境，是构成乡村景观的重要内容。通过发展生态农业，可以创建一批生态园林区、绿色食品生产园区及景观农业区。如我国重要农业遗产地中的浙江青田稻鱼共生系统、云南哈尼稻作梯田系统、普洱古茶园与茶文化系统、江西万年稻作文化系统、贵州从江侗乡稻鱼鸭复合农业系统等，以及珠三角地区的“花基鱼塘”“果基鱼塘”“桑基鱼塘”景观模式，东北平原的“沙地田-草-林”和“稻-苇-鱼”湿地生态农业景观模式，中部平原区“农田-林网”景观模式，南方红壤丘陵区的“顶林-腰果-谷农-塘渔”立体种植景观模式和“稻田-多水塘”景观模式，黄土高原“农-草-林”立体镶嵌景观模式等，当中蕴含的自然与文化多样性都是乡村旅游发展的资源。

在农田景观（梯田景观、山间种植景观等）方面，可以从农作物种植布局方面做文章，根据农作物和花卉的种类、颜色（包括枝叶、花卉和果实的颜色）、生长期以及躯干的大小高低等进行合理配置，力求做到乡村田野“时时有景，处处是景，景随人变，人随景动”。山地乡村景观（即“里山”）是日本山区的传统农业景观。近十多年来，日本一些地方通过对村落周边的森林进行人工干预，定期适当间伐树木，使光线更加便利地到达地面，再通过引水建造水田等培育多样性的动植物，以实现水田农业与林业的互利共生。由于水田还发挥了湿地的作用，所以比起没有人工干预的原生林，这类生态系统更加富饶，还培育出独特的景观和传统文化。2011 年 6 月，位于石川县的能登半岛山地乡村景观被联合国粮农组织认定为全球重要农业文化遗产。

营造农业景观，还要大力发展草地产业。草地产业集生态、绿色和环保于一身。如种植苜蓿，其是多年草本植物，一年四季都有植被覆盖，可以有效地涵养水源，防止水土流失，且在干旱、半干旱和严重缺水的黄土高原、荒漠地带也适宜种植；在荒坡、荒地种草可有效地改善水质，净化空气，防风固沙，提高土壤肥力，可成为与防护林工程建设配套并举展开的环保产业。而且，草地产业一头连着种植业，一头连着畜牧业。在饮食结构中，肉蛋奶消费比例越来越高的情况下，还可以增加农民收入，取得经济效益和生态效益。

以山东安丘市辉渠镇小麦峪村为例，该村位于白山头水库上游、望海山西侧，距辉渠镇区6千米，共108户，32915人。自2014年，该村充分利用资源优势，大力发展乡村旅游，全力打造农家乐示范村，收到了很好的效果。接待青岛、烟台、潍坊、日照等地游客1万多人次，实现旅游总收入50多万元。被评为“潍坊市休闲农业示范园区”。小麦峪生态良好，物产丰富，造就了这里品质优良丰富的农产品。为提高旅游收益，对小米、绿豆、核桃等特色农产品统一包装、统一标识，并设立了旅游超市集中展示和销售。利用特殊的地理环境和良好的生态条件，开发建设了300亩的榛子园、100亩的核桃园、100亩的文冠果园、60亩的樱桃园、80亩的桃花园、20亩的百花园等基地，构成名副其实的“百花园”，被称为“天然森林氧吧”。村里的望海山祥科精品采摘观光园配套建设的榛子岭、核桃坡、文冠果梁、樱桃谷、无花果沟、草莓园6个高档精品采摘观光基地，颇具特色，游客可在此品家宴、感乡情，采摘绿色果品、体验纯美田园的韵味。

3 乡村旅游与经济发展

建设社会主义新农村是我国新时期的重大战略任务，旅游业作为新兴的综合性产业，具有促进经济社会发展的多重功能。因此，必须深刻认识“以旅促农”在大力发展和提升乡村旅游、带动农民脱贫致富、推动农业产业结构调整、促进农村经济社会发展中的重要意义，通过创新发展思路，积极探索乡村旅游的发展模式，充分发挥旅游在促进社会主义经济建设中的积极作用。

3.1 乡村旅游与扶贫发展

乡村旅游扶贫对中国农村贫困治理的意义如下：

（1）帮助有劳动能力的贫困人口收入脱贫。旅游发展的初级功能就是经济功能，可以拉动区域经济发展，提供就业机会，因此，乡村旅游扶贫开发为有劳动能力的贫困人口提供就业机会，实现这部分贫困人口物质上脱贫。乡村旅游业扶贫工作为本地解决了找工作难的问题，提供了众多的就业机会，无论是老弱病残人口还是贫困人口，只要还有劳动能力，都可以一边工作一边干农活，取得相应的工资收入，同时还可以通过采卖山间的农产品，进行乡村手工品制作来确定商品性增收，通过在农业收入以外增加工资性收入和商品性收入，可以使一些人摆脱贫困，走上致富之路。

（2）实现农村女性素质的提升与发展从而提升整个农村人口的素质。随着大批农村青壮年进城务工的增多，农村剩下越来越多的没有劳动力的女性和留守儿童，有的女性没有随配偶外出务工，而留在乡村负责赡养老人，抚养孩子，有时候打麻将打发时间，沦为剩余劳动力；有的女性陪同配偶一起进城打工，把孩子留在农村成为留守儿童，这都对女性的身心健康产生不利影响。乡村旅游扶贫开发，不仅可以使女性在家赡养老人抚养孩子，还可以加入乡村旅游发展中进行服务、经营等工作，这样不但为家里提供了更多的家庭资金保障，还巩固了女性在家里的地位，增加了话语权。还可以在旅游发展事业中取得更多的成就，带来更多的归属感和幸福感，为一些在手工制作和文艺创作方面有特长的女性提供了一个才艺展示的舞台，促进自身的全面发展。

（3）带动乡村文化事业发展从而打破贫困文化传递机制。乡村旅游业经过产业转型升级换代促进了乡村文化建设的完善，建造了书店等文化设施，培养了乡村儿童的学习兴趣，同时也使家乡的教育观念得到改变，从而更加注重下一代的教育，完善的教育机制促进孩子的全面发展有助于使农村脱贫致富，摆脱贫困境遇。

（4）以乡村旅游扶贫为契机实现乡村振兴。伴随社会发展程度和生活水平的提升，人们越来越倾向于选择节假日休闲度假的方式来提高幸福感，这会促进乡村休闲旅游业的可持续性发展。国家给予全域旅游发展越来越多的政策扶持，考察选择恰当的全域发展区域实施乡村旅游业，通过把成片的乡村土地作为旅游资源来开发创造，实施乡村振兴战略建设美丽和谐乡村。凭借实施乡村旅游扶贫开发战略促进乡村振兴发展，开发乡村旅游景点建设美丽乡村，把乡村建设成为有山有水充满乡土气息的世外桃源。

3.2 乡村旅游与庭院经济

3.2.1 庭院经济的概念和内涵

3.2.1.1 庭院经济的发展历史与现状

庭院种植和养殖，在我国已有数千年的历史。早在农业和牧业形成的初始阶段，人们就以自己的栖息地为中心进行原始的种养劳作。千百年来，庭院经济一直处于自给、半自给的封闭型自然经济状态，在封建社会的中后期，小农经济的发展为庭院经济发展奠定了基础。农民除有少量的土地外，有了一个小小的家园，平时除了从事大田生产（包括打短工）之外，一般可利用房前屋后的空闲地，搞些种植、养殖等副业生产，以补充大田生产收入之不足。这种做法代代相传，已成为我国广大农民的习惯。但由于受到各方面条件的限制，庭院经济不可能有较大的发展，仅仅是为了温饱，满足自己的需要，还谈不上发展商品经济。

中华人民共和国成立后，实行了土地改革，农民实现了“耕者有其田”，极大地激发了劳动热情，使小农经济和庭院经济都有了很大发展。特别是党的十一届三中全会以后，在农村实行了联产承包责任制，农民有了自主权，极大地调动了生产积极性。他们在搞好大田生产的同时，把剩余劳动力和剩余劳动时间，用来从事庭院生产，开辟了一条致富门路。同时，随着商品经济的发展，市场对商品的需求量越来越大，庭院生产的产品，多是一些土、特、名、优产品和传统工艺品以及鲜活产品，这些产品在市场上又很受欢迎，因此促进了庭院经济的发展。

随着我国人民科学文化素质的不断提高，农村中知识青年的数量不断增加，他们有文化，有一定的科学技术知识，善于寻求致富门路，发展庭院经济是他们致富的重要途径之一。同时，随着农村经济发展，农民的经济实力比以前有所增长，发展生产的资金比以前增多。因此，庭院经济发展较快，如雨后春笋，茁壮成长，仅仅几年的时间，它已发展成为农村的三大经济支柱之一，它在内容和性质等方面也发生了根本性转变。庭院经济在农村经济发展中的地位越来越高，有相当部分农户的庭院经济已由过去的兼营地位上升到主要地位而且走上了商品经济的轨道，并取得了较好的经济、社会和生态效益，显示了很强的生命力。

3.2.1.2 庭院经济的概念

庭院经济，是以农村庭院为基础，充分利用庭院建筑设施、自然资源、传统经验和现代技术，从事商品生产活动的一种经济形式。

利用庭院空地，种植果木、瓜菜、花卉，养殖鸡、鸭、鹅、鸽和牲畜，进行纺纱、织布，从事工艺编织等，在我国已有数千年的历史。但是，古老的庭院经济，主要是为了温饱，为了满足自己的需要，是自给自足型经济。产品有点剩余，拿到市场上去交换，也只是“养鸡为换盐，养猪为过年”的一种手段，与商品生产经济有着本质的区别。以从事商品生产为目的的商品性庭院经济，是党的十一届三中全会以后才发展起来的，是改革开放的产物。它的生产不是为了自给，而是以商品生产为目的，产品不仅进入国内市场，有的已经打入国际市场。新型的庭院经济，将传统经验与现代技术相结合，大大提高了劳动生产率，创造了较高的经济效益。据湖南省桃源县 1999 年统计，庭院经济收入占全县农业总收入的 32.8%，人均达 279 元，占农民人均实际收入的 44.2%。发展庭院经济已成为人民脱贫致富的一条重要途径。因此，采取积极、稳妥的措施，发展庭院经济，对我国农村经济的发展将起着重要作用。

3.2.1.3 庭院经济的范围

庭院经济的范围及其包含的内容，目前还没有一个确切的定义。其发展水平也参差不齐，一般可分为：

（1）较初级的庭院经济。一般是在庭院内从事生产经营，利用院内空闲地，种植各种树木、瓜果、蔬菜等，使农作物复合群体在时间和空间上充分利用，并在院内从事养殖、加工业生产。这是一种传统的庭院经济形式，由于受到土地面积和资源的限制，提供的商品有限，基本上属于小农经济的一种。随着经济改革和科学技术的发展，逐渐向较高级庭院经济发展。

（2）较高级的庭院经济。它以家庭联产承包责任制和家庭经济收入来源为依据，根据生态农业、生态经济学和系统工程原理来组织生产。以庭院为中心，包括庭院以外的“四边”地、自垦山、自垦田、经批准同意经营的“鸡鸭田”、水（田）塘和承包的果园等。一方面，充分利用传统技术经验和现代科学技术，充分利用当地自然资源，进行种植、养殖、加工、贸易，从事服务业活动，尽可能多地为市场提供所需要的各种产品，以取得最大的经济效益。另一方面，在生产各种产品的同时，利用现代科学技术，实行各种模式的。自然资源生态循环利用，尽量做到无废物、无污染生产，创造一个优良的生态环境，既创造物质财富又促进精神文明建设，这种类型目前还占少数。

3.2.1.4 庭院经济的优势和特点

目前，发展庭院经济有许多有利条件：一般庭院和自垦地的土壤肥力和生态环境，比大田好；可以充分利用农业剩余劳力和剩余劳动时间；庭院经济开发初期，无须复杂的建筑设施，也不需要很大的投资。因此，庭院经济具有下列独到的优势和特点。

（1）设备简单，投资少，见效快。庭院经济开发初期，一般不需要复杂的厂房、设备，生产规模不大，也不需要大量投资。可以利用庭院原有的建筑设施、自然资源和现成的家庭劳动力，男女老幼皆可投入生产。待生产有一定效益时，再逐步扩大规模，更新设备，增加投资。同时，由于庭院经济规模不大，生态环境好，管理方便，所以经济效益好，比大田生产容易见效。

（2）适应性强，比较灵活，有利于参与市场竞争。庭院经济是以一家一户为基础的，生产规模小，项目选择性大，可因地、因人、因时制宜，因此，具有广泛的适应性。同时，由于庭院经济生产规模不大，固定资产不多，转产比较容易，灵活性较大，能根据市场需要，及时调整经营方向和生产项目，比较容易适应市场变化的需要，在市场竞争中取得主动权。

（3）项目多样性和生产集约性。庭院经济生产经营项目多种多样，适应性强，项目选择性大。庭院种植便于精耕细作，养殖便于集中管理，精细饲养，各种劳动力都能充分发挥作用。如实行种植、养殖、加工业相结合的综合经营时，可融技术密集、劳动密集和物质密集于一体，实现低投入、高产出，低能耗、高积累的目标。因此，庭院经济将逐步向科学化、集约化发展。

（4）以私营为主进行商品生产，产品靠市场调节。庭院经济是一家一户的经济，无论是经营项目的确定，资金的筹集，劳动力来源，种子或原材料的购买，以及产品价格销售的确定和经济的风险，都由农户自己承担。因此，它是一种私营经济，这种经济一般不纳入国家计划，产品品种、生产数量、价格高低、销售渠道等，完全依靠市场来调节，它是国营和集体经济的一种补充形式。

3.2.2 庭院经济发展的经验和趋势

3.2.2.1 庭院经济发展的经验

我国发展庭院经济大量好经验来源于广大人民群众的实践。改革开放后，我国广大农民和科学工作者不断探索和总结了一系列利用庭院时、空、能发展庭院经济的技术和经验，取得了明显的经济、社会和生态效益。许多地方通过庭院开发，一户带一片，一片带一村，一村带一乡。经营规模不断扩大，结构模式不断优化，经济效益不断提高，呈现出蓬勃发展的好势头。我国庭院经济正向着“技术与经济结合，资源利用与市场带动并举，集约、高效、专业化”的方向发展。概括起来有以下几个方面的经验。

（1）高效专业化逐步成为庭院经济发展的主流，并成为农村经济发展新的增长点。许多地方结合当地实际，广泛推广“一村一品”“一乡一色”的经营模式，使农民房前屋后“方寸之地”变成了以庭院种植起家，养殖生财，加工致富的富裕乡、富裕村、富裕户；并涌现出大批庭院养殖场、食用菌场、加工厂、苗圃、储藏库；逐步形成了一大批专业户、专业村、专业乡镇、专业商品生产基地、专业市场及专业经营服务体系。一些地方逐年发展并逐步组建了专门的开发公司和开发集团。

（2）多样化的经营管理模式在庭院经济的开发实践中不断优化。最佳的庭院经营管理模式来源于最佳的要素组合，即资源的优化配置、生物的优化组合和技术的科学采用。近几年来广大人民群众总结并推广一系列庭院经济高效发展模式。很多省大力推广了以蔬菜、畜牧、加工、能源工程、食用菌和果树为主的多类产业技术模式。与此同时，具有广泛推广意义的“公司+农户”“龙头+基地+农户”“协会（学会）基地+农户”以及“龙头+科研+基地+农户”经营模式在许多地方得以推广。

（3）庭院经济区域化、规模化、商品化态势初步形成，产业一体化进一步得到发展。庭院经济的区域化、规模化和商品化，不仅符合社会主义市场经济发展的客观要求，也是农户追求最大效益的必然选择。从北京、天津、上海等大中城市的庭院葡萄、花卉，到河南、山东、四川等省的庭院养兔；从辽宁、吉林、河北等省的庭院设施蔬菜，到浙江、江苏、湖南等省的庭院立体种养；从福建、广西、内蒙古、浙江的食用菌开发到湖北、广东、安徽的庭院生态，区域作用日渐明显，并逐步成为当地乃至周围地区的一项支柱性产业。吉林省广泛推广东部山区以药材为主，西部平原以果蔬、畜牧业为主，中部以果蔬为主，辽源地区以果蔬、食用菌和畜牧业为主，四平地区以农工贸、种、养、加、产、供、销一体化的庭院经济模式都是很好的形式。

3.2.2.2 庭院经济的发展趋势

目前，我国庭院经济的发展趋势有 7 个方面。

（1）庭院经济在农村产业结构调整中与市场结合越来越紧密。紧密跟踪市场需求，发展庭院经济，抓好农业的深度开发和农副产品的深度加工，是庭院经济快速发展的主要原因。庭院专业化规模化生产在调整农村产业结构中起到了促进、协调的作用，显著地繁荣了城乡市场。

(2) 庭院经济成为农村商品经济转换中的最活跃成分。庭院经济以其自身的特点和灵活的经营方式，根据市场需求不断改变和优化产品结构，为市场提供大量的名、优、特、鲜产品，有效地改善和丰富了市场供应，丰富了城乡人民生活的菜篮子。近几年庭院塑料大棚技术的推广，各种菜提早上市；逐年发展起来的庭院葡萄等果树种植，向市场提供了大量优质鲜果。目前，我国出口创汇的农副产品及名优特产品100多种，其中许多都来源于农户庭院生产。

(3) 庭院经济向高产优质高效农业转化。目前，我国农业正处在传统农业向现代农业转化的初始阶段。这个阶段意味着不再是单纯追求产出的数量型农业，而是生产出品种更多、产量更高、品质更优的高产、优质、高效农业。现在不少地区庭院开发是高标准起步，高效益开发。从调查情况来看，一般地区庭院生产中每投入1元，可获得4~6元的收入，投入产出比为1∶5。由此可见庭院开发高产高效的特点是非常突出的。同时庭院开发正在向优质方向发展，广大农民立足于高起点、高科技，对种养业的新品种及新技术，只要适合庭院开发生产的，就敢闯敢试，并逐步加大生产规模。

(4) 庭院经济向产业化发展。由于庭院经济规模化、专业化程度不断提高，庭院生产内部分工也越来越细，庭院经济产品区域化专业化作用日渐明显，一体化经营、社会化服务、企业化管理的要求日趋迫切。实现农业产业化是庭院经济稳定发展的必由之路。

(5) 农村庭院经济趋于生态化。庭院经济生态户、庭院生态村的发展，使土地、人力、能源、资金等各种资源实现了最合理配置，促进和加快农业生态化进程，不仅是现代农业发展的客观要求，也是庭院经济发展的一种趋势。庭院经济可望成为推动我国现代农业特别是生态农业发展的动力。

(6) 庭院经济发展加速了现代农业建设资金的积累过程。近几年，全国靠庭院经济而脱贫致富的事例数不胜数。在农民致富的同时，为农业的发展积累了更多的资金。庭院经济收入在农村经济总收入中所占的比重逐年提高，较好地解决了资金短缺的矛盾。庭院经济虽然是一家一户个体经营，但对发展壮大集体经济有不可低估的作用。这是因为当户户经营达到一定规模时，必定促使集体办一些龙头企业进行综合服务，这样发展庭院经济的同时，也发展了集体经济。集体经济的发展、壮大，可以为现代农业的发展积累更多的资金，因此可以说，庭院经济是现代农业发展资金来源的重要源泉之一。

(7) 庭院经济是缓解就业压力最现实的途径。庭院经济可吸纳相当部分的农村剩余劳动力。一个开发较合理的庭院至少需要1个或1.5个劳动力经营，全国2亿多农户，若有60%~70%的农户合理地开发自己的庭院，则可吸收农村剩余劳动力 1.2 亿~1.4 亿个。同时这些劳动力，也无须离乡、离村和离院就找到其适宜的劳动场所，应该说是一种现实的选择，是一条适合中国国情、吸纳农村剩余劳动力，有益于社会稳定的道路。

3.2.3 发展庭院经济的对策

实践证明，发展庭院经济，对农村第二步改革，发展商品生产，实现小康，振兴农村经济，都具有重大意义。许多地区通过发展庭院经济，已经基本上改变了贫穷落后的面貌，取得了可喜的成绩。但是，从全国范围来讲，多数农户和农村基层干部，对发展庭院经济重要性的认识还不足。过去缺乏商品经济意识、缺乏技术、不懂商品生产知识、社会化服务跟不上，影响了庭院经济的发展。为了进一步发展庭院经济，还需要采取一些相应的措施。

3.2.3.1 加强宣传，提高认识

庭院经济是以农户为基础，由千家万户广大群众自己办的事情，因此必须首先宣传群众，使群众认识发展庭院经济和自己切身利益的关系，激发群众的积极性和创造性，自觉起来为自己切身利益而奋斗。

宣传党和国家有关发展庭院经济和改革开放的政策，打破群众认为政策多变，怕致富怕冒尖的思想。树立商品经济意识和市场观念，敢于利用政策发展商品经济，参与市场竞争，靠勤劳发家致富。

大力宣传发展庭院经济的意义和好处，打破认为庭院规模小，庭院经济成不了大气候的思想。庭院经济规模虽然不大，但它可融劳动密集、技术密集和物质密集于一体，实现低投入、低能耗、高产出、高积累的目标。对于脱贫致富、迅速达到小康水平具有重要意义。

宣传正确处理庭院经济与大田生产的关系，克服认为发展庭院经济会影响或丢掉大田粮食生产的观点。庭院经济不占大田土地，劳动力主要利用剩余劳力和闲散劳力，如老、弱、妇、孺皆可利用，不会影响大田生产。相反，通过发展庭院经济，可以积累资金，增加大田投入，可以稳定农村整壮劳力，提高科技文化素质等。这些都有利于促进大田农业生产的发展。

3.2.3.2 典型引路，搞好规划

充分利用房前屋后的闲散土地和家庭中的人力，采取高度集约化经营，把庭院经济开发变为广大群众的自觉行动，加强调查研究，总结典型经验，用典型引路的方法引导干部和群众提高认识，以户带户、带村，加快庭院经济的发展。通过典型示范，使广大干部和群众看到发展庭院经济的好处，可打破顾虑，增强信心，加快开发庭院经济的步伐。在此基础上，搞好发展庭院经济的规划。规划要

有具体内容、奋斗目标和实现奋斗目标的具体措施，要逐村、逐户进行落实。制定规划时必须注意：

(1) 因地制宜，因户制宜，尊重科学，尊重客观规律，尊重群众意见，在经营规模和模式上不搞一刀切。要因势利导，切忌形式主义和一阵风。

(2) 加强调查研究，搞好市场预测。庭院经济生产的产品，无论是品种、数量、销售渠道，还是产品价格，都是靠市场调节来完成的。因此，必须搞好调查研究，根据市场需要安排生产项目，不能盲目决策。并要根据季节变化、当地资源、技术状况和势力情况等安排生产，要遵循发展商品生产的规律，充分发挥地方优势。

(3) 要依靠传统技术和先进科学技术，突出产品重点，保证产品质量。树立市场、商品观念和竞争意识，着眼于经济效益。力求做到人无我有，人有我优，人优我廉，人廉我转，使庭院经济稳步、健康发展。

3.2.3.3 培训技术人才，开发智力资源

庭院经济是自然再生产和经济再生产的统一体，受到自然因素和社会因素的制约。因此，发展庭院经济，必须掌握和运用先进的科学技术和科学的管理方法，使其符合自然规律和经济规律要求，才能不断向深度和广度发展。这就要求必须不断培养科技和管理人才，开发智力资源。发展庭院经济，只靠传统经验是不够的，农村家家有庭院，但是真正搞得好的还不多，一个重要原因就是缺技术，缺人才。大专院校、科技、农业、供销、共青团、妇联等各部门，要通过办专门学校、短期培训班、技术夜校、科普讲座等各种形式，运用课堂授课、电影、录像、广播、函授、报刊资料等各种手段，为发展庭院经济和农村经济培养人才，并大力推广普及先进技术，使庭院经济逐渐向科学化、专业化和集约化发展。

3.2.3.4 加强统一领导，搞好社会化服务

庭院经济虽然是家家户户生产，但是集中起来，作为一种社会商品经济，它是专业化程度较高的集约经营，其商品率较高，商品量较大，对社会化服务的要求也比较高。因此，社会化服务的好坏，直接影响庭院经济的发展。当前加强领导，搞好社会化服务，应着重做好以下几方面的工作。

(1) 加强管理分类指导。各级地方政府，应根据庭院经济发展的需要，成立统一领导协调机构，负责指导庭院经济建设，贯彻落实有关庭院经济政策，做好各部门的协调工作。庭院经济作为多种经营的重要任务，应根据本地地理环境和条件，各有侧重。丘陵山区以果树为主，抓好种植业，进行农副产品的深加工；平原地区以养殖业为主，创名特优产品。庭院经济发展应由简到繁，由平面

到立体，由单项到综合，由种养到加工，逐步形成种、养、加工、销售一条龙生产，把产品迅速转化为商品，增加再生产的本钱。

（2）各有关部门应分工协作，做好配套服务工作。农业部门应着重进行技术指导，通过调查研究，分析庭院经济发展趋势，做好行业预测，指导发展方向，并帮助解决生产中遇到的技术问题。供销、商业部门应着重搞好物质供应和产品销售渠道，进行市场调查、预测，开拓销售市场，疏通销售渠道，使产品尽快进入市场。由于生产经营不受国家计划指导，农民可以按市场需要组织生产。政府要给农民规定，庭院经济收入不交提留或税收适当放宽，要真正放手，越放开越好。科技部门应搞好先进科学技术的推广普及，提供科技报刊资料，培训技术人才，搞好科技咨询服务。乡、镇企业应提供商品信息，扶持创办农副产品加工业，使农产品得到就地转化，经过加工可增加产值。银行信贷部门，应组织资金，为庭院经济搞好信贷服务。

（3）建立专业服务组织，搞好社会化服务工作。对于搞好农村社会化服务问题，1982 年以来，中央在几个文件中都做出了明确指示：1984 年中央一号文件中强调，要动员和组织多方力量逐步建立起比较完备的商品生产服务体系，这是一项刻不容缓的任务；1985 年中央一号文件指出，农村一切加工、供销、科技等服务性事业，要国家、集体、个人一齐上。

实践证明，要满足庭院经济发展的需要，必须建立专业化服务组织，只靠国家是办不到的。而集体和个人（专业户）办的服务组织，由于植根于农村，对庭院生产需求了解得最清楚，能急农民之所急，想农民之所想，通过其服务，可解决农村一家一户难以解决的困难。近几年来，随着农村商品经济的发展，建立了许多集体或合作经济的服务组织。其中以农民技术员为骨干而建成的各种专业技术协会、研究会为最广泛，全国已有 10 万多个，他们活跃在各条战线上，在为发展农村商品经济服务方面，做了卓有成效的工作，今后应大力扶持与发展，使其更好地为发展庭院经济服务。对个体专业服务户，也应积极给予扶持。

（4）当前服务的重点，应放在解决生产资料、良种供应，农产品加工、储藏、运输、销售等问题上。庭院经济生产，作为一家一户来说，场地有限，所需生产资料、良种数量不大，但集中起来数量就会很大。如靠农户自己去解决采购，不仅会造成经济浪费，而且很难办到。因此，国家和集体服务组织，应集中建立种畜、种禽、种苗、种子培育基地，饲料基地，开辟生产资料供应渠道，兴建一些基础设施，提高储藏、运输能力，发展农副产品运销业务，做到服务上门、服务到户。这样不仅大大方便了群众，而且可以提高经济效益，并解除广大生产者的后顾之忧，促进庭院经济的蓬勃发展。

3.2.4 庭院经济模式

3.2.4.1 庭院经济主要类型

A 庭院种植型

种植型，是指以种植为主的生产经营形式。目前庭院经济这种类型占多数。投资少，见效快，不仅能充分发挥各种劳动力的作用，而且能充分利用自然资源，充分利用空间和光能。栽培作物主要有蔬菜、花卉、苗木、果树、药材、食用菌等。平原地区以种植经济价值较高的经济作物为主；山区、丘陵地区庭院面积大，多选择果树、特产林木栽培；城镇近郊以发展高档蔬菜和名优花木为主；滨湖和其他水源条件好的地区，庭院以种植水生植物见长。

种植模式，根据农户的自然条件和技术水平，可以分以下几种：

（1）间作套种式。即在同一块地上，采用间作套种的方法，实现一年多熟，争创高产。例如，根据蔬菜的不同季节生长特点，穿插种植，可达到一年多收的目的。这是传统种植方法，群众比较熟悉，易于掌握。

（2）立体种植式。即在同一院落，对地面、地下、地上空间，采用合理布局方法，充分利用空间和光能资源。例如，地下可种植块根类蔬菜，地面可种植叶菜类蔬菜，空间可种植攀缘生长的瓜果（如黄瓜、吊瓜、佛手瓜等）。果树也同样要高秆与矮秆相结合，采用间作套种的方法，达到充分利用水、肥、光、热资源，创造较高经济效益的目的。

（3）保护地栽培式。即利用庭院避风向阳的特点，采用阳畦育苗、小塑料拱棚、塑料蔬菜大棚或玻璃温室等方法进行生产。可大大提高土地、空间和光能的利用率，创造更高的经济效益。例如，辽宁省铁岭县镇西堡乡一位农民，利用庭院内 480 平方米的地面，建起两个暖窖生产蒜苗，一个冬春共生产蒜苗 3 万多千克，产值达 3 万多元。但保护地栽培投资较大。

B 庭院养殖型

养殖型，是指以养殖为主的生产经营形式。庭院养殖，在我国也有悠久历史，传统养殖主要是饲养鸡、鸭、鹅、鸽、猪、羊、牛、驴等家禽和家畜。随着商品经济的发展，近几年养殖业发展很快，已发展到养兔、貂、貉、鱼、蛙、鳖、虾、蚯蚓、蝎子、蜗牛、蜈蚣等。

养殖模式，也由平面养殖发展到密集分层饲养、科学饲养和饲料多次循环利用等模式。

（1）密集分层饲养，是充分利用空间的立体养殖模式。例如，利用屋顶高空养鸽、养蜂；笼中分层养鸡；栏内养猪、养貂、兔等；地下养蚯蚓、蜈蚣、蝎子；水池养鱼、养鳖；等等。

（2）科学饲养和饲料多次循环利用，是运用科学方法饲养和开发饲料来源，提高饲料利用率和转化率的一种模式。例如，养猪采用喂生料、饲料添加剂等科学饲养方法，改变了传统的“稀汤灌大肚”的喂猪方法，可使肉猪提前4~6个月出栏，大大提高了饲料转化效率。饲料多次循环利用，可将配合饲料先养鸡，鸡粪加工后再喂猪、猪粪入沼气池产气，池渣再上地增产，等等。如此综合利用饲料，开发养殖生产，可取得较好的经济效益。这种模式和类型，投资比种植型要大，技术也比较复杂，但经济效益也大，一般一个饲养专业户，每年至少可收入数千元，多者可达数万元至数十万元。

农民用先进的技术在庭院内饲养附加值高的农畜、家畜及珍稀动物和水产品等动物类。平原地区饲料丰富，多饲养食粮畜禽；山丘地区饲草丰富，以发展牛、羊、兔、鹅食草类畜禽为主；城镇近郊和矿区以发展奶牛、鸡、观赏动物、特种动物为主；沿海滨湖地区，以发展养鱼、虾、蟹等水生经济动物为主。此类生产周期短，效益较高，比重最大，发展势头最迅猛。

C 庭院果蔬类仓储型

以窖藏、土冷库等为主要技术手段，在水果蔬菜集中产区从事果蔬类储藏，可以达到防腐保鲜、以旺补淡、均衡上市、延季增值、调节市场供应的目的。设施往往一次投入，多年使用，效益稳定而显著。

D 庭院加工型

农副产品加工型，是以加工农副产品为主的生产经营形式。利用冬闲，进行手工编织、农副产品加工，是我国农家传统的生产方式之一。随着商品经济的发展，近几年农副产品加工也有了较快的发展，主要利用庭院原有设施、传统手工业技术和一技之长，开展对农副产品加工。例如，加工豆制品（豆腐、豆浆、豆芽），面制品（面包、挂面、面条、炸制品等），蔬菜腌制品，果品加工，饲料加工，毛皮加工，竹木器加工，草袋草编、柳编、条编，刺绣，以及服装、鞋帽等。加工原料大部分就地取材，来源丰富，有的是废物利用，成本较低，生产设备比较简单，投资较少，但效益高。生产模式以自营为主，随着市场的发展和解决原料、产品销售问题，有的采用户与户联营形式，但都不受隶属关系的制约。按利益均等原则组织生产经营，其生产资料都保持各自的所有权和使用权。为了扩大经营，产品打入国际市场，有的采用和国有企业联营，或成为集体或国有企业的一个加工点。国有企业把某些适合家庭生产加工的零部件或产品，扩散给有条件的家庭生产加工。

E 庭院服务型

服务型，是指以开展为生产，生活服务为主的生产经营形式。这是随着商品经济发展而发展起来的一种新型庭院经济。主要模式有：

(1) 技术服务型。即掌握一定专业技术的人员，如退伍转业军人、离退休科技人员以及受过专门训练的知识青年，利用他们所掌握的技术特长，从事汽车、拖拉机、各种农机具以及家用电器等修理。或者利用他们掌握的信息和知识，从事技术咨询活动，为用户提供技术信息、技术项目和决策咨询服务。

(2) 后勤服务型。就是根据农户的生产需要，提供产前、产中、产后服务。如产前提供良种、良法，产中提供新型农药、化肥，产后提供运输、储藏等。

(3) 商业服务型。农民利用庭院发展以服务为特征的第三产业。这种类型以城镇郊区和集镇为主；其次在商品生产发展快而较为集中的专业村；再次在具有独特地理条件和环境的旅游区和繁华区。内容有生活服务、修理服务、旅游服务、租赁服务、咨询服务、技术服务、文化服务等。如小商店、小饭店、家庭旅店、托儿所、图书馆、理发店、电器修理店等。此种类型目前在庭院经济中所占比重较小，但随着经济发展，必将呈现增长的势头。

F 庭院生态综合开发型

综合经营型，是以庭院为基地，多业并举，互相促进，共同发展的经营形式。综合经营模式也是多种多样的，主要有：

(1) 立体开发型。为了充分利用庭院空间，采用种植、养殖、加工、服务等综合经营，立体开发，使各项目之间互补互利，促进物质的循环和多级利用。例如，根据生态经济学和生物链的原理设计，使植物、动物和微生物，在相关的生态系统内，通过食物营养的彼此联结，互相促进，可以大大提高经济效益。例如，辽宁省本溪市思山岭乡某农户，利用庭院空地，空间种葡萄，地面种蔬菜，地下种天麻，折合一亩地总收入 1.96 万元，纯收入 1.6 万元。

(2) 以种促养和以养促养型。利用庭院种植饲料，直接用于养鸡、养猪或养兔，可取得满意的效果。利用庭院养土鳖、养红虫喂蝎子，养蚯蚓和无菌蛆喂鱼，养鱼喂貂等为以养促养，可收到种养双丰收。

(3) 种养加一体化，与大田生产相结合型。庭院和大田种植，可为庭院加工生产提供原料，庭院加工农副产品可为养殖业提供饲料。养殖业发展可为大田提供有机肥料。使种植业、养殖业、加工业和大田生产紧密结合，相互促进，可以大大降低成本，提高效益，形成生产和生态系统的良性循环。

3.2.4.2 庭院经济的典型模式

依照生态学原理，农民可在庭院里同时发展种植、养殖、副业三种以上项目，相互促进，增产增收。这种类型又可分为主体开发型、种植加工混合型、养殖加工混合型、种养混合型、种养加工混合型。这种类型中以巧用生物链、生态良性循环方式的效益为最佳，最有发展前途。下面简单介绍一些典型成功模式。

(1) 种植、养殖结合模式。这种模式主要是以“种”转化为“养”，以

"养"提供市场上需要的商品。例如在小庭院内种上高产饲料粮和四季青饲料，饲养畜禽，做到"种"为"养"服务，种植的产品就地转化，从而获得更高的庭院开发经济效益。

（2）养殖、加工结合模式。这种模式主要是以"养"促"加"，以"加、养"产品转化为市场需要的商品。湖北省某农户，全家8人，4个劳动力，在种好承包地的前提下，充分发挥家庭劳力和庭院资源的潜能，共养鸭2060只，养鸡300只，养猪5头，加工无铅皮蛋年产量达30万枚左右，并开展缝纫加工，取得良好的经济效益。

（3）种植、编织结合模式。这种模式主要是为"编"而种，"种"为"编"用，从而转化为市场上需要的商品。例如，利用庭院种植青竹、林木、藤条等，从而加工成各种市场需要甚至外贸出口的各种产品。

（4）长、短周期结合模式。这种模式是以长周期为主，短周期为辅，以短养长，以长取胜。例如，种果木、养奶牛等都属于长周期副业，一般要在几年后才能有经济效益。这时，就要适当饲养些当年有收益的猪、禽等，以及种些瓜果蔬菜之类的短周期副业予以弥补，以短养长。长周期副业有收入后，经济效益就会成倍上升。

（5）农工商综合经营模式。这种模式要求农民跳出"单一土地经营"的小圈子，向着种养业、手工业、加工业、商业等方向发展，以市场需求指导庭院合理开发，综合经营。适宜什么，就搞什么，合理安排，逐步发展。市场需要什么，就供什么。农技、供销社、信用社等部门要加强服务，促其发展。

（6）空中立体农业型模式。充分利用屋顶、棚架等进行种植、养殖或种养结合，千方百计利用庭院一切空间。其具体内容有空中菜园，空中果园，空中花园，楼（屋）顶养鱼，阳台种花、果，棚架上种花、瓜、菜，道路上搭架种果，空中养鸽、养蜂，墙上种植豆角、栝楼、葫芦、爬山虎等。再如，办屋顶养殖场，可饲养蜜蜂、鸽子等经济动物，一间屋的平顶可饲养群蜂30箱。此外，屋顶还可作为科学实验基地，如搞气象观测或良种苗圃，也可用来安装太阳能装置烧水、取暖，节约能源。

（7）水、陆、空并举立体型模式。这种模式是坑塘里养鱼，养黄鳝，养蚌育珠；陆地上种植藤蔓性葡萄或瓜类，向空间发展；在边隙地，圈养蛋鸡和种蔬菜等。

（8）立体菜园生产模式。这种模式可采用直立茎、蔓茎植物间套作；粗茎、攀茎植物间套作；菜、豆间套作；菜、菌间套作，菜、药间套作；菜、茶间套作；菜、粮间套作；菜、蚯蚓结合等。

（9）立体花园生产模式。这种模式可采用花、木间套作，花、菜间套作，花、药间套作，高、低茎间套作，木、草本间套作；盆、畦间套作。畦、台、架结合，叶、花、香品种搭配，一年四季搭配，水、肥、光、气、热高效率利用。

(10) 水面立体生产模式。充分利用池塘各种自然资源，种养结合。如分层养鱼：鱼蚌、鱼禽、鱼虾、鱼鳖混养；鱼、藕兼养；藕、萍结合；鱼、草、畜结合；鱼、禽、畜结合；鱼、蛙兼养等。

(11) 立体林业生产模式。因地制宜采取株间混交、行间混交、块间混交、农林混交等方法，以充分利用庭院土地和空间。

3.2.4.3 以沼气为纽带的庭院生态农业模式

种植、养殖、加工等多种畜牧业以沼气为纽带共同构成庭院生态农业模式，这种模式可以高效地实现资源的循环利用和多级利用，将农业废弃物资源化，相互利用，共同发展。这是农村传统模式的生产、陈旧的思想观念的现代化变革，用生态农业带动庭院经济发展，改善了农村的生活环境，提高了乡村的生活文明。高效化的农业生产推动了经济、生态和社会的共同进步。

A “一池三改”生态模式

这种模式是以沼气为纽带的生态种植和养殖一体化的生产、生活系统，通过各类成熟的生态能源配套技术的优化组合的一项生态家园富民计划工程。沼气建设是指在农户家院中建造沼气池，同时将厕所和厨房以及太阳能一同进行配套改造，使其成为可以一同利用沼气进行工作的农村能源设施。这种模式能有效地促进农村经济的发展，提高农民的生活水平，实现小康生活。模式的改造遵循以下要点：

(1) 沼气池。背风向阳，四周宽阔的地方更加适合沼气池及主体设施建设。沼气池的类型重点推广了农业部《户用沼气池标准图集》（GB/T 4750—2002）规定的池型及“强回流型”“常规水压型”“旋流布料型”三种。池容应与畜禽饲养量相匹配，实践中一般选定 8 立方米，饲养成猪 3~6 头。

(2) 太阳能暖圈。适宜面积大概为 6~12 平方米，位置位于沼气池上方的日光温室一侧。首先应该建造沼气池，猪舍的建筑要等到沼气池到达最后养护期时开始动工，其最佳位置根据日光温室的设计思路进行选址。

(3) 卫生厕所。厕所位置要建在沼气池的进料口一端，用砖垒墙，厕所的地面最好位于圈舍地面的 20 厘米高处，用混凝土抹平地面，同时必备蹲便器、照明、沼液冲厕等配套设施，面积应不低于 1.2~2 平方米。

(4) 厨房。厨房的位置位于沼气池周围 25 米范围内；厨房要保持通风明亮，各种设施合理布局，一般厨房的灶台建设为长 1~1.5 米，宽为 0.5~0.6 米、高 0.65 米最佳，沼气净化器根据灶台为参照物，横向偏离 0.5 米，装在离地面 1.5~1.7 米的位置，沼气灯最好保持在离地面 2 米以上，同时距上面保持 0.75 米进行安装。

B 农-菇-饲-沼-肥庭院生态农业

以沼气为纽带进行的以农业带牧业、以牧促沼、以沼带农业的良性循环系统是庭院生态农业的主要建设原理，其具体的实施环节有以下几个：(1) 将农作物的秸秆、树枝条等为食用菌提供生产原料；(2) 食用菌产生的废料可以用于家畜的喂养；(3) 家畜产生的粪便就可以用于沼气的发酵；(4) 产生的沼气就可以实现农民生活所使用的能源，而附加产生的沼肥等可以用于提高农业及林业的土壤肥力，从而促进农作物的生长。

模式结构及技术要点如下：

(1) 日光温室。以面积大小，就地取材而设计，建一个坐北朝南的日光温室。庭院面积100~200平方米（田园面积300~600平方米）。

(2) 猪舍。在温室内部西侧、东侧建一个12~15平方米猪舍，南墙高0.9米，北面设铁栅栏，高1.2米，圈舍内做成水泥地面，地面由北向南倾斜，坡度以不存水为宜，猪舍内可养猪4~6头。

(3) 沼气池。猪舍下部建一个8~10立方米地下水压式沼气池，沼气池的进料口与猪舍出粪口相连，粪便可直接进入沼气池。

(4) 厕所。在猪舍的侧面配建一个1~2平方米厕所，采用蹲便器，粪便可直接排人沼气池。

C “六位一体”生态模式

“六位一体”生态模式，是以农村庭院为依托，以硬化绿化美化院落为基础，以沼气池为纽带，以太阳能为动力，以种植养殖为重点，以增加收入为目的，农户在自家的院子里，修建或改建一座太阳能暖房、一处硬化绿化院、一个沼气池、一架日光温室、一座太阳能猪舍、一台太阳能热水器，其规模大小要因地制宜地科学布局。该模式经过生态农业建设的实践，适宜在平川区、城郊区设施条件好的农户中发展，并结合当地农村小城镇建设和小康文明村的发展重点进行示范推广。

模式结构及技术要点如下：

(1) 太阳能居舍。用保温材料新建或改建一座坐北朝南，面积约45~200平方米的太阳能普通住房。

建房前在地基四周作一次性深1米、宽0.8米的永久性防寒沟，用生石灰填平；砌墙时在泥浆中掺入优质新棉；房子的前后窗户安双层玻璃，吊挂厚性窗帘；房子前墙窗户下面加太阳能玻璃采光面，内加吸热板和热气对流孔；房顶上铺一层珍珠岩做防寒保温层后再用水泥抹面。功能是保温增温，冬季节煤，实现了家居温暖清洁化。

(2) 硬化绿化院。农户可就地取材，在进行庭院生活设施建设的同时，设计栽种一些经济型和观赏性的花草树木，使庭院环境绿化美化。

（3）日光温室。在庭院西南端建造一个 150~200 平方米左右的日光温室，并与太阳能猪舍连成一体。可以种菜、制种育苗、养食用菌等。

（4）太阳能猪舍。在庭院日光温室内一侧建一个 15~65 平方米的太阳能猪舍，养成猪 7~30 头。养猪数量依据猪舍面积大小而定，一般是两平方米一头猪。可利用时间差发展商品猪，保障沼气池正常运转和安全过冬。

（5）沼气池。在猪舍下面按照农业部农村沼气建设，技术规范，建一个池容 8~10 立方米的沼气池，沼气池的进料口要与猪舍出料口相连。

（6）太阳能热水器。太阳能热水器一般安装在东侧修建或改建的厨房顶上，与厨房内设置的洗澡间设施配套。太阳能热水器在平川区农村应用，省煤节电、干净卫生，是农村小康化家庭向往的生活设施。

3.3 乡村旅游与休闲农业

3.3.1 乡村旅游与休闲农业的关系

我国专家学者在论及乡村旅游与休闲农业的关系时，有的研究者直接将两者等同起来，有的认为广义的休闲农业应涵盖乡村旅游，有的则认为休闲农业是乡村旅游的一种类型。严格说来，乡村旅游与休闲农业是两个在含义上相近又相异的概念。

3.3.1.1 相近性

二者在范围上有着一定的重合。休闲农业的基本属性是以充分开发具有观光、旅游价值的农业资源和农业产品为前提，把农业生产、科技应用、艺术加工和游客观光、求知、参与农事活动等融为一体，供游客领略在其他风景名胜地欣赏不到的大自然浓厚意趣和现代化的新型农业艺术。可见，休闲农业是农业和旅游业交叉结合产生的一种农业生产经营形态，是农业的衍生品，离开了农业，休闲农业便无从谈起。而乡村旅游更加强调空间维度的地域观念，它将整个乡村地域系统作为开发对象，主要是以具有典型乡村景观意象的聚落、建筑、环境，乃至非物质性的乡村民俗风情等为旅游吸引物。

3.3.1.2 差异性

休闲农业与乡村旅游有着明显的差别。休闲农业强调的是农业与旅游业产业活动的同步性，乡村旅游强调的是旅游产业活动与乡村人文属性与自然环境之间的关联性。

应当说明的是，刻意去区分休闲农业与乡村旅游的界限本身意义并不大，因为在很多时候两者都是放在一起并用或联用的。如农业部和国家旅游局共同主办的“中国休闲农业网”，又名“中国乡村旅游网”，农业部和国家旅游局还在2010年、2011年、2012年、2013年连续四年启动了全国休闲农业与乡村旅游示范县、示范点的创建评比工作，极大地促进了我国休闲农业与乡村旅游事业的发展。本书中若未做特别说明，也是将休闲农业与乡村旅游放在一起联用的。正因为如此，也可以把休闲农业和乡村旅游简明扼要地归纳为“围绕农业生产过程、农民劳动生活和农村风情风貌，经过科学规划和开发，为公众提供休闲观光、体验娱乐、度假教育，推广示范等多种服务为一体的新型农业产业形态”。

3.3.2 休闲农业与乡村旅游的功能及发展的意义

3.3.2.1 休闲农业与乡村旅游的功能

（1）游憩功能。休闲农业与乡村旅游可以为游客提供观光、休闲、体验、娱乐、度假等各种活动的场所和服务。

（2）经济功能。休闲农业与乡村旅游可以为游客提供优质、绿色、生态、安全、健康的农产品，满足游客对休闲食品的需要。

（3）教育功能。休闲农业与乡村旅游可以为游客提供了解农业文化、学习农业知识、参与农业生产活动、感受农业景观的户外教学场所。

（4）社会功能。休闲农业与乡村旅游可以促进城乡居民交流，拓宽乡村居民的人际关系，推进新型城镇化进程，提升农民生活品质，有利于缩小城乡差距，构建和谐社会。

（5）环保功能。休闲农业与乡村旅游可以保护和改善生态环境，维护自然景观生态，提升环境品质，并为游客进行现场的环保教育。

（6）文化功能。休闲农业与乡村旅游同农村民俗文化、生活文化和产业文化相结合。可以为游客提供各种农村文化活动，促进农村文化发展。

（7）医疗（保健）功能。休闲农业园区与乡村旅游景点具有优美的自然环境，新鲜的空气，宁静的空间，生生不息的动植物，遍地绿色的草木，以及随处的鸟语花香，是最适合调剂身心及养生保健的场所。

3.3.2.2 休闲农业与乡村旅游发展的意义

（1）休闲农业与乡村旅游业可以有效地带动相关配套产业的发展，延长产业链，为农民提供就近就地的就业发展空间。因此大力发展休闲农业和乡村旅游业可以促进农民就业的增收，使农民有源源不断的收入来源，从而推动农村经济的发展。

（2）休闲农业与乡村旅游业是以农村的农业资源为载体，以农民为主体，吸引城市居民进行参观消费等，这种农业与旅游业的结合可以实现城乡互为资源，促进城乡经济文化的渗透融合，为缩小城乡差距、统筹城乡内涵提供了有效的推动力，加快城乡一体化的步伐。

（3）农业与旅游业的结合，为城市居民提供了接触大自然、体验农村生活的空间，能有效地吸引有文化、有能力的大批城市人才对其进行管理规划，同时引入促进发展农村基础设施建设的大量技术与资金，在懂经营、会管理的城市人才的带领下，实现共同的利益，促进共同发展，在一定程度上改善农村风貌和农民生产生活水平，从而有效地推进社会主义新农村建设。

（4）农业与旅游业的融合有效地带动了第一产业、第二产业、第三产业的发展，扩展了农业原有的单一的保障食品安全功能，实现了农业多元化功能的拓展，包括对原料供给、生态涵养、观光休闲等多种潜在功能的开发，同时农业与旅游业的相结合在一定程度上带动了相关的农产品加工业、交通运输业、建筑、文化等多个产业的发展，推动农业产业结构调整的进程，为现代农业发展带来了新的生机。

（5）农村所蕴含的丰富多彩的历史文化资源，通过发展休闲农业与乡村旅游业这种途径进行有效的传播与传承，对农村文化进行挖掘、包装和修饰，形成一些可以进行宣传的文化形式，实现对农村文化和文化产业的发展，同时有利于保护和传承乡村文化。

（6）加快发展休闲农业与乡村旅游是丰富我国旅游产品体系的重要内容。目前，我国农村集聚了70%的旅游资源，“农耕文明悠久，乡村文化浓郁，民族风情多彩，自然环境优美”的休闲农业与乡村旅游，越来越受到城乡居民青睐，这无疑为传统的中国旅游业发展增添了新的动力，弥补了我国旅游产品供给的结构性短缺。

总之，休闲农业与乡村旅游产业是符合经济发展规律、有市场需求、蕴藏着巨大发展潜力、有助于解决“三农”问题的朝阳产业，其发展拓展了农业功能，美化了广阔乡村，富裕了广大农民，提高了农业综合效益，推动了城乡资源配置的优化和经济文化的融合，正成为繁荣农业农村经济，促进农民就业增收，拉动国内消费，推动城乡经济社会一体化发展的重要途径。据我国农业部2012年典型调查的13.5万家休闲农业经营主体信息分析，其土地产出率每亩接近1.2万元，是全国农业用地平均产出率的6.2倍；经营休闲农业的农民，人均产值5.41万元，是同期全国农业劳动力人均产值的2.75倍：13.5万个休闲农业经营主体中，农民占从业人员的92.4%；农产品销售占休闲农业经营收入的40%以上。各地实践证明，蓬勃发展的休闲农业与乡村旅游，正在努力把农业变成快乐高效的产业，把农村建成美丽和谐的家园，把农民变成富裕而有尊严的群体。休闲农业与乡村旅游业已经成为提升产业层次、造福一方百姓的民生产业。

4　乡村旅游与文化

中华民族千百年来形成的灿烂文化，孕育出了颇为丰富的民族文化，它为乡村旅游提供了有利的文化背景与扎实的文化根基，可以开发出一种新型且持续的旅游方式，不仅有效保护了民族文化，又充分利用了民族文化的传统价值为乡村旅游发展服务，从而形成一种乡村旅游与文化之间的良性互动机制，更好地推动乡村旅游走上一条健康、可持续发展的道路。

4.1　文化与旅游文化

4.1.1　文化的概述

4.1.1.1　文化的概念

文化的概念十分复杂，美国学者 A. K. 克罗伯和 K. 克鲁克洪于 1952 年合作出版《文化：关于概念和定义的探讨》一书，书中收集了 1871～1951 年对于文化概念的 160 多种定义，目前关于文化的定义可能超过 250 多个。

这说明文化已成为从众多学科角度进行探索的一门内容丰富、外延宽广的学科。在目前众多的概念中，引用较多的是以下几个：

（1）E. B. 泰勒对文化的定义。英国人类学家 E. B. 泰勒于 1871 年出版的《原始文化》一书中指出：文化或文明，就其广泛的民族学意义来说，是包括全部的知识、信仰、艺术、道德、法律、风俗，以及作为社会成员的人所掌握和接受的任何其他才能和习惯的复合体。英国人类学家 B. K. 马林诺夫斯基发展了泰勒的文化定义，于 20 世纪 30 年代出版《文化论》一书，认为文化是指那一群传统的器物、货品、技术、思想、习惯及价值而言的，此概念包容并调节这一切社会科学。

（2）A. K. 克罗伯和 K. 克鲁克洪对文化的定义。美国人类学家 A. K. 克罗伯和 K. 克鲁克洪说：文化是通过符号而获得，并通过符号而传播的行为模式，这类模型有显性和隐性；其符号也像人工制品一样体现了人类的成就；在历史上形成和选择的传统思想，特别是其所代表的价值观念，是文化的核心；文化系统一方面可以看作是行动的产物，另一方面又是进一步行动的制约因素。

（3）C. 恩伯和 M. 恩伯对文化的定义。美国学者 C. 恩伯和 M. 恩伯认为，文化就是生活中数不清的各方面。大多数人类学家认为，文化包含了后天获得的，作为一个特定社会和民族所特有的一切行为、观念和态度。我们每个人都诞生于某种复杂的文化之中，它将对我们往后一生的生活和行为产生巨大的影响。

（4）梁漱溟对文化的定义。中国著名学者梁漱溟在《东西文化及其哲学》中曾把文化界定为“一个民族生活的种种方面”，其中主要包括三个层面：“1）精神生活方面，如宗教、哲学、科学、艺术等是。宗教、文艺是偏于情感的，哲学、科学是偏于理智的。2）社会生活方面，我们对于周围的人——家族、朋友、社会、国家、世界——之间的生活方法都属于社会生活方面，如社会组织、伦理习惯、政治制度及经济关系是。3）物质生活方面，如饮食、起居种种享受，人类对于自然界求生存的各种是。”

综观文化的定义，不外乎宏观、中观和微观的三个层次：

（1）从宏观的层次看，文化涵盖人类文明所有成果，主要包括物质文化、精神文化、制度文化三个部分。这三个部分，既各有其相对独立性，又彼此相互依存和相互制约，构成一个有机联系的文化整体。其中制度文化和精神文化共称非物质文化，与物质文化相对应。

（2）从中观的层次看，文化就是人化。人化与化人主要指精神成果的创造性转换，是人类精神领域客观形态变化的反映，核心内容是作为人类精神产品的各种各样的创造性知识。

（3）从微观的层次看，文化主要是指学术思想与价值观念的对象化（内化和外化）。

概括起来说，文化是人类在改造自然过程中产生的，以文化为宗旨、以价值观念对象化为实质的人类文明进化过程。文化的特性不是与经济、政治、科技、自然活动领域或其他具体对象并列的一个具体的对象，而是内在于人的一切活动之中，影响人、制约人、左右人的行为方式的深层的、机理性的东西。文化的内容小到个人行为、心理和思想，大到人类进化、社会演变与文明发展，凡物质的、制度的、精神的因素均包含在其中。

4.1.1.2 文化的基本特性

（1）文化是人类实践活动的对象化。文化是人的自觉的或不自觉的活动的历史积淀，是人类通过社会实践活动，适应、利用与改造自然界客体，逐步实现自身价值的过程。这一过程既反映为自然面貌、形态、功能的不断改造，更反映为人类个体与群体素质的不断提高与完善。文化本质含义即人类价值观念在社会实践过程中的对象化，或者说是人类创造的文明价值经由符号意义在传播中的实现过程，包括在文明成果创造和内在身心智慧塑造双轨并行。

（2）文化是历史积淀下来的被群体所共同遵守或认可的共同行为模式。文化是群落中的人们共同具有的。文化是同一文化群落中人们共同的社会心理、共同的价值体系等的综合。它对个体具有强制性，一个人如果明显背离其所生活于其中的文化时，他的生存就将陷于困难。法国著名社会学家埃米尔·杜尔干（Emile Durkheim）强调说，文化——我们身外的东西——它存在于个体之外，而又对个人施加着强大的强制力量。我们并不总是感到文化强制的力量，这是因为我们通常总是与文化所要求的行为和思维模式保持着一致。然而，当我们真的试图反抗文化强制时，它的力量就会明显地体现出来。

（3）文化就是自然的人化。文化意味着自然界的“人化”。一个混沌的、自在的自然界不适合人，它不是文化的，而是自然的、天然的、“野性”的；人则按照自身的需要、理想改变自然，赋予自然以“人”的意义、“人”的目的、人的本质力量，把自己的生活样态（其中蕴含“人”的理想和价值）物化、凝聚到对象上；或者创造出“人工自然”，于是自然就被“文化”了。文化是在人类进化过程中衍生出来或创造出来的，是人类共同创造的社会性产物。

4.1.2 旅游文化

4.1.2.1 旅游文化的概念

旅游是一种社会经济现象，也是一种文化现象，是社会经济文化发展的必然产物。旅游的本质是一种文化交流活动，旅游的主体——旅游者出游的目的是体验和感受一种异域或异质的文化——旅游文化。旅游文化是旅游业发展的灵魂，是旅游业可持续发展的源泉。

最早提出旅游文化这一命题的是美国学者罗伯特·麦金托什和夏希肯特·格波特提出的，他们在 1977 年合作出版的《旅游学——要素·实践·基本原理》一书指出，旅游文化“实际上概括了旅游的各个方面，人们可以借助它来了解彼此之间的生活和思想”，它是“在吸引和接待游客与来访者的过程中，游客、旅游设施、东道国政府和接待团体的相互影响所产生的现象和关系的总和”。可以看出，美国学者是把旅游当作一种文化现象来进行研究。中国学术界对旅游文化的认识主要经历了一个从宏观到微观，从模糊到逐步清晰的过程。

虽然各方专家学者对旅游文化存在不同的理解，但是笔者认为旅游文化实际上指的是：

（1）旅游文化是由大众基础文化和旅游各要素相互融合在旅游活动中生成的一种特殊文化。旅游文化具有一般文化的普遍性，也有不同于一般文化的特殊性。

（2）旅游文化围绕旅游活动展开，衍生出众多文化现象，体现了各种文化关系。其实，旅游本身就是一种文化，而旅游活动其实就是这项文化活动的载体。出行旅游的人实地参与到了这种文化当中，不是简单的旁观，而是接受这种文化并进行推广。

（3）旅游文化丰富了人们的生活，带动了一系列娱乐消费。因为旅游具有经济属性，所以旅游文化必然具有消费性，近些年来旅游业大大推动了国民经济的发展。庞大的旅游市场带动了商业盈利，人们也从旅游中获得了很大乐趣。旅游丰富了人们的业余生活，受到广大民众的普遍喜爱，当结束了紧张繁重的工作之后，旅游就成为人们释放压力的首选，让身心得到放松。旅游时观赏优美景色，感受轻松气氛，尽情游玩，可以充分疏解疲劳。

（4）旅游文化是顺应时代变化不断发展的，各地在结合各种文化因素的基础上不断开发旅游资源，对旅游文化建设和发展有巨大推动作用。所有地方的旅游文化并不是一成不变的，它总是根据社会需求不断变化。随着旅游文化的变化，不断整合旅游资源，使旅游发展系统化，使旅游的主体客体中介体和媒介乃至目的地社会环境重新排列组合。要不断加大旅游文化的创新，促进旅游产业的发展，推动旅游经济一路攀升。

4.1.2.2 旅游文化的特点

（1）民族性。旅游文化是民族历史、民族生活、民族精神、民族性格的一种体现，是民族文化基础的一种体现。一个国家或地区的旅游业若缺少了自己本民族传统文化的底蕴，便失去了特色，不能反映出本国、本民族特有的精神内涵，也便失去了强大的吸引力。民族个性是旅游文化的精髓，不同民族间的相互吸引、交流，是旅游文化最具魅力的方面。民族传统节日是一种最重要的旅游文化资源，也是民族文化的基本组成部分，是民族文化的浓缩和集中展示，它凝聚了民族的价值观念、文化心理、伦理道德、宗教信仰、风俗习惯；同时它还汇聚了一个国家的建筑服饰饮食文化歌舞和神话传说，集中体现了一个民族的风貌民俗，人们可以通过民族传统节日来了解这个民族的文化，学习他们的民族风情。中国有56个民族，其中很多少数民族都有自己的特色节日，比如蒙古族的那达慕大会、傣族的泼水节、彝族的火把节、土家族的摆手节、藏族的雪灯节等，游客可以边吃边玩，可以穿上特色服饰观看表演，还可以参与其中亲身体验，看到喜欢的特产可以适量购买，这样游客可以从各方面感受到不同民族的独特文化。

（2）移动传播性。旅游主体在向往自由的内心驱动下，会选择到不同地方去旅游，感受不同的文化氛围，体会不同的文化环境。往往游客会选择报旅行社跟团游，这就促进了旅行社的发展，逐渐形成了一种业态形式。这种形式具有移动特点，游客渴望到达更多的地方去探索未知的地域，好奇心有增无减，游客会不断从一个地方去到另外一个地方，这个行为带动了旅游相关因素的挪动和转移，游客从出发点出发，在旅行社的安排下到达目的地，整个过程将各方串联起来。而且旅游有属性，每个地区都有自己的文化特色，游客了解后会转告他人，甚至按照其中的某个文化习惯生活，游客成为民族地区文化扩散的媒介。游客是四处走动的，游客携带的文化也会随着游客的旅游轨迹进行扩散。

（3）区域性。由于旅游主体、旅游客体与旅游介体的区域差异性，旅游文化也表现出强烈的区域性，从而在不同类型的地区形成别具一格、精彩纷呈的旅游文化。比如，同样是江河文化，长江文化、黄河文化、淮河文化、珠江文化都以不同文化发展的历史，展现相互不同的江河文化的特色，同样是山的文化，泰山的雄伟、华山的险峻、峨眉山的秀美、青城山的幽静等都分别折射出不同地域的山文化韵味。旅游文化的区域性差异是旅游活动得以发生的根本条件。

（4）传承性与创新性。任何一种新的文化形态的产生和发展，都不是凭空创造出来的，而是求助于自然界原来的文化成果中那些合理而有益于发展自己的部分。旅游文化的传承性体现在物质层面、制度层面和观念层面上。随着历史的发展和时代的进步，旅游文化不断得到充实、繁荣和提高，在传承历史旅游文化的基础上，吸收外来文化的优良成分，不断创新出既符合历史文脉，又体现时代精神的新的旅游文化。

4.2 乡村旅游文化学

乡村旅游文化学作为文化学的一个新兴的分支学科，正在逐渐受到学界的广泛重视，其研究对象、研究范围、方法及意义也都存在一个必经的、探索争论的阶段。但这些并不影响乡村旅游文化学作为一门独立学科存在的客观必然性。

4.2.1 乡村旅游文化学的研究对象

任何一门学科都具有自身特定的研究对象，学科的研究对象是人们根据社会需要而确定和架构的，也会因不同的学派、不同的视角而有所不同。学科存在的合法性，关键并不在于其研究对象的排他性，而在于其研究视角、方法、手段和目标的独特性。因此，同样一个问题，同一种社会现象，常常可以而且应该成为不同学科的共同研究对象。因此，要揭示乡村旅游文化学的研究对象，就需要深层挖掘它的个性化特点，区分乡村旅游文化学科和其他学科的区别。这种学科刚刚成立，主要涉及乡村旅游文化系统由哪些因素组成，是什么样的结构，整个体系和功能又是什么，还有就是游客在参加旅游活动时游玩和乡村文化之间的紧密联系。

（1）乡村旅游文化学是用文化学的原理和方法，对乡村区域范围内的旅游现象和问题的文化学层面进行“事实”研究的一门学科。乡村旅游文化学是从文化学的角度去研究乡村旅游现象产生、发展及其演化的规律，探讨人类乡村旅游活动与社会文化环境之间的关系问题。

（2）乡村旅游文化学涵盖乡村旅游资源文化和游客承载的文化还有旅行社等媒介的文化。对乡村旅游主体文化研究内容主要是对乡村旅游资源的特点，哪方面吸引了游客，如何可以拉动旅游消费还有如何向游客传递文化等，乡村旅游客体文化研究指的是对乡村各种旅游资源和组织的表演游行等传播文化的效果的研究。乡村个体文化的研究重点是旅游企业的文化。

4.2.2 乡村旅游文化学的学科特点

4.2.2.1 交叉性与整合性

在当今新科技革命不断深化与世界经济联系日益密切的形势下，学科的交叉渗透十分活跃，乃至形成许多新的学科。各个学科都在相互借鉴过程中努力发展自己。乡村旅游文化学是一门年轻的学科，从学科构成上看，它涉及文化学、旅游学、社会学、历史学、美学、哲学、心理学、管理学、地理学、技术科学等学科领域，是一门交叉性学科。乡村旅游文化学又具有明显的学科整合性，需要整合社会科学、人文科学、综合自然科学的知识以推动学科的创新，因此，这就需要在具体实践时，运用学科交叉整合的方法研究各种现实旅游文化问题。

4.2.2.2 理论性与应用性

作为文化学一门新兴的分支学科，乡村旅游文化学有自己的学科性质、客体理论和工作理论。乡村旅游文化学是文化学的一个分支学科，它把各种乡村旅游文化现象作为其研究对象，从中总结、概括和揭示出其内在的规律性。乡村旅游文化学的应用性主要体现在用乡村旅游文化学的基本原理去厘清主体、客体和中介体之间的关系，指导乡村地区旅游文化内涵的挖掘。创新的旅游文化产品，形成各个不同类型乡村地区旅游文化的品牌和特色，改进旅游企业的服务效率和服务质量，提升地区旅游文化的竞争力。

4.2.2.3 综合性和区域性

综合性的特点来源于乡村旅游文化现象的多样性和整体性。乡村旅游文化学既是从文化学的角度去研究乡村旅游文化现象，又是从旅游学的角度去研究乡村文化，这也是乡村旅游文化区别于一般文化学的基本特点。只有对乡村范围内各种旅游现象和文化要素进行认真细致的综合，从总体特性进行研究，注重各个要素之间的相互影响和相互制约，才能得出正确的结论。乡村旅游文化学区别于一般文化学另一个基本特点是其区域研究特性，即它是研究特定乡村地域旅游和文化之间的相互关系。离开了区域性，乡村旅游文化学就失去了凭借。所以，乡村旅游文化学是从区域综合的角度来研究旅游与文化的相互关系。

4.2.3 乡村旅游文化学的研究内容

乡村旅游文化学作为一门独立的学科，有其自己的研究内容。主要包括以下几个方面。

4.2.3.1 乡村旅游文化学理论基础

科学产生于实践并指导实践，而理论则是科学的灵魂和精髓。科学研究就是参加实践，不断总结实践经验并将之上升到理论，又用理论去指导实践的反复升华过程。可以说，任何科学研究都要研究理论，又都受各种理论指导。理论直接指导科学研究的发展，直接制约着科学研究的内容、体系、结构和方法论。对理论基础的研究和掌握在科学研究中居于至关重要的地位。乡村旅游文化学是一个新领域，虽然其实践工作已有 10 多年的历史，但其理论探索刚刚开始，更未形成完整的理论体系，已有的仅仅是一些初步的理论思想和相关理论。因此，探索乡村旅游文化学的理论基础，构建该学科的理论体系，明确该学科在学科分类体系中的地位和作用，是乡村旅游文化学研究的重要内容。

4.2.3.2 乡村旅游文化系统及其组成要素的研究

作为一门学科，乡村旅游文化学应当具有系统意义。旅游文化系统是旅游文化现象及其关系的总和，它包括旅游行为文化、旅游产品文化、旅游环境文化三个子系统。研究乡村旅游文化系统旨在从“乡村”这个空间范围内研究旅游文化的发展过程，旅游文化结构的组成，旅游文化的功能解析，探索其动态演绎规律，进而揭示乡村旅游文化系统内要素之间的相互联系和相互作用。

4.2.3.3 乡村范围内旅游活动和文化现象之间的关系研究

城市不同于乡村，城市文化不同于乡村文化。城市文化与城市化进程、城市化发展的水平密切相关。乡村文化则主要是指深厚淳朴的传统文化和宁静自然的田园生态文化。人们在乡村范围内从事旅游活动，不仅重视乡村景观的游览观光，也极力参与到农村生活的体验中去，并注重从乡村旅游中获得历史文化、民族文化和民俗文化的信息，注重乡村自然表象下的文化底蕴和对乡村文化的深切体验。因此，研究乡村旅游文化，就是要研究如何把握乡村旅游文化的特性，将文化旅游和乡村休闲观光旅游紧密结合起来，相互补充、相互融合，以满足旅游者深层次的需要，从而推动乡村旅游事业的健康、持续发展。

4.2.3.4 乡村地区旅游文化产业的发展研究

乡村旅游文化资源的开发，改变了农村的生产方式，增加了农产品的商品量和农业的附加值，提高了农村的经济效益。此外，还带动了农产品加工、手工艺品加工等加工工业的发展，促进了农村多元化产业结构的形成，为农村经济的发展注入了新的活力。乡村旅游文化学就是要研究在新农村发展的过程中如何有效利用资源优势，进一步挖掘乡村旅游文化的内涵，开发出适销对路的旅游文化产品，并结合自身特点，打造具有独特魅力的乡村旅游文化品牌，以保持乡村旅游文化产业可持续的竞争能力，促进社会主义新农村建设。

4.2.3.5 乡村旅游文化景观的研究

文化景观是地球表面各种文化现象的复合体。乡村旅游文化景观是各种乡村旅游文化现象的复合体，是乡村旅游文化的载体，它承载着乡村旅游文化，传递着乡村旅游文化的内涵，是乡村旅游文化的决定性因素。研究乡村旅游文化景观，主要是研究乡村旅游文化景观的形成、类型及其文化内涵；乡村旅游文化景观的开发和保护；乡村旅游文化景观的起源、变迁及其发展趋势的研究；乡村旅游文化景观与中国传统文化之间以及地理环境之间的关系；乡村旅游文化景观的整合和创新。由于乡村旅游文化景观存在着明显的地区差异性，必须加强对个案的实证研究，通过对现实问题的深入调查，探索乡村旅游文化景观保护和利用相互协调的规律和机制。

4.2.3.6 乡村旅游文化区的划分

文化区是具有某种共同文化属性的人群所占据的地区，是在政治、社会或经济方面具有独特的统一体功能的空间单位，是具有相似的文化特质的文化复合体。一个文化区内，可以在自然地理特征上有很大的差异，但在文化特征方面具有较强的共同性。

在长期的乡村历史演化进程中，乡村旅游文化现象存在着明显的地域差异，既表现出一定区域内的相似性又表现出区际差异性的特征，为了突出这种区内一致性和区际差异性特性，探究乡村旅游文化现象时空演变的一般规律，为区域文化、经济和社会发展的战略选择或调整、制定适宜措施等提供决策依据，有必要开展乡村旅游文化区划工作。因此，划分乡村旅游文化区是乡村旅游文化学研究的重要内容。

4.2.4 乡村旅游文化学的研究方法

现代科学研究方法的体系按照普遍性程度来说一般分为三个层次：哲学方

法、一般研究方法和专门研究方法。哲学方法是最为概括、最具有抽象性的方法，作为理论思维的高度表现形式，直接或间接地对社会政治和文化产生重要的作用。各个不同的具体科学研究领域中都运用大量的专门研究方法，其中有些普遍性较高而成为一般研究方法，如控制论、系统论、信息论等方法，几乎适用于所有科学研究领域，成为跨学科的一般方法。专门方法是普遍性程度较低的研究方法，然而是在具体科学研究领域中被大量地运用着的方法。

乡村旅游文化学研究方法是一个多层次、多分支的科学研究方法系统。首先，从最高层次来看，是哲学方法对乡村旅游文化学研究的指导；其次，是文化学研究的传统方法在乡村旅游文化学研究中的应用；最后，是乡村旅游文化学的专门研究方法（学科方法），社会生态分析方法、区域综合分析法、乡野工作法等。本书着重就哲学方法和学科方法进行论述。

4.2.4.1 乡村旅游文化学的哲学方法

哲学是关于自然界、社会和思维的普遍发展规律的科学，哲学思想与各部门科学领域有着密不可分的联系，尤其是对社会科学各学科的学说、理论更离不开哲学思想，哲学思想的高度概括作用、启迪作用，对于科学探索活动具有巨大的方法论指导意义，因此，哲学方法是科学研究的灵魂。哲学本身就是事实判断、价值判断和审美判断的统一，不只是“求真”，而且是“求善”和“求美”，是追求“真、善、美”的统一。哲学的方法是关于对事物的价值评价过程，这是一种反思活动。用哲学方法研究乡村旅游文化学，关键是要用哲学独特的视野去判断，做到“概然判断”（是什么）、“实然判断”（为什么有）、“必然判断”（会怎么样）和“应然判断”（应当怎样）的统一，这是一种哲学的建构方法。这种建构的过程，是一种批判的过程，也是一种选择的过程。所以哲学视野的独特性在于它是超验的、反思的、批判的。哲学的超验视野，可以避免乡村旅游文化学的研究工作者陷入狭隘经验的束缚之中，使得他们在千变万化、纷纭复杂的旅游文化现象和事实面前丧失最基本的判断力。哲学的反思视野可以使得人们面对大量复杂的乡村旅游现象和文化现象时，透过其表面现象和偶然现象，形成对乡村旅游文化本质和发展必然性的把握。哲学的批判视野实际上就是批判继承方法，一方面要弄清楚各种乡村旅游文化的经典原意、时代背景以及给后人留下的启示，另一方面，要有选择地继承与发展，对落后的、错误的东西加以剔除和批判。

但是，哲学方法不是万能的，它有其固有的局限性，其方法无法解决具体情境下的策略选择问题，缺乏可操作性。在强调哲学方法对乡村旅游文化学研究的指导作用的同时，不能忽视乡村旅游文化学作为一门独立的学科，有其属于本学科研究的学科方法。

4.2.4.2 乡村旅游文化学的学科方法

学科方法是指作为一门独立的科学学科所特有的思维原则、方式和规律。它有一定的起点（出发点）、终点（结论）和操作过程，有一定的结构、模式和参照系统。尽管乡村旅游文化学作为一门新兴学科，发展历史很短，关于学科发展的性质和理论还在进一步的探索之中，但也已形成了一套适合自己的学科研究方法：

（1）文化模式分析法。文化是旅游的灵魂，通过各种乡村旅游活动的开展，学者们可以从看、听、吃、穿、游、购、玩等层面来探寻其中稳定、共性的特征和程式，从而提炼和归纳体现出反映其文化本质内涵的深层结构模式框架和思维。比如，通过对江南水乡古镇旅游文化的分析，笔者认为，这里纵横交错的河道，伴水而居的人家，幽静的小巷，质朴的拱桥，还有历经沧桑的古宅、古树、古井等历史文化环境要素，构成了江南地方特有的旅游文化模式——“小桥流水人家”模式。

（2）区域比较与综合分析法。区域比较分析法除了表现在各种不同类型地区乡村旅游文化的开发上外，也可以用于区域乡村旅游文化的特色研究。区域综合分析法不是简单的对区域乡村旅游文化发展的综合描述，而是在此基础上揭示区域乡村旅游文化发展的综合性问题，预测区域乡村旅游文化发展的总体趋势，为区域规划提供权威性依据。区域综合分析法是在详细的定量的各种关系分析的基础上，通过建立起综合的网络，来进行正确地权衡和概括。

（3）文化生态学方法。生态学研究生物与环境的关系。文化生态学研究文化与环境的关系。旅游文化的发展也与生物一样，离不开所在的环境。文化生态学方法中最重要的是将竞争和共生机制引入乡村旅游文化的研究中。各种不同的文化主体、客体和中介体应当拥有不同的生态位置和生态空间，拥有了有利的生态位置和生态空间，就拥有临近各种资源的便利性，便于在劳动和生产的空间分工中占据高层次、高效益的位置。为了获得有利的生态位置和生态空间，竞争是必然的，只有通过适度竞争才能促进旅游文化健康发展，各种旅游文化的主体、客体和中介体也才能配置在各得其所的文化生态上。共生是一种普遍存在的生物现象，生物学中的共生是不同种属按某种物质联系而生活在一起。共生现象不仅存在于生物界，而且广泛地存在于社会文化和经济体系中。在乡村旅游文化学研究中，通过对旅游与文化这一种相互联系、相互依存的共生关系分析，可以进一步了解乡村旅游文化系统的组织结构、发展形态和运行机制，建立持续稳定的互惠共生的乡村旅游文化模式。

（4）乡野工作法。这是乡村旅游文化学标志性的研究方法，是这门学科与其他学科在方法上的最大差别。在一定意义上，乡村田野工作法是乡村旅游文化学带有指导意义的方法论原则，即具有方法论的某些特征。我国乡村旅游文化工作者要十分注重深入各乡村地区，通过亲身的参与、体验、观察、访谈，以此作为获取第一手研究资料的途径。乡野工作的重要性促使研究者在整个研究工作中时常将其放到起决定作用的地位，显然，乡野工作已不仅只是一种具体的研究方法了。

4.2.5 乡村旅游文化学的建设目标

一门学科之所以能存在，尤其是一门新的学科的建立，必定有其建立的特定意义。这个特定意义，指的就是该学科的学科建设目标。一般而言，学科的建设目标可以归纳为两个：即理论体系建设目标和实践建设目标。理论体系建设目标，就是以本学科的一些基础性、前沿性等理论问题为主要研究对象，从中寻找出该学科发展的一般规律性和特殊性，从而指导该学科的发展。实践建设目标就是以科学技术为手段，以知识成果为表现形式，从而服务于社会。

4.2.5.1 理论体系建设目标

前已述及，目前乡村旅游文化学学科理论体系建设还处于初步研究探索之中，对一些问题研究还缺乏深度，包括学科的研究客体，学科的基础理论、学科的核心理论、学科研究的主要内容、在学科分类体系中的地位、与其他学科的关系、学科研究范式与研究路线和学科的方法论等。

乡村旅游文化学学科理论体系建设是一个系统工程，当前乡村旅游文化学理论体系建设中迫切需要加强以下几个方面的研究：

(1) 加强乡村旅游文化学科性质的研究，进一步明确其在学科分类体系中的地位和不可替代的作用。衡量一门学科的独立地位，其关键在于它是否形成独特的概念系统和运用这些概念进行逻辑推理的命题，构成严密的理论体系。乡村旅游文化学旨在探索乡村范围内旅游活动和文化现象之间的关系这一复杂问题，一方面，必然要广泛吸收和借用其他相关学科的研究成果，另一方面，它已经初步形成了与其研究内容相适应的逻辑表现形式，并以体系的方式存在，具有独立的学科功能，彰显出其作为一门独立学科地位的必然性和必要性。

(2) 加强乡村旅游文化基本运行规律的研究，包括乡村旅游文化的产生规律、扩散规律、变迁规律、开发规律、市场供求规律等。通过对这些基本运行规律的研究，分析乡村旅游文化的结构，解析乡村旅游文化的功能，指导乡村旅游文化的建设，建立各具特色的乡村旅游文化模式。

(3) 加强乡村旅游文化学基础理论的研究。受我国学术界普遍存在的重应用研究、轻基础理论研究思想的影响，乡村旅游文化工作者往往过分重视乡村旅游文化发展的实际工作的研究，而忽视学科理论的建树，现有的有关乡村旅游文化学的概念或理论只是把旅游学、文化学、经济学、社会学等相关学科的概念或理论移植过来，在其中加上或换上“旅游文化”一词。真正具有价值的、关于研究乡村这个特定地域范围内旅游与文化相互作用系统运行、发展与调控的基础和应用基础理论则寥若晨星，这种现象不仅不利于学科研究的深度发展，也不利于提高实践能力和研究质量。

4.2.5.2 实践建设目标

乡村旅游文化学看似一门理论色彩很浓的基础学科，但从其研究目的、特点和作用上看，它又是一门应用性和实践性很强的专业学科。实践证明，乡村旅游文化学在开发乡村旅游文化资源，构建乡村旅游文化模式，打造乡村旅游文化品牌，推进乡村地区旅游业发展，提升社会主义新农村的内涵建设等实践问题方面，具有十分广阔的发展空间。具体体现在以下几个方面：

（1）为政府制定合理的支持政策和优化发展环境提供帮助。目前多数地方政府缺乏健全的管理机构对乡村旅游发展进行统一的协调与管理，宏观管理力度差。而这与忽视乡村旅游文化系统深入研究是密切相关的。地方政府可以通过当地乡村旅游文化的研究，提供科学、合理的规划指导，避免乡村旅游盲目开发。

（2）有效保护和传承乡村传统文化。以建设乡村旅游文化学为契机，充分挖掘和利用乡村传统文化资源，使这些文化资源得到更高程度的重视和更加合理的保护整理。通过对乡村旅游者和东道主行为文化的研究，指导和促进农民与游客之间的文化交流，使当地居民更加充分认识和了解本土传统文化，进一步提高传统文化保护意识，促进乡村生态环境保护，促进乡村文物古迹、非物质文化遗产保护、民族民俗文化的挖掘和有效传承。坚决避免因急功近利、盲目发展造成的资源浪费和环境污染。

（3）丰富乡村旅游产品类型，提升乡村旅游产品档次，推进乡村旅游文化产业的发展。以乡村旅游文化学的理论指导乡村旅游文化资源的开发，可以将乡村旅游开发由粗放转为集约，乡村旅游产品由粗糙改为精细，乡村旅游内容由单一改为多样，乡村旅游项目由雷同改为特色鲜明，从而进一步推动乡村旅游文化产业的发展。

4.3 乡村旅游与传统文化

乡村旅游与传统文化互相影响研究：

（1）乡村旅游与传统文化良性互动。我国乡村文化有着几百年的历史，在这之间经过长时间的继承和发扬，我国乡村文化表现出了极具特色并且具有一定文化底蕴的特点，尤其是处在现代化建设时期，这种具有独特魅力的乡村文化体系被越来越多的游客吸引和观摩，乡村文化中所散发的独特文化内涵正是能够不断吸引游客的原因所在。受现代旅游行业的影响，我国乡村旅游文化体系正在一步步建成，越来越多的乡村旅游地以及乡村旅游产品出现在我们的生活中，这在一定程度上加快了我国乡村文化旅游业以及现代农村建设的发展进程。

1）乡村旅游能够发掘乡村传统文化。众所周知，我国有着几千年的封建文明历史，中国传统文化正是在这种文化背景之下被发扬和继承，并且我国传统文化中包括传统饮食、服装饰品、特色民族文化以及婚丧嫁娶等都深受中国传统文化的影响。当今中国传统乡村文化发展过程中正是根据我国传统文化进行打造和渲染，在进行乡村旅游文化发掘方面积极运用了我国的传统文化，并据此打造了一系列乡村文化产品以及娱乐形式，如趣味歌舞欣赏、民俗以及节日活动和农副产品采摘等。这些形式各异、趣味繁多的活动丰富了乡村旅游产品，充分体现出了我国乡村文化的精彩，并且这种乡村旅游文化涉及了我们生活中所必需的吃穿住行等方面。精彩丰富的乡村旅游文化丰富了人们的认知，开拓了人们的视野，同时也让大家能够充分了解我国传统乡村文化的内涵，除此之外还给相应的地区带来了经济收入，提高了乡村人们的生活水平。

2）乡村旅游能够有效保护传统文化。现代社会的发展丰富了人们的物质生活，提高了人们的生活水平，但是同样给我们的生活环境以及生态环境带来不必要的污染和破坏，由此产生的负面影响导致人们缺失了良好的自然生活环境，同时这还引发了城市一体化以及文化一体化的不良后果。但是乡村文化的发展可以从一定程度上缓解这种情况，首先，乡村旅游文化重视对生态环境的保护以及治理，有利于生态文化的发扬和传播；其次，乡村旅游大力发展的同时，其本身也能发展成一种独特的文化，在这种文化的熏陶和渲染下可以唤醒人们对于自然环境的保护意识。比如，西班牙一个古城堡旅游项目，该地区积极展开对古城堡的保护以及改造工作，使之成为独具魅力的旅游观光地，这不仅保护了生态环境，同时还增加了经济收入。

3）乡村旅游助力传统文化复兴。乡村旅游文化中的基础内涵来自传统文化的继承和发扬，乡村的生活环境相对比较封闭，抵御文化冲击以及环境污染的能力较强，同时传统文化的保留时间也比较长。但是随着城市建设进程的加速，农村也面临着文化衰退的尴尬局面。面对这种变化，能够采取的长久解决措施无非是进行对乡村旅游文化的开发和保留，同时这也是乡村旅游文化能够大力发展的社会因素。乡村旅游文化不同于现代社会文明，独具魅力的乡村文化可以激发人们对于生态环境的认识和喜爱，同时也能增强人们对于一些乡村民俗、乡村美食以及乡村建筑等其他非物质文明的保护意识。

4）传统地域文化支持旅游产品创新。乡村旅游文化之所以能够带动经济的发展，其核心优势是可以借助独具魅力的乡村文化来吸引城市居民来乡村进行消费。传统的地域文化中体现着人们最基本的价值取向。开发乡村旅游文化不仅是民族文化发展的需要，而且也是人们精神文明消费的需要。如何利用传统地域文化来促进乡村旅游文化的发展呢？可以开发和推广一些民间传统艺术如地方舞蹈戏曲、手工艺品、民族服饰等来进行吸引人们的参观和消费。在我国有着丰富多彩的民族文化产品如苗族的服饰、孔雀舞、吴桥的杂技、河北梆子等，这些民族文化产品的开发和推广极大地丰富了人们的精神文明生活。

（2）乡村旅游与传统文化恶性互动。如果在乡村旅游的发展过程中，经营管理者、游客、居民只顾眼前利益，忽视对传统文化的保护和发展，就会形成恶性互动，即旅游越发展，传统文化破坏越严重，进而阻滞乡村旅游业的发展。

1）乡村旅游开发中传统文化特色淡薄。很多乡村旅游缺乏专业性规划和对乡村文化内涵的了解，盲目引进工业化，导致乡村旅游开发乡土特色不明显。在旅游开发热潮的推动下，政府由于对乡村旅游经济效益预期过高，盲目招商，致使乡村旅游全面开花。并且，投资方向上重设施建设，轻原始环境营造，对生态环境和传统文化保护意识不强，导致了乡村旅游产品单一，如吃农家饭、干农家活、住农家房，缺乏传统文化知识含量，难以满足城市游客的需求，影响了乡村旅游发展的后劲。

2）旅游开发中忽视传统文化的价值。乡村与城市在文化上的不同是最吸引城市游客的地方，尤其是一些传统的民俗文化。所以在开发乡村旅游的时候要注重传统文化的价值与内涵。但是实际情况是，现在有一些乡村旅游将开发的重点放在了自然资源之上，比如说，把牧场、农田、果园等改建成乡村的旅游区，太过于重视硬件建设，反而忽略了传统文化方面的开发，还有一些乡村旅游确实也对当地的传统文化进行了开发，但是这些都只是停留在表面，并没有深层次地去挖掘开发，只是为了获得经济利益而一味去迎合旅游者的喜好，简化了传统文化，并给它们披上商品化的外衣，使传统文化充满了商业化的气息，使得乡村旅游偏离了健康发展这一轨道。

3）乡村旅游产品粗糙，缺乏文化底蕴。乡村的传统文化主要就是通过乡村旅游产品向外界传播的，在旅游项目的经济收益中，有很大一部分都是来自乡村旅游产品。在乡村旅游之中，旅游产品所蕴含的传统文化是其最吸引旅游者的点。但是现在有很多乡村旅游的产品商业气息浓重，传统的文化含有量较少，产品大同小异，特色不突出，发展潜力小，盈利也不多。比如现在随处可见的农家乐，其游乐项目基本上都差不多，而且慢慢走向庸俗化，使一些原生态的乡村特色逐渐消失，乡村韵味也消失不见了。所以旅游产品不追求质量，不注重开发的层次，不追求活动的多样性，旅客在农家乐无法体验农家真实的生活和劳作，这样就使农家乐失去了本应具有的趣味和生机。

4）旅游开发破坏传统文化。传统文化资源的保护是非常重要，但现有的乡村旅游开发中存在着对传统文化缺乏保护甚至破坏的情况。如对一些村落古建筑，任其风吹雨打不加修缮，导致了传统文化资源的破坏与消退。又如，贵州省安顺市屯堡在旅游开发中，尽管对大部分传统文化进行了保护，但对如石板房等宝贵的历史文化资源缺乏有效保护，而且部分古建筑被拆毁，有些甚至被水泥房所代替。再如当地的地戏应在每年的春节和七月开演，有一整套祭祀、开箱请神、顶神、跳地戏、谢神、封箱等环节，要持续数天，但为了适应旅游者的喜好，现在，地戏进行频繁演出，并大大压缩时间，失去了传统地戏的特色。

5）传统文化受外来文化异化。乡村旅游发展造成了两种结果，一种是乡村的经济得到了发展，另一种就是乡村的文化被冲击，而且这两种结果是同时存在的。一方面，乡村旅游让更多的城市居民走进乡村，加强了城乡居民的沟通交流，同时旅游区附近的农民除了种地还可以到旅游区就业，增加了就业的岗位，当地的经济也得到了大力发展。同时，乡村旅游开发对乡村传统文化也造成了一定的影响，有可能使乡村文化被异化，即在都市文化强大的影响力作用下，乡村文化慢慢地也越来越都市化。旅游产品过度地迎合旅游者，使传统文化的内涵被破坏，其文化也偏离原来的轨道，乡村模仿城市，乡村文化在追求和模仿城市文化的同时却没有注重本文化的保留与发展，从而导致乡村文化逐渐走向衰落。

（3）乡村传统文化旅游开发策略与措施。要实现传统文化与乡村旅游的良性互动，应采用切实可行的乡村传统文化旅游开发策略与措施，有效地调控传统文化与乡村旅游的相互影响因素。

1）发掘乡村传统文化旅游资源。在发展乡村旅游的过程之中，传统文化是灵魂、是核心，深深地吸引着各方的旅游者，所以要充分利用当地的风土人情、风俗习惯等传统文化内容，来发展乡村旅游。我国幅员辽阔，民族众多，所以传统文化的资源也相当的丰富，规模也比较庞大，各具特色。在对乡村旅游进行开发时，要注意将各地区独具特色的传统文化凸显出来，树立自己的品牌特色，尽量避免模仿和被模仿，这样才能有效地将乡村旅游的吸引力和生命力逐渐提升起来。乡村旅游应该将开发的重点放在挖掘乡村传统文化的内涵之上，比如，向游客们展示现代的科技农业，开发乡村的工艺技术等，使旅游者的精神和物质方面都得到最大限度的满足。

2）实现传统与现代相结合。乡村旅游开发中应切实考虑旅游资源和现实社会环境的有机组合，实施传统文化与乡村旅游和谐互动。因此，在乡村传统文化开发中，既要重视对富有历史文化特色的古迹的修缮与保护，又要有畅通的交通所需要的硬件建设以及优质的服务水平，使游客享受旅游与文化相结合的乐趣，使传统文化与现代文化相互映衬，提高对游客的吸引力。如很多原始乡村地处偏远，游客进入非常困难，在开发时既要保持村寨原始风貌，又要加快具有现代气息的交通设施建设，使游客能够便捷地体验浓郁的传统文化。

3）因地制宜选择经营管理模式。传统文化的开发、经营、管理与当地的居民、旅游者、经营者都有很大的关系，这些要素对于乡村旅游起着决定性的作用，所以在选择传统文化的经营管理模式时要慎重。比如，观看民俗文化表演是一种观光模式，在乡村旅游的模式中属于初级模式，而参加手工制作类的体验就是一种体验型模式，在乡村旅游的模式中属于高级模式了；如果将观光模式和体验模式综合起来，集吃、住、行、游玩于一体，成本高，风险也高，但是收益高；另外，还要充分利用乡村丰富的自然景观和民俗风情的特征，将娱乐、休闲、旅游、观光、学习等多领域、多地域融合在一起的模式等。所有的这些模式都有各自的优点和不足之处，在选择时要结合具体的实际情况。

4.4 乡村旅游与民俗文化

乡村民俗旅游是近30年来在乡村悄然兴起的一种新型文化旅游现象，它是借重乡村绚烂古朴的人文景观、浓郁纯粹的民俗风情、浑然天成的自然风光，营造便捷通畅的交通条件，通过开发以民俗风情游为主要内容的“民俗游”“民俗度假区”“农家乐”“乡村酒店”“乡村大舞台”“乡村博物馆”等产品，吸引游客进行民俗风情赏析、农业生态观光、休闲度假娱乐，从而促进乡村经济的发展。事实证明，乡村民俗旅游对贫困乡村地区的农民增收起到了积极的推动作用。而另一方面，大量的事实也说明，科学的旅游开发才是保护乡村传统民俗文化资源最有效可行的方式。

4.4.1 乡村民俗旅游概述

民俗与旅游是一对孪生兄弟，只要旅游者离开居住地到异地，就会感受到一种与自己的惯常居住地不同的风土人情，给旅游者一种完全不同的文化生态环境，即旅游目的地的民俗文化氛围。没有一种旅游行为是能脱离旅游目的地的民俗文化的，以民俗为内容，开展各项旅游活动，已成为当今旅游界的一大热点，乡村民俗旅游也是乡村旅游的重中之重。

4.4.1.1 乡村民俗旅游的含义

A 民俗旅游的含义

国内学者对民俗旅游的定义虽然表述各异，但本质实际上是一致的。民俗旅游是一种以体验异域风俗为主要动机的旅游活动。民俗旅游是指旅游者为异域的独具个性的民俗文化所吸引，以一定旅游设施为条件，离开自己的惯常居住地，前往旅游目的地，民俗文化消费是一个动态过程的复合体，是由人类文明进步所逐渐产生形成的一种具有文化性的生活方式。民俗文化通常是这个地区历史文化的精华，其中包含着独特的社会历史内容，因此民俗文化具有独特性和不可替代性，所以民俗旅游属于高水平的文化之旅。目前我国民俗旅游中，主要内容包括生活文化、婚姻家庭和人生礼仪文化、节日文化、信仰文化等各色文化表现形式。

B 乡村民俗旅游的含义

乡村民俗旅游是围绕体验乡村风俗这个既定主题而进行的旅游活动。乡村民俗旅游至少必须包含两个要素：一是旅游活动的空间必须是在乡村地域；二是旅游活动的主要吸引物是乡村民俗文化。从产品角度可分为观光型、参与型、休闲型三大类。

C 概念辨析

乡村民俗旅游要突出文化，正是因为突出文化，乡村民俗旅游才同其他形式的旅游有所区别。

（1）与乡村旅游的区别。乡村旅游通过在乡村地区充分利用农业景观、农业经营、民俗风情、农业文化、农家生活等众多旅游资源，将其合理规划设计并开发利用，为来进行乡村旅游的游客提供观光、旅游、进行休闲活动的旅游场所，同时将旅游业发展成具有浓郁乡村特色的特色旅游，是能给村民带来经济利益的旅游活动。乡村旅游的主要类型包括乡村农业观光游、乡村民俗文化游、乡村休闲度假游、乡村自然生态游等特色旅游，带有明显的乡村特点和地域特征。乡村民俗旅游属于乡村旅游，但是更侧重于对乡村民间风俗、文化的利用和消费。

（2）与民族旅游的区别。严格地说，民族旅游也是民俗旅游，不同的民族有不同的民俗；但是民俗旅游范围更广，生活在不同地域的同一个民族有不同的民俗。

4.4.1.2 乡村民俗旅游的主要类型

（1）结合邓永进在《民俗风情旅游》一书中的分类方法，可以将乡村民俗旅游分为参观欣赏型、了解领略型、参与体验型三种主要类型。

从目前我国乡村民俗旅游的人次、规模看，参观欣赏型乡村民俗旅游所占比例最大。参观欣赏类型的乡村民俗旅游者多为自费旅游，在乡村民俗旅游地停留的时间一般不很长，总想在有限的时间里多逗留几个乡村民俗旅游地，尽可能多地游览乡村民俗景点，了解乡村民俗旅游地的民俗风情。

了解领略型乡村民俗旅游是由于旅游者探索乡村民俗风情奥秘的心理而形成的民俗旅游模式。这种类型的旅游，人数、规模的比例相对低些，但层次较高。

参与体验型乡村民俗旅游是近几年飞速发展的一种旅游行为。旅游者在乡村民俗旅游地逗留的时间一般较长，乡村民俗旅游地的选择具有一定的方向性，乡村民俗旅游点要求少而精，不想走马观花，对乡村民俗旅游产品要求原汁原味。

（2）依据民俗旅游的体验内容能够将乡村民俗旅游分为以下三种类型：乡村生产和生活民俗旅游，乡村游艺竞技和文学艺术民俗旅游，乡村礼仪制度和社会组织民俗旅游。

4.4.1.3 乡村民俗旅游的原生态本质特征

乡村原生态的秀丽田园风光，和城市截然不同的风景，悠闲自在的生活方式、处处生机勃勃的生活环境是旅游者参加乡村游的重要原因。换句话说，乡村旅游中的地域性和独特的文化性是乡村与游客来源地最大的差异，这正是乡村游的核心吸引力，同时也是乡村旅游发展过程中的重要资源。独特的乡村特征是进行乡村旅游推销的核心之处和独特卖点。因此，在优美的乡村自然环境的基础上，充分挖掘浓郁的地方特色，以此来展现原汁原味的地方原生态的乡村生活，这不仅是发展乡村旅游的基本条件，同时也是研发相关乡村旅游产品的基本要求。

从理论上分析，乡村旅游的类型是存在梯层结构的，在时序上呈现由低到高、由浅到深的发展趋势，以文化为主要内涵的乡村民俗体验旅游是乡村旅游的最高阶段、最高层次。乡村民俗旅游要突出原生态，不仅要突出自然生态，还要突出社会生态。乡村的社会生态主要表现在村，而不是表现在户。这种社会生态本身就是资源，如果把它利用好，就会成为非常有吸引力的资源。所以说到底，乡村民俗旅游要突出文化，突出原生态，形成独特的旅游产品，才能树立形象，打造品牌，形成市场竞争力。

4.4.2 乡村民俗文化资源的开发

乡村民俗文化是乡村旅游最具开发价值的资源，利用乡村景观及其传统文化资源，可以开发高附加值的乡村旅游产品，推动乡村旅游产业化发展。随着乡村民俗旅游的迅猛发展，乡村，特别是处于城市边缘区的古村镇的传统民俗文化也受到了巨大的冲击。大量实践证明，只有对乡村的文化资源及其环境采取有效的保护措施，才能实现其可持续发展。

今日的旅游业正在高速发展，充分发掘乡村民俗游的旅游价值，合理开发乡村民俗文化资源，通过建立乡村民俗风情旅游点、设计乡村民俗旅游线路、规划乡村民俗旅游区等方式大力发展旅游业，不仅仅是旅游学界、民俗学界、地方政府和广大乡村人民的共同心声，也是我国旅游业进步的重要标志。

4.4.2.1 乡村民俗文化资源的特点

（1）自然美。乡村民俗有一种“自然发展”的感觉，这主要表现在它的真实性与和谐性上。无论是服饰、饮食、民宅，还是礼仪、节庆、民风，凡是能够成为旅游资源的民俗事项和载体，都是一个地区人们生活的真实反映和本来面目。和谐性是指民俗风情及其载体都是一定环境的产物，它们与自然环境和各种景观往往和谐并存、互不排斥、相辅相成、相得益彰。任何排斥自然环境和其他景观的民俗风情，都不可能成为旅游资源。任何造作的开发和盲目的“现代化”，都会造成对民俗旅游资源的破坏。

(2) 地域性。乡村民俗文化的地域性，是指尽管民俗可以传播和模仿，但是，民俗文化中最具魅力者，仍然扎根于原生土壤，属于其土生土长的地方。

(3) 神秘性。在众多的乡村民俗事项中，有不少带有不可捉摸和不可理解的神秘色彩。

(4) 人情味。人情味意味着人与人之间平等团结、尊重信任、关心帮助、真诚友好、热忱交往和温暖体谅。

因为当前商品经济的飞速发展，生存竞争压力的不断加剧以及人们生活节奏的日益加快，人与人之间的交流逐渐减少，人们之间逐渐变得冷漠、虚伪、自私，同时也使人与人之间变得日益缺乏人情味。而民俗文化作为旅游资源，更多地展示了人情味，能够很快地拉近游客的心。

4.4.2.2 乡村民俗文化资源开发的原则

乡村民俗旅游的基础性工作之一是进行乡村民俗文化旅游资源的规划和开发，将恰当的旅游战略思想作为指导思想，在某个地区中，对散落在乡村各处的各色各样的民俗旅游资源不断进行拓展和建设，使其转化为民俗旅游产品的诸种行为的总和。

乡村民俗文化开发应选择符合当地实际、最能体现民俗文化特色的适当形式。开发乡村民俗文化资源应从以下几个方面着手。

(1) 开发与保护协调原则。乡村民俗旅游项目设计过程中，要将保护工作放在首要地位，切实加强保护措施，既要保护乡村旅游区域的自然环境，尽量减少对周围环境的污染，同时又要对传统建筑文化、民俗文化加大保护力度，以此来突出乡村的特色；保护成果也会增添不少乡村旅游的魅力。

如果在开发乡村民俗旅游时不注意进行保护活动，一旦开发力度超过社会和环境的承受范围，就会造成环境质量下降、资源短缺、社会治安混乱等恶劣后果，进而影响乡村民俗旅游的可持续发展的前景。

(2) 差异性与特色性原则。鲜明的特色是旅游资源的生命力所在，拥有特色，才会吸引游客的注意力。旅游经济本身就是注意力经济，要注意各个乡村民俗旅游设计项目之间的差别性，体现“人无我有”的特色。城乡文化的差异、不同地区、不同民族文化的差异是乡村旅游的重要吸引物，其差异越大，吸引力也就越大。在开发建设乡村民俗旅游项目时，一定要结合当地实际，突出特色文化，用“特色”这块招牌树立形象。

（3）市场需求为本。必须研究旅游市场、适应旅游需求，认真分析研究旅游群体的构成情况、消费层次以及兴趣爱好等，对旅游产品进行调整，开发适销对路、有质量、有特色的乡村民俗旅游产品，并提供优质服务。乡村民俗旅游活动的设计要以兴趣为先导，以参与体验为中心，有适当的知识渗透。一般来自城市的游客中都有体验农家生产生活的潜在需求，在产品设计中要适当引导，利用游客对乡村民俗旅游已有的兴趣，激活潜在的兴奋点，吸引更多的游客。在突出各自主题或重点的前提下，开发具有浓郁文化内涵的乡村民俗旅游项目，追求形式的多样化，提高游客参与程度，以满足不同年龄不同层次游客的需求，保持乡村民俗旅游旺盛的生命力。

（4）增强参与性。乡村民俗文化旅游资源开发中的参与性体现在两个方面：

1）就开发者而言，民俗是种大众文化。人民大众既是民俗文化的创造者，又是民俗文化的载体，他们在现实生活中的一举一动，大多反映和体现着一个地区或民族的民俗文化。民俗旅游开发实质上就是将民众言行所表现的民俗旅游资源转化为民俗旅游产品。在民俗旅游资源的开发中，专家、学者的指导、设计固然很重要，但决定性的构成要件则是民俗的载体——民众。如果当中有人配合不到位、投入不够，或者干脆中途退出，小则影响质量，大则项目失败。因此，民俗旅游资源开发不可能像自然资源、历史文化资源开发那样由专业人员独立进行，它必须由专业人员与当地民众共同参与才能完成。甚至可以这样认为，民众的参与是影响民俗旅游资源开发成败与否的关键因素。

2）就旅游者的需求而言。目前，大多数乡村民俗旅游主要停留在吃、玩、住等较低层次的休闲娱乐阶段，游客的参与性不足，减少了很多体验农家生活的乐趣。而作为休闲旅游来说，游客在其旅游过程中参与的愿望正变得越来越强烈，因此，在乡村民俗旅游活动中增强参与性，是吸引游客的有效途径。同时，乡村民俗旅游的参与体验活动不应该是单方面的，而应是一种宾主间的相互作用。主人把乡村民俗传达给宾客，宾客再把对乡村民俗文化的理解、情感体验等信息以自身的表情、动作等行为方式反馈给主人，形成交流。所以乡村民俗旅游要通过对项目活动过程的设计、组织、控制、引导使游客积极参与各种活动和实践探索，从中感受快乐。

4.4.2.3　乡村民俗文化旅游资源开发的内容

乡村民俗旅游属于专项旅游，乡村民俗旅游资源开发也系专门旅游资源开发。因而，在开发的内容上，既要照顾“面”，又应强调“专”。

乡村民俗旅游资源开发是乡村民俗旅游开发的中心工作，是旅游地形成接待力的基础。由于民俗旅游资源多种多样，各地的开发范围、开发规模、开发重点、开发条件不同，民俗旅游景观开发的方式也有较大的差异，常见的有：

（1）服饰景观开发。服饰民俗是区域或民族的自然环境、经济条件、文化修养和审美观念的综合反映，不同民族有不同的服饰，同一民族不同的历史时期服饰也有较大变化。服饰民俗景观的开发，不仅可以展示不同民族的文化、审美风貌，而且能反映民族的历史，给游客以美和历史知识的享受。

（2）饮食文化景观开发。我国是“饮食文化王国”，不仅有十大菜系，不同地方有不同的风味，有不同的时尚，而且讲究饮食与审美、艺术、礼仪、禁忌的结合。什么样的场合，饮什么样的酒，使用什么餐具、酒具、茶具，创造什么样的食物形态，使用什么样的礼仪，都有一套完整的惯制。中国的饮食既是物质享受，又是美的熏陶，饮食文化景观的开发大有可为。

（3）民居景观开发。民居是人类的主要生活空间，是艺术、文化、科技的综合体现，是人类文化进步的纪念碑。民居的艺术性和直观性，最能显示区域风情，它的景观效果也特别好，应为民俗旅游资源开发的重点之一。

（4）交通景观开发。主要是对民俗范畴中的交通工具及设施的开发。它们都有很高的旅游价值，游客可观赏，也可尝试。

（5）商贸民俗景观开发。商贸为人类社会经济生活中的一个重要内容，涉及面也较广。

（6）节日庆典开发。节日庆典系综合性的民俗，是民族或区域民俗生活的集中大展示。我国节日庆典极为宏富，几乎每年每月都有节日。节日中丰富多彩的活动，丰盛的饮食，热闹、愉悦的氛围，不仅让人从中获得知识，得到休息、快乐，而且交流了情感，增进了友谊。节日庆典构成了民俗旅游资源中最绚丽多彩的一道风景线，是民俗旅游资源开发的重中之重。

（7）歌舞景观开发。民间音乐、舞蹈、曲艺、戏剧是人们喜闻乐见的艺术形式，种类多，源远流长，特色鲜明，具有独特的韵味和特殊的感染力。古朴、优美的曲调，热情奔放、精湛、诙谐的表演，生活化的内容，使人得到莫大的艺术和文化享受。歌舞景观的开发，不仅能满足游客精神文化需求，而且能丰富“白天看庙、晚上睡觉”的单一旅游生活。歌舞景观的开发，在西南省区较为成功，已积累了相当多的经验。

（8）体育游戏景观开发。指利用民间体育游戏的竞技性与娱乐性特点，开发旅游项目，以满足现代旅游者的参与、康乐、刺激需求。体育游戏景观的开发，投资少，见效快，应列为开发重点。

（9）民俗商品景观开发。民俗商品既是旅游购物的主要对象，同时又因其所特有实用性、艺术性、观赏性，具备景观构成的基本要素，是一重要的民俗景观资源。民俗商品作为游客的购物品开发，旅游界相当的重视，但作为景观开发，目前还认识不足，未引起充分的重视。

4.4.2.4 乡村民俗文化旅游资源开发的形式

（1）农家乐。成都市旅游局对“农家乐”的定义是：利用庭院、堰塘、果园、花圃、农场等自然资源和乡村文化资源优势，吸引旅游者，为旅游者提供观光、娱乐、运动、住宿、餐饮、购物等服务的经济实体。它利用乡村自然资源和人文资源，将第一产业和第三产业有机地结合起来，成为许多大城市周边地区服务市民、致富农民的首选旅游产品，在解决“三农”问题中发挥着特殊的、不可替代的重要作用。

“农家乐”以其距市区近、耗时少，消费低，环境清幽，轻松闲适的特点适应了城市居民消闲度假的需求，很快就在各地得以迅速发展壮大起来。以“吃农家饭、品农家菜、住农家院、干农家活、娱农家乐、购农家品”为特色的成都“农家乐”闻名海内外。2006 年 4 月 12 日在首届中国乡村旅游节开幕式上，国家旅游局授予成都“中国‘农家乐’旅游发源地”称号。但是，“农家乐”是一种简易的旅游接待模式，它消费低廉，但是接待的档次也低，虽有一定民俗文化元素，却缺乏挖掘与提升的空间。它之所以能一度兴盛，是因为当时厌烦了喧嚣的广大城市人群急于寻找一份宁静，而它恰好能及时提供，且消费价位又能为普通市民所接受。

（2）乡村酒店。乡村酒店，在西班牙以古城堡为依托，称为城堡旅游；澳大利亚以林园为依托，称为绿色旅游；法国以老式庄园为依托，称为庄园旅游；中国台湾以具一定规模、品位的民居建筑为依托，称为民宿旅游。这种乡村酒店所处的位置在乡村，有供游客进行乡村旅游活动体验的特色乡村景点，有反映乡村文化特色的旅游活动，有供游客进行乡村生活体验的活动场地，并提供相应的服务。能够以天为时间单位，向客人提供配有餐饮、组合休闲活动、住宿及相关服务的酒店、度假村、俱乐部等，所以称之为乡村酒店。

乡村酒店具有独特的文化个性，有着其特殊的文化符号，在旅游接待上注入了人文内容，而且主客共同参与这些文化活动。乡村酒店具有鲜明的人文性、主体性、独立性、主动性。其中有的是以庄园文化、古堡文化见长，满足旅客怀古寻旧的愿望；有的是以收藏古玩见长，主客共享鉴赏珍品的乐趣；有的则又是以花卉园艺取胜，有的还是以私家菜吸引客源。

（3）主题文化村落。主题文化村落是在原有的古老村落的基础上改造而成，开发一系列的复古怀旧产品。此类度假村的住宿环境均为古所整修，或是以古建筑的式样为设计蓝图，还可以搭配古董家具或是展示古老的农具、古意盎然的景观环境及古朴陈旧的家居设计。它是对现已消失的民俗文化通过信息搜集、整理、建设、再现，让游客了解过去的民俗文化。如向游客表演用方形的扁担挑水、用原始农具耕作、用独轮车运输等古老的传统习俗以及各种民间舞蹈。这种模式的优点是可以令时光“倒流”，满足游客原本不能实现的愿望。

4.5 乡村旅游与文化遗产

旅游的基本属性是文化，不管旅游的内容还是旅游的形式都承载着文化的精神。从这一层面可看出，乡村文化是乡村旅游的核心，而非物质文化遗产又是乡村文化的主要内容。乡村旅游和非物质文化遗产存在着共同发展、相互促进的内在关系。

4.5.1 乡村旅游中非物质文化遗产的利用方式

非物质文化遗产（以下简称“非遗”）作为乡村旅游的一个新的发展创新点，可以提供乡村旅游发展的新契机。针对乡村旅游中非物质文化遗产的利用现状，结合非遗的特色和类别，归纳总结出几种乡村旅游中非物质文化遗产的利用方式。要注意，不同地区应按照当地乡村旅游的实际发展情况进行灵活选取，选择适当的利用方式。

4.5.1.1 展示与体验方式

非遗的展示与体验利用方式指的是将其进行展示，针对有条件实施体验的非物质文化遗产项目，适当让游客在现场进行文化体验，最终使游客参与到非遗的传承中来，并且通过利用非物质文化遗产来为当地旅游业吸引外地游客。对吸引力强、知名度高、级别高并且展示时间非固定的非遗文化项目，可以通过建造非遗文化主题博物馆的形式，在博物馆展示和非遗有关的物质载体，并在博物馆内进行定期的非物质文化遗产现场展示。在乡村旅游中适合通过体验来传承的非遗主要包括戏剧和曲艺、音乐、舞蹈和杂技等，这些项目都具有容易体验的特性，游客可以亲自体验学习这些项目，促进文化的传承。

4.5.1.2 旅游商品方式

以传统美术、传统医药和传统技艺为代表的非物质文化遗产，因为它们的技艺本身不能引起游客的足够兴趣，并不能吸引游客的到来。针对这种类型的非遗文化项目，可以利用生产非遗有关的商品来促进乡村旅游的发展。旅游商品化方式指的是把非遗项目中的有关艺术形式经过大规模集中工厂化生产加工制造出来的商品作为具有当地文化特色的旅游纪念品。在乡村游客集中的地方进行销售该商品，达到通过售卖旅游商品来增加当地乡村旅游收入，并且实现在乡村旅游中继承发展非遗文化的目标。

4.5.1.3 旅游节方式

非遗与物质遗产的最大区别是无形性，要使乡村旅游充分利用这种无形的文化，就要一款合适的介质。比如，非遗文化中的民俗就需要凭借乡村旅游中的旅游节来展现其文化形式，通过丰富多彩的文艺活动来传播民间文学。另外，展示时间相对固定、名气不高的非遗文化，也需要通过开展旅游节活动进行展示体验，使更多的旅游者了解认识这一非遗文化项目。在旅游旺季，将当地乡村旅游资源和非遗文化相结合，举办盛大的乡村旅游节，使游客在游玩过程中有机会参与旅游节，感受当地的非物质文化遗产。经过旅游节活动追溯历史，使游客在乡村旅游过程中体验各地民俗。并且，随着乡村旅游的进一步发展，当地百姓的经济收入也不断增加，进而使他们感受到传承文化带来的好处，不断激励他们继续表演民俗，更好的传承非物质文化遗产。依托旅游节发展乡村旅游中要注意，举行乡村旅游节活动时不能太片面，非遗文化项目和乡村旅游一定要结合起来，举办一系列的活动。否则，会使旅游节活动的吸引力减少，前来观光旅游的人减少，达不到定期开展旅游节的条件。

非物质文化遗产作为一种独特的旅游资源，可以实现消费者在旅游时求知识、求不同、求美景和休闲娱乐等各方面的要求。非物质文化遗产是乡村旅游宝贵的文化资源。按照各地非物质文化遗产的独特内容，进行科学规划与创意设计，把非物质文化遗产和乡村旅游结合起来，实现文化和旅游相融合，有利于做出文化品牌，传扬优良的文化传统，实现乡村旅游和非物质文化遗产发展共赢。

4.5.2 非物质文化遗产旅游规划原则

4.5.2.1 保护第一，持续发展原则

目前我国开展非物质文化遗产保护工作的中心是：将保护非遗作为工作的主要目标，同时也要对将要消失的非遗开展及时的救援工作，不仅要对非遗进行合理的开发利用，还要不断将其传承与发展。对非物质文化遗产的保护是围绕其可持续发展为中心而进行的，目的是更好地进行非遗旅游开发。

4.5.2.2 文化原则

规划和合理开发非物质文化遗产时必须遵循的基本文化原则：（1）非遗开发经营者必须对开发的每项非遗的历史背景以及其精神含义具有充分的认知，同时非遗开发经营者也要将旅游与非遗协调统一起来，以此来实现两者互利共赢的目标。(2) 为了进一步拓展非遗旅游的文化内涵，非遗的开发者要从科学的角度去充分挖掘每项非遗自身的特点。(3) 在进行遗产地旅游时，开发经营者应

该营造属于当地特色的文化氛围，无论是游客品尝特色小吃时，还是在参与制作手工艺品时，都能给游客身临其境一般的体验。（4）在进行非遗的开发时，不仅要通过外部环境来表现非遗的特点，同时也要将非遗的灵魂内涵表达出来，以此来达到神形合一的境界。（5）在开发非遗时要重视接受文化、艺术等学者的指导和建议。

4.5.2.3 经济效益、社会效益、文化效益相结合原则

从某种程度上来说，在发展文化旅游时注重非遗开发所带来的社会效益比旅游开发带来的经济效益和文化效益更为重要。这不仅是在宏观大局上的一种强大影响，同时也是在社会中进行积极宣传，以此来影响更多的人注重对非物质文化遗产的保护，所以对文化遗产的保护将会更加有益，同时也能够增强居民的社会责任感和民族自豪感，还会有助于社会的平稳健康发展。但是同样也不能忽视经济效益在非遗旅游开发中的重要作用，产生了好的经济效益，非遗旅游不断深入的开发才能够继续持续下去，也能进一步将进行非遗旅游开发的真正作用凸显出来。同时政府也需要严厉打击所有的损害非物质文化遗产的活动和不良行为，将社会效益、经济效益和文化效益统一起来，以此来推动非物质文化遗产不断向前发展。

4.5.2.4 参与性原则

非物质文化遗产不仅为提供给游客了解观赏的视野，而且让游客在对非物质文化遗产的游览中拥有一个良好的体验感受是十分重要的，从而使游客对遗产地的非物质文化遗产有着更加深切的认识了解，并且更能加强参与体验的游客对非遗的保护。例如，可以组织游客观看民族歌舞，当地的民俗风情的当地特色，并由导游详细解释这些节日和传说的意义，使旅游者可以身临其境，并且通过增加游客的想象力，吸引旅游者参与的兴趣，在娱乐的过程中又学习到了知识，寓教于乐。在游客参与这些当地体验时，要尽可能突出当地的乡土性与真实性，不能太商业化，使游客反感，觉得做作与不真实。吸引游客最好的方法就是将真实性、参与性、艺术性结合起来。参与性还有一层含义就是与文化直接相关的对象参与原则。由于非物质文化遗产并不是完全静态的一种遗产资源，它是通过人类的表现而存在的，因此在开发非物质文化遗产旅游的过程中，需要当地的居民以及非遗传承人的参与才能更好地发挥非遗的旅游体验价值。为了确保非物质文化遗产旅游的可持续发展性，还要保证当地参与旅游开发的居民和文化主体可以得到自己应得的利益。

4.5.2.5 突出民族性和地方特色

非物质文化遗产与其所生存的遗产地是有着密不可分的联系的。是否能成功

进行旅游开发，取决于非物质文化遗产是否具有独特的地域性和特色形式。研究表明，遗产地的文化特色与旅游者所处的环境地的差异性越明显，那么就越能吸引旅游者至遗产地旅游，遗产地进行旅游开发的价值就会越大。游客去某个地方旅游通常最关注的是遗产地的独有的民族特色性。在对遗产地进行旅游开发时，开发经营者应着重开发特色性较强的非遗，突出遗产地的民族性和地方差异性。结合非物质文化遗产的特征与内容，应该把创意设计与科学规划的特点内容和非物质文化遗产的有效使用跟乡村旅游实际融合，做到文化与旅游的互动，有助于打造地域文化品牌，发展和传扬优秀传统文化，达到文物保护和旅游开发的共赢的目标。

综上所述，非物质文化遗产保护利用实践的启发为：（1）加强区域传统文化的自发意识，加强对区域气氛的保护和利用；（2）加强非物质文化遗产融入都市主流的文化环境，做好文化宣传，提高可持续性和知名度；（3）着重资本与资源的整合，加强非物质文化遗产本身的内容拓展；（4）完善创新体系，力争探索营销解决方案的发展。

5 乡村旅游的保障要素

当前在国内“扩内需”的新形势下，乡村旅游成为我国农业经济发展新业态的重要力量。保持其可持续发展必须要通过一系列保障机制来保驾护航。本章对我国乡村旅游的政策保障、人才保障、交通保障进行解析，探寻通过建立健全乡村旅游法律保障体系、加强乡村旅游人才培养、加大乡村旅游交通建设等来完善乡村旅游发展的一系列保障途径。

5.1 乡村旅游的政策保障

乡村旅游政策是国家和各级地方政府管理部门为了实现乡村旅游发展的目的，根据乡村旅游发展的社会经济条件和乡村旅游发展的具体情况所制定的一系列措施和办法。合理的乡村旅游政策应充分调动行业协会、企业、城乡居民群众等多元利益主体的力量，共同参与到旅游业的社会化管理之中，进一步强化行业自律、规范旅游市场秩序、优化旅游环境、提升行业整体形象，使乡村旅游发展从“小马拉大车”变成“群马拉大车”，构建“政社互动”的综合统筹管理格局。2016 年中央一号文件（《关于落实发展新理念加快农业现代化实现全面小康目标的若干意见》）提出“将乡村旅游发展成农村新兴支柱产业”的指示，并出台了相应的支持政策。

目前乡村旅游政策在土地、金融、扶贫等方面给予了高度关注，规范了农村土地流转，加大了乡村旅游金融扶持与信贷支持力度，加强了乡村旅游人才开发与管理体系建设，为乡村旅游的发展提供强有力的支撑与保障。

5.1.1 土地政策

乡村旅游是当前和今后旅游业发展的重点领域，也是旅游扶贫的关键抓手。土地政策对乡村旅游的影响渗透到乡村旅游发展的整个过程和全部层面，乡村旅游发展也在一定程度上推动着农村区域土地政策的完善。在不突破用地红线的大前提下，通过积极推进乡村旅游用地改革、拓宽用地审批渠道、加大用地供应、促进土地集约高效利用等措施，将有效解决农村土地使用分散性和旅游经营集中性的矛盾，支撑促进乡村旅游的快速发展。

5.1.1.1 改革乡村旅游用地制度

发展乡村旅游，会涉及大量的农村集体土地和少量国有土地。农村集体土地包括农民集体所有的农用地、未利用地、宅基地、公益性公共设施用地和经营性用地，以及农民集体使用的“四荒地”和农民集体经济组织所有的“四荒地”等，主要有七种方式可加快农村集体土地流转：（1）土地互换，即农村集体经济组织内部的农户对各自土地的承包经营权进行交换；（2）出租和转包、转让，即农民将其承包的土地经营权出租给大户、业主或企业法人等承租方；（3）股份合作社，即农户以土地经营权为股份共同组建专业合作社，按照“群众自愿、土地入股、集约经营、收益分红、利益保障”的原则返租倒包给其他经营者；（4）入股（“股田制”）或股份合作经营，即农户将承包土地经营权作价入股，建立股份公司，按公司治理方式经营；（5）抵押或土地银行，即金融资本将土地作为存贷的主要标的，经营与土地有关的长期信用业务，最终让农业经营合作组织采用银行运作模式进行生产；（6）土地托管，即农民缴纳管理费，将土地交由合作社管理，合作社经营农民土地，将受益交给农民；（7）土地信托，即政府出资在县或乡镇设立农村土地承包经营权信托有限公司，接收农民名下的土地，企业再从政府的信托公司手中连片租赁土地，从事乡村旅游开发经营活动。

乡村旅游发展可用的少量国有土地包括城郊、林地等，应加快调整改进国有土地出让方式，调整方向有两种：（1）结合技术标准，在土地出让之前明确功能布局，综合评定中标单位；（2）在土地出让价格等方面，给予乡村旅游项目更优惠的政策扶持，在招商项目选择中给予乡村旅游项目更大空间。

此外，重点旅游市、县还应积极推广借鉴浙江、桂林等地的做法，选择重点旅游市县区开展改革试点建设。改革试点方向有：城乡建设用地增减挂钩试点，坡地村镇建设用地、点状供地、闲置宅基地整理结余的建设用地可用于休闲农业，乡村旅游项目中未改变农用地、未利用地用途和功能、未固化地面、未破坏耕作层的生态景观用地，可按实际地类管理，不办理农用地转用手续等。

5.1.1.2 拓宽乡村旅游用地审批渠道

乡村旅游用地审批渠道并不是单一的，可以通过各级政府的灵活处理而得以拓宽。如规划乡村旅游用地需求，由乡村旅游领导小组出面与国土部门协调或报市政府，提前对乡村旅游用地予以审批；各区（县、市）国土资源部门每年拿出一定的乡村旅游用地指标，由旅游局根据乡村旅游规划、根据轻重缓急进行审批；对重大乡村旅游项目，积极纳入上级行政单位旅游重点项目，从上级行政单位申请用地审批；发展乡村旅游涉及建设永久性餐饮、住宿用地的，支持依法办理农用地转用等审批手续等。

5.1.1.3 提高乡村旅游用地供应总量

乡村旅游的开发建设用地需求量大，乡村旅游用地供应总量缺失需要采取政策措施来解决，以提高用地供应总量。本书认为主要包括三类措施：

（1）预留或增加用地指标，为旅游配套的公益性城镇基础设施建设用地按照划拨方式提供，编制和调整各地方城乡土地利用总体规划、城乡规划时，充分考虑休闲农业项目、乡村旅游项目、旅游公共设施的空间布局和建设用地要求，并给予指标倾斜。重点旅游市县每年安排切块用地指标不少于10%用于乡村旅游项目建设（如浙江省湖州市安吉县出台规定“每年安排切块用地指标不少于15%用于乡村旅游项目建设”）。

（2）加强荒地开发利用，海域、水域、滩涂区域要优先发展垂钓、渔家乐和养殖观光旅游，鼓励开发利用荒山、荒地、荒滩及石漠化、边远海岛等土地。

（3）要协调重点项目用地，采取重点项目清单制度，将需要建设用地指标的重大乡村旅游项目纳入建设用地协调清单，与土地利用总体规划、土地利用年度计划进行对接与协调。尝试利用附属设施用地以及配套设施用地建设露营地、旅游服务设施等，加大旅游用地供给。

5.1.1.4 促进乡村土地集约高效利用

节约集约利用土地是我国土地管理的一项最基本的规定，也是有效保障乡村旅游用地的一种方法。比如浙江省湖州市出台了《湖州市旅游用地专项规划》。

本书认为应从四大方向着手，确保乡村土地的高效集约利用：

（1）要统一规划建设。探索发展由村集体统一收购（租用）、统一管理闲置农房的模式，统一规划利用闲置农村宅基地，共享公共设施用地，减少重复建设与浪费，鼓励发展树屋、森林氧吧、帐篷营地、房车营地、亲子乐园等占地需求较小的旅游项目。

（2）要专业开发运营。吸引专业公司开发、经营进入门槛相对高的乡村旅游项目，如精品民宿、度假农庄等，保障乡村土地的集约化利用。

（3）要存量用地盘活。对于已批未建或建设缓慢的乡村旅游用地项目，要积极盘活，严格督促项目开发建设进度，执行建设用地逾期未建设即收回的机制，提高每一寸农村土地的利用效率。

（4）要争取一地多用。充分利用新农村建设、生态建设、农田保护整治机会，探索旅游“一地多用”方式，将乡村公共设施用地与旅游服务用地相结合，最大限度地节约、集约农村地区的土地资源。开发未利用地，引导乡村旅游企业参与土地整理，实现旅游发展、土地利用的双优化；在现有农村用地中植入旅游化、景观化理念，打造稻田艺术、花卉迷宫、特色村落等不占建设用地的乡村旅游项目。

5.1.2 金融政策

乡村旅游的发展离不开金融财税的支持，但长期以来农村金融滞后、城市金融的非均衡局面却制约着乡村旅游的发展。2016 年中央一号文件提出了“完善农村金融服务”“引导互联网金融、移动金融在农村规范发展”等指示，对现代农村金融体系给予了充分重视，出台了一批乡村旅游发展的金融扶持政策。各地方应在争取财政资金支持、引导金融资本投资、加大信贷支持力度、落实税收优惠等方面强化落实，为乡村旅游发展提供坚实的金融保障基础。

5.1.2.1 加强财政资金支持

首要任务是争取专项拨款，争取国家和省市加大财政资金扶持力度，设立乡村旅游发展专项资金，主要用于项目规划、形象推广、市场开拓、设施建设等。积极策划和筹备一批既符合国家、省市投资重点，又体现当地特色的乡村旅游项目，争取专项奖励与补助资金。

在此基础上，统筹利用多类资金，包括国家和省市级支持服务业、中小企业、新农村建设、林业发展、环境保护、扶贫开发、文化遗产保护以及其他与旅游业相关的专项资金，抓好政策组合拳，对符合条件的旅游项目予以倾斜。各类农业示范基地、水利风景区、森林公园、文化体育等建设资金要注重与重点乡村旅游项目建设融合使用。

与此同时，建立资金使用管理绩效评价机制，逐步将重点乡村旅游区的农村公路养护、环境整治、基础设施建设（水、电、宽带、停车场、厕所）等资金纳入地方财政预算，中央财政给予差异化奖补，推动各级政府实行资金使用管理绩效评价机制，完善预算编制管理，将绩效目标作为申报项目预算的前置性条件，提升财政资金使用效能与规范性。

5.1.2.2 引导金融资本投资

通过采取以下各种方式，激活社会金融资本，引导和支持社会金融资本参与乡村旅游开发建设。

（1）强化政策奖励引导。充分发挥财政资金引导作用，以及各类旅游资源交易平台的产权交易和投融资功能，以先建后补、业绩奖励、风险补偿、贷款贴息等方式，吸引社会资本兴办各种乡村旅游开发性企业和实体。

（2）设立乡村旅游投资基金。支持财政和大型企业、金融机构联合建设乡村旅游投资产业基金，引导更多社会资本投入乡村旅游产业要素的提升改造、旅游产业融合和新业态新产品开发，以及重大乡村旅游项目和重要旅游服务设施建设，推进乡村旅游产业转型升级。

（3）推广 PPP 投融资模式。支持企业与政府、社会资本合作，政府采购选择合适的社会资本方，并指定乡村旅游项目建设实施单位，三方共同组建项目公司（SPV），开展乡村旅游项目的规划、设计、投融资、建设、运营投资、建设、运营，对社会资本进行回报，并将政府的支出责任纳入财政预算。

（4）鼓励农民集资入股。鼓励农村集体以土地的租赁、承包、联营、入股合作等方式，参与乡村旅游投资开发。探索农户以房屋、土地、果蔬园等入股，参与农家乐、果蔬采摘园、休闲农庄等乡村旅游项目建设经营。改革乡村旅游景区（点）经营体制，引进社会资本，优化提升一批具有影响力和竞争力的乡村旅游景区（点）。鼓励本土实力企业拓展旅游业务。重点引导本土有实力的企业拓展乡村旅游投资开发类业务，或向乡村旅游方向转型，鼓励其投资休闲农业与乡村旅游景区（点）、旅游项目、商业网点以及服务接待、交通运输等设施的建设和经营。

5.1.2.3 加大信贷支持力度

国务院多次提出“加大对小微旅游企业和乡村旅游信贷支持”的指示，各地方可通过四大举措落实乡村旅游的信贷支持政策。

（1）发放政策性优惠贷款。贫困地区可将休闲农业与乡村旅游纳入扶贫开发贷款扶持范围。鼓励地方政府与农业银行、农村信用联社、农业发展银行、邮政储蓄银行等金融机构，达成“乡村旅游发展贷款项目”合作协议，发放低息、周期长的政策性优惠贷款，支持乡村旅游投资建设。

（2）鼓励金融机构创新贷款产品。鼓励商业银行、保险公司等金融机构开发面向乡村旅游的信贷、保险产品，如农家院贷款产品、小微民宿贷、金融众筹等，适当加大信贷投放力度，适度降低旅游企业贷款准入门槛，扶持龙头企业发展。

（3）鼓励开展小额担保贷款业务。积极探索成立针对经营乡村旅游的农户和中小旅游企业的贷款担保机构，为经营休闲农业与乡村旅游项目的农户提供担保服务，支持其申请小额担保贷款，由政府给予一定比例的保费补助或贷款贴息。鼓励乡村旅游经营户以互助联保方式实现小额融资。

（4）开展多样化的抵押贷款业务。鼓励各大金融机构开展乡村旅游抵押贷款业务，包括旅游企业建设用地使用权抵押、门票抵押、景区开发权抵押、水域滩涂养殖使用权抵押、林权抵押、养殖物抵押等，扩大乡村旅游的融资渠道和规模。

5.1.2.4 落实税收优惠政策

（1）完善乡村旅游所得税优惠政策。制定鼓励大学生到乡村旅游企业就业的个人所得税和企业所得税减免的政策；适时将乡村旅游农户所得税的税收优惠政策的受惠时限改为“从开始获利的年度起”；因地制宜地根据乡村旅游淡旺季调剂税率、实行营业税优惠政策；对从事乡村旅游的符合条件的小型微利企业，按规定执行小型微利企业所得税优惠政策。

（2）完善地方税收优惠政策。对土地流转入股参与到乡村旅游开发的农户，减免营业税；对于改善农村和农业的水、电、路、通信工程的企业适当进行税收减免，改善乡村旅游企业发展环境；经批准改造的废弃土地和开山整治的土地，从使用的月份起免缴5年的城镇土地使用税；对利用个人出租住房经营乡村旅游的，免征印花税；对经营采摘、观光农业等乡村旅游项目的单位和个人，其直接用于采摘、观光的种植、养殖、饲养的土地，免征城镇土地使用税；对新开办的乡村旅游项目，工商、卫生等部门减免办证费用；对3A级以上乡村旅游点、星级农家旅馆免收标牌费，用电、用水、用气实行与一般工业企业同等的价格；参照城市公交站场、道路客运站场的相关税费政策，免征乡村旅游集散中心建设城镇土地使用税。

5.2 乡村旅游的人才保障

近年来，我国乡村旅游蓬勃高速发展，但乡村旅游人才（尤其是高水平的旅游管理人才）匮乏的问题日益凸显，成为制约乡村旅游发展水平的关键因素。各地方需克难攻坚，通过创新人才引进制度、完善人才培养机制、强化人才管理办法等措施，建成乡村旅游发展的人才库，支撑推动乡村旅游建设发展。

5.2.1 人才引进

乡村地区受限于教育水平和经济能力，往往缺失乡村旅游人才，因此，从城市地区引进人才是激活乡村旅游发展的关键之一。人才引进的策略包括：特聘专家顾问，引进战略指导人才。

（1）聘请一批乡村旅游规划发展、战略运营、投融资等方面的高端人才，授予乡村旅游发展特聘专家顾问证书，定期邀请专家进行乡村旅游发展战略方面的咨询与指导，提供前瞻性与专业化的乡村旅游发展顶层设计。

（2）以大项目为平台，引进高端管理人才。出台各项优惠政策扶持地方龙头乡村旅游项目，并以大项目为平台，吸引和集聚一批高端管理人才，结合大学生“村官”制度，建立旅游乡镇长制度，提高乡村旅游的行政管理水平。

（3）开展创客行动，引进创意创业人才。加大对创新创业人才的政策倾斜，持续开展“百村万人乡村旅游创客行动”，引导外籍人员、大学生、返乡农民工、专业艺术人才、青年创业团队等各类“创客”投身乡村旅游发展，建设一批乡村旅游创客示范基地，依托乡村丰富的人文资源与优良的生态资源，打造一批个性化的艺术创作工作室，以免租或免税等优惠政策，吸引各类艺术家、创意人才入驻创作。

（4）开展人才借调，引进新业态人才。地方政府与互联网、电商、智慧旅游等新业态领域的企业达成合作协议，提供试点建设、产品供应、政策准入等优惠条件，获取新业态领域人才借调、智力支持、资源共享的回报。

5.2.2　人才培养

尽管人才匮乏问题可以通过引进得以缓解，但仅靠外来人才难以实现乡村旅游惠民富民的根本目的。俗话说“授人以鱼不如授人以渔”，从农民中培养新的乡村旅游人才是乡村旅游可持续发展的必然要求。乡村旅游人才的培养可以从以下几方面着手。

（1）夯实旅游院校基础，优化乡村旅游人才培养源头。推动大中专旅游院校开设乡村旅游相关课程，并根据市场变化升级教学课程，深挖、拓展酒店、民宿、乡村景区、旅行社等传统业态的维度和深度，搭建、规范乡村旅游投资与规划、乡村旅游观察监测、乡村旅游公共服务、“旅游+互联网”等新兴业态的课程体系，丰富、完善乡村民俗文化和职业素养方面的基础课程。乡镇政府或旅游业的经营者可以和各大高校合作，专门培养适合乡村旅游业的人才，还可以在当地建立教学实习基地，促使学生在加强理论学习的同时提高实践能力，努力培养适应乡村生活，真正愿意在乡村发展的复合型人才。如浙江省成立了浙江乡村旅游研究院，浙江省湖州市成立了湖州农民学院和湖州国际旅游学院。

（2）强化政策资金激励，丰富乡村旅游人才培训方式。充分利用相关政策资金，采取“学校+农户”“政府+农户”“研究机构+农户”“公司+农户”“旅游协会+农户”等多种培训模式。对乡村旅游从业人员进行各类培训，鼓励乡村旅游管理人才、经营人才、技能服务人才“走出去”，参加各类乡村旅游相关的培训讲座、游学体验、专业论坛等，学习前沿的管理与服务经验。定期将乡村旅游领域的专家学者、行业领袖、模范先进等“请进来”，为乡村旅游从业人员开展专业培训，提升其管理水平与服务技能。实行非遗传承人“名师带徒”工程，建立健全乡村旅游民俗文化传承人才培养机制。

（3）借力行业企业平台，提升乡村旅游人才培训水平。加强与乡村旅游相关的专业培训机构、咨询服务机构、行业协会等开展培训合作，采取课堂讲授、案例分析、现场模拟、实习观摩、专题讨论相结合的方式，对乡村旅游景区、农家乐、民宿的管理服务人员进行实用技能培训。培训内容涵盖服务礼仪、职业道德、旅游常识、民俗文化、食品卫生、安全知识、政策解读、餐厅服务、农家菜开发、景区服务规范、导游讲解技巧等。

5.2.3 人才管理

人才管理解决的是如何充分利用乡村旅游人才、提高乡村旅游从业者的工作能力，促进人才的成长。人才管理的主要策略包括以下几点。

（1）建立乡村旅游人才信息库。积极推进乡村旅游信息化建设，依托网络构建乡村旅游人才交流信息平台，建立乡村旅游人才信息库和人才联络机制，将重点乡村旅游人才培训纳入地方干部培训计划。致力打造一支具有广阔国际视野、通晓国际乡村旅游业惯例、具有较高外语水平和跨文化沟通能力、能够支撑乡村旅游业又好又快发展的高层次旅游人才队伍。

（2）规范化执行乡村旅游人才持证上岗制度。组织专家研究制订与乡村旅游相关的服务标准，引入乡村旅游方面的执业资格和从业标准，彻底规范和提升乡村旅游产业的人员结构和层次，所有服务人员每年培训一次，并引进技能考核制度，实行培训考评合格后“持证上岗”制度。

（3）开展旅游人才评优评奖活动。落实国家“万名旅游英才计划”政策，探索建立乡村旅游人才评价办法和初级职称评审制度，将乡村旅游人才开发培养与旅游行业评先创优、等级评定相挂钩，建立健全乡村旅游人才考评机制，定期举办优秀乡村旅游管理与服务人才的评优颁奖活动，及时给予物质奖励与精神荣誉奖励，激励乡村旅游从业人员不断提升管理服务技能优秀人员。

5.3 乡村旅游的交通保障

在旅游六要素中，旅游交通和旅游住宿、旅行社业是旅游业的三大支柱，交通运输是旅游者得以完成旅游活动的先决技术条件。没有“行”也就没有乡村旅游，交通通达深度、交通基础设施的完善程度、交通服务质量是决定乡村旅游业发展的前提条件。交通条件的改善，不仅使旅游业从中受益，还可以带动乡村农村和工业等其他产业的发展。与此同时，伴随着科学技术的发展、市场消费需求的个性化、体验化，乡村旅游交通也不断凸显其产品的体验性、形式的多元化等特点，甚至成为一种特定的旅游吸引物。

5.3.1 乡村旅游交通的概念与分类

5.3.1.1 乡村旅游交通的概念

在国内外的乡村旅游研究中，“乡村旅游交通”是人们长期以来约定俗成的一个惯用表述，不论是在业界、学界，似乎皆无“乡村旅游交通”这一用语，比较常用的是“旅游交通”或“交通运输”。参考李天元的《旅游学概论（第七版）》中对旅游交通的定义，这里提到的“乡村旅游交通”具体指以乡村为旅游目的地，旅游者通过某种交通手段或旅行方式，实现从一个地点到达另外一个地点的空间转移过程。它既是乡村旅游爱好者抵达乡村旅游目的地的手段，也是在旅游目的地之内进行活动来往的手段。其主要是为了满足乡村旅游者的需要，使乡村旅游者实现快速、舒适的“移动”，同时满足乡村旅游者休闲、观赏、猎奇等寻求愉悦的需要，而这些需要与使用一般交通的乘客只实现空间转移的需要有所不同。

5.3.1.2 乡村旅游交通的分类

随着交通运输业技术的不断进步和旅游者空间行为，以及消费需求的不断变化，乡村旅游交通由最初的简单承担通达功能的公路，逐渐演变成为兼顾交通通达功能和体验功能的多种类型并存的形态。

A 按构成要素进行分类

理论上，研究乡村旅游交通的分类，首先要明确构成乡村旅游交通体系的要素有哪些。从乡村旅游交通构成要素角度大致可以分为以下三类：

（1）乡村旅游交通线路可分为人工修筑线路和自然形成线路。人工修筑线路包括乡村旅游公路、乡村旅游铁路专线、旅游索道等。自然形成线路包括乡间小路、旅游内河与湖泊游览线路、低空飞行体验线路等。一般而言，人工修筑的乡村旅游交通线路成本较高，线路建设规范要求严格，旅游者按照规划预先设定的观光线路开展乡村旅游体验活动；自然形成的线路耗资相对要少，对于项目的设计没有明确的要求，旅游者可以根据个人喜好进入乡村旅游活动体验。

（2）乡村旅游交通运载工具，主要包括现代旅游交通运载工具、传统旅游交通运载工具和特殊旅游交通运载工具。其中，现代旅游交通运载工具包括汽车、观光专线大巴、观光电瓶车、环保自行车、电瓶车、观光小火车、水上皮艇等。传统旅游交通运载工具包括人力车、轿子、溜索、竹筏、羊皮筏等。

特殊旅游交通运载工具有观光缆车、热气球、滑翔伞、游船画舫等。现代旅游交通工具是目前乡村旅游目的地活动中的主要运送工具，而传统旅游交通工具和特殊旅游交通工具主要用于丰富乡村旅游体验活动的类型，如海南保亭县呀诺达旅游区的溜索、乌镇的乌篷船，已成为最受旅游者欢迎的交通体验项目。

（3）乡村旅游交通驿站，这是旅游交通运送节点，旅游者的集散地。根据不同的运输方式和旅游消费需求，乡村旅游交通港站可分为停车场、自行车租赁站、泊船码头、低空飞行体验基地等，浙江省湖州市安吉县已经出现一批要素齐全的乡村交通驿站，也称“旅游驿站”。

B 按空间尺度和旅行过程进行分类

实际上，旅游出行活动的组织中，区分不同的乡村旅游交通类型，往往更依赖于旅游者居住地到乡村旅游目的地的距离和在旅行过程中所采用的交通方式和工具。按照乡村旅游的空间尺度和旅行过程，大致可以分为以下三类：

（1）外部交通，是指从旅游客源地到乡村旅游目的地所依托的中心城市之间的交通方式和等级，其空间尺度跨国或跨省，交通方式主要有航空、铁路和高速公路。外部大交通是乡村旅游兴起和发展的前提条件，涉及外部进入性问题，甚至说是乡村区域旅游发展的命脉。即使乡村旅游资源再丰富，如果大交通少或没有跟上，也很难在乡村旅游者的规模上实现突破。如海南外部交通主要依靠三亚凤凰和海口美兰两大国际机场，每年的游客吞吐量有限，影响了外省来海南乡村旅游的游客规模。与之相反，袁家村虽然规模小，但交通发达，高速、高铁皆通达，且距离咸阳机场仅半个小时左右车程，交通的便利化为袁家村旅游发展带来了巨大效益，一个仅为300多亩的民俗村却能每年吸引游客300万人次左右。

（2）中间交通，涉及中小尺度的空间，指从旅游中心城市到乡村旅游点之间的交通方式和等级，交通方式主要有铁路、公路和水路交通。尤其是公共交通汽车的普及化、班车化发展，如北京很多郊区乡村旅游都有便利的公交到达，从东直门枢纽站到怀柔、门头沟、平谷等郊区的快速交通线路班车每天平均半个小时就有一次班车。旅游汽车的发展也在某些地区形成了汽车旅游圈，如我国长三角地区以上海为中心，半径约400千米的沪宁杭地区，以旅游汽车为主要交通工具乡村旅游发展迅速，各地之间开通一站式旅游直通车，有10多条跨省市旅游专线供游客选择。

另外，自驾游也是很多乡村旅游者心目中的出行方式，成为中短途交通中的重要出行方式。在被称为“车轮上的国家”美国，自驾车旅行是乡村旅游业中不可或缺的重要组成部分，79%的美国乡村旅游使用小汽车、皮卡车、房车，或租赁的小汽车。在我国，近年来私人汽车的数量实现了飞跃，截至2016年，全国私人汽车保有数量已经达到1.65亿辆，私家车作为出行的交通工具日益普及。乡村旅游因此很大程度上受益于周边大城市客群自驾游活动的发展。而自驾车出游过程中，为满足自驾车游客在出行中的各类需求，带动了系列相关产业（如汽车租赁、房车、汽车俱乐部）的发展。

（3）内部交通，指乡村旅游目的地内部的交通，基本是景点间的短距离空间位移。内部交通相对复杂，视乡村旅游目的地规模的大小、区域内地形变化的幅度、景点间的距离，以及旅游活动的特色而异。

这种交通一般可以分为两种形式，第一种是连接乡村旅游点与景区或点与点之间的串联交通，更多的作用在于串联、盘活全域资源，如绿道交通。第二种是乡村旅游目的地内部的体验性、观光性的特种交通工具，如观光巴士、游船、低空飞行等，如游客进入乡村景区一般需换乘观光巴士，在游览过程中，游客可在需要的站点随时上下车，观光巴士上设有随车讲解员，极大地便利了乡村旅游者的游览。

这种交通工具逐渐发展为一种乡村体验项目，如游览丽江拉市海茶马古道时，游客可以边骑马边领略底蕴深厚的茶马古道马帮文化及欣赏优美的自然风光。

5.3.2 乡村旅游主要内部交通方式

前面提到，乡村旅游的内部交通工具主要有两种，一种是绿道代表的串联型的交通；一种是体验性、观光性的特种交通，它们对于乡村旅游目的地的资源盘活串联、目的地吸引力的提高、产品体验性增强、经营收入的增加等方面，具有重要作用，因此，下面对这类交通做详细说明。

5.3.2.1 绿道串联交通

绿道是指以自然要素为基础，以自然人文景观和休闲设施为串联节点，由慢行系统、服务设施等组成的绿色开敞空间廊道系统。我国的绿道思想起源于公元前1000多年的周代，当时主要是指道路绿化。隋唐的京杭大运河两岸、南宋西湖十景中的“苏堤春晓”、秦始皇时期经过8次行道树种植和改造的剑门古蜀道、兴于唐宋盛于明清的茶马古道等都是我国早期“绿道”的实例。西方国家的绿道思想则起源于16世纪，最初只是用于野生动物通行的廊道，后经历了景观轴线、林荫大道、早期的绿带、公园路、绿道及绿道网络等数百年的演变与发展。总体上看，第一个阶段是20世纪以前，这个阶段的绿道以串联城市公园、国家公园为主；第二个阶段是20世纪初至20世纪90年代，注重景观、生态等方面的开放空间规划；第三个阶段则是当前全球化背景下绿道的基础理论研讨和建设热潮兴起的过程。

绿道交通在乡村旅游目的地中发展中尤其重要，在盘活乡村分散的资源、提升休闲功能、延长服务链条发展方面发挥了重要作用。

（1）串联盘活乡村资源。绿道是串联乡村自然空间、郊野公园、乡村、小镇等的绿色线性空间。乡村旅游资源点之间分布往往不集中，容易形成单打独斗的局面，这对于本来就相对闭塞的乡村旅游区域来说发展不利，因此，绿道发挥的串联作用尤为明显。可以说，国内外乡村绿道发展已经成为普遍性选择。海南省琼海绿道也是一个典型案例，它以绿道为串联，利用邻近乡村资源，联合打造形成了博鳌乡村公园，在原有自然景观和田园风光的基础上，将毗邻博鳌镇的朝烈、美雅、岭头、南强、大路坡共5个自然村的村庄，进行整合规划、连片开发，将乡村公园周边的乡村、鱼塘、河道、槟榔园、椰子林等要素串联起来，形成了不同主题的绿道。

（2）增强乡村休闲体验功能。绿道系统与滨河、森林生态、农业观光体验等旅游设施可以实现同步建设，比如海南气候温暖、阳光强烈的特点，结合“遮阴绿廊”功能建设绿道系统，重点采用了榕树、椰子树等树冠较大且具有海南特色的树种来绿化道路，为游客烈日下的休闲提供条件。同时，绿道的发展还带动了乡村记忆墙等休闲体验点的开发建设，为游人呈现出一幅幅世外桃源式的田园画卷。

（3）延长乡村旅游配套服务链条。绿道的发展能够带动相关服务业发展，其本身就是一种慢旅游出行方式，游客在游行过程中会产生休闲休憩或节点服务需求，因此，带动了自行车驿站、服务驿站等的出现，并以此为节点，推进了沿线标识系统、景观绿化、安全防护设施、电力、电信、给排水、环卫等服务的配套。进一步说，为当地农民提供了就业机会，促进乡村经济的发展。

5.3.2.2 特种体验交通

随着乡村旅游业的快速发展，旅游者的消费需求不断增多，旅游者已经不仅仅满足于交通便捷、舒适，更注重旅行过程中的体验和猎奇。从乡村旅游交通的休闲功能角度看，其不仅是联通内外的桥梁，更是一种体验方式。从空间的角度来看，大致可以分为三种类型。

（1）陆上体验交通。陆上交通体验项目在众多类型的交通体验类型项目中发展最早，目前也是从交通工具到组织管理最完善的一种交通体验形式。在乡村旅游目的地内部交通已经出现的形式包括发展观光巴士、观光摩的、风采车、观光电瓶车、观光缆车、环保自行车、电瓶车、观光小火车等。一般陆上交通主要作为一种农业观光的方式，如日本富田农场为增添游趣，节假日期间增设名为“富良野，美瑛”号观光小火车，车厢采用怀旧设计木制座椅配有无敌大窗，观赏景色一流，非常值得一坐。从实践来看，其开发运营往往成本不高，如湖南郴州“绿心童乡”的小火车，由油漆桶改造而成，虽然看起来简陋，但体验性很强，很受游客尤其是小孩子的欢迎。在很多时候，这种体验交通也成为景区盈利的主要来源之一，如呀诺达旅游区的溜索，在溜索的基础上实现了拍照、服装租赁等多次消费开发，投资成本 80 万元，但一年收入达到了 300 多万元。

（2）水上体验交通。在滨海、滨河湖等自然条件的乡村，可以选择发展水上摩托艇、香蕉船、水上沙发、游船等特色交通工具。很多江南水乡的乡村旅游适合水上划船，能够让游客迅速融入地域生活方式中。如乌镇以乌篷船作为主要交通工具，恢复水上集市等以前的水乡生活形式。这样的交通一般要做好码头的配置，其他还有一些湖泊游船、竹筏、快艇等也是比较好的体验方式。

（3）空中体验交通。空中交通因涉及规范、人才问题是目前发展较少的交通形式，但在国外很多乡村旅游中发展得较为成熟，以热气球、滑翔伞、动力三角翼、动力滑翔伞等最为常见。乡村旅游因其地理跨度大，花海、稻田、梯田等大地景观壮美，空中交通是一种观光欣赏的重要方式，未来我国乡村旅游发展条件较好的地方可以增强此方面的开发。

5.3.3 乡村旅游交通开发的关键因素

通过以上对乡村旅游交通的分析，总结出当前阶段下需要关注的几个重点问题。

5.3.3.1 交通组织的可进入性

可进入性是指利用特定的交通系统，从某一区位到达指定活动区位的便捷程度。交通的最基本特征就是交通具有可达性，它是连接旅游集散地和乡村旅游目的地的重要途径。交通组织的可进入性对于乡村旅游的产业发展、项目空间划分、公共服务设施、土地利用等都有着重要影响。因此，要做好用于沟通乡村旅游景点至外部城镇或连通该地区干线、支线公路的建设，它是吸引游客进入乡村旅游基础。有些乡村旅游发展较好的地方甚至与客源地直接建立交通联系，如浙江湖州长兴县水口乡的“顾渚村”，联合县运管部门组成了具有营运资质的农家乐旅游车队，为上海、杭州等地游客提供上门接送服务，为当地乡村旅游客源的输送提供了很好的渠道。

5.3.3.2 交通建设的规范性

在交通道路的建设过程中需要尤其注意道路的规范性、合理性和细枝末节的连通性，形成旅游和生活服务的乡村交通网络。还要做好乡村旅游的道路设计管理，如停车场数量是否满足客流量，人行道与车行道如何分开，各村各景点的巴士如何接驳，自驾车流如何引导等，综合考虑近期、中长期乡村旅游的游客数量及出游方式。2004 年交通部为加强农村公路建设的技术指导，确保建设质量，提高投资效益，根据《公路工程技术标准》，结合农村公路建设实际，制定《农村公路建设标准指导意见》，到 2016 年住建部印发《绿道规划设计导则》，中国的乡村旅游交通发展正逐步走向规范化。如在绿道标识方面，上海的绿化部门为绿道配置了统一的标识（LOGO），提高绿道的辨识度和专业性。

5.3.3.3 交通开发的体验性

交通的体验性开发越来越成为一种趋向，结合乡村旅游的本底资源和在地文化，需要注重线路的体验性设计，路线策划的体验性对于增强乡村旅游的趣味性，延长旅游活动时间，促进消费需求有着积极的引导作用。除此之外，还应注意工具的体验化、设施的体验化，因地制宜地扩展诸如索道、游船、滑竿、骑马等体验性活动项目，增加共享单车等类型的交通工具。对于这些具有休闲体验性质的乡村交通，同时目前面临的很大问题是后期的运营，运营的费用从何而来，由谁来运营，怎么进行盈利反哺，如何带动周边致富等都需要进行深入探讨。

6 我国典型地区的乡村旅游

乡村旅游作为一种独特的旅游方式，一方面为乡村旅游地原有产业注入活力，另一方面也肩负着带动新农村经济建设以及旅游业发展模式转型的重任。乡村性是乡村旅游地的独特优势、乡村旅游模式中的核心特征元素。本章分别以浙江安吉和广西为例，阐述了我国沿海经济发达地区的乡村旅游和西南地区的乡村旅游。

6.1 我国沿海经济发达地区的乡村旅游——以浙江安吉为例

6.1.1 安吉乡村旅游发展概况

自 20 世纪 90 年代以来，安吉旅游经历了从无到有，从小到大，从大到优 20 多年的发展历程。安吉旅游产业功能不断完善，产业规模不断壮大，产业素质不断提升。

从安吉旅游发展的历程来看，大体上可以分为如下几个阶段：2000 年之前“两山”理论认识萌芽阶段，2001~2006 年“两山”理论的明确发展阶段，2007~2012 年“金山银山”的逐步实现阶段和 2013 年以来安吉旅游的全面发展阶段。

“两山”是指“绿水青山”和“金山银山”。“绿水青山”是指优质的生态环境，也是指与优质生态环境关联的生态产品；“金山银山”是指经济增长或经济收入，也是指与收入水平关联的民生福祉。

2005 年 8 月 15 日，时任浙江省委书记的习近平同志在安吉余村考察时，首次提出了“两山”理论即“绿水青山就是金山银山”的科学论断，自此安吉更加坚定了走“生态立县”发展路子的决心和信心。

因此，践行“绿水青山就是金山银山”理论，一方面要生态经济化，另一方面要经济生态化。具体体现在以下 5 方面：（1）低碳发展。即以低耗能、低污染、低排放为特征的发展模式促进经济和社会的发展。（2）循环发展。即通过循环再利用已用资源的节约理念来发展生产与经济，使得自然资源和科学技术形成一个有效利用的大系统。（3）环境幽美。即保护人民赖以生存的生态环境，空气清新、水质优良、环境幽美、人民幸福。（4）人民富裕。即劳动人民依赖青山绿水具有较为稳定的收入渠道，且收入较高，生活幸福。(5) 可持续发展。即社会、经济、人口、资源、环境相互协调和共同发展，是既能相对满足当代人的需求，又不损害后代人满足需要的空间和资源的发展方式。

通过十余年的探索，安吉已经打响了生态文明的综合品牌，先后成功创建并成为首个国家级生态县、全国首批生态文明试点地区、中国美丽乡村建设首发地、全国首个获得县级“中国人居环境奖”的地区、国家园林县城、“第七届中华宝钢环境奖”、联合国人居奖唯一获得县等称号，安吉模式受到全国广泛关注。2016 年 7 月，中华人民共和国环境保护部同意将安吉县列为全国唯一的“绿水青山就是金山银山”理论实践试点县。

6.1.1.1 2000 年之前“两山”理论认识萌芽阶段

1992 年，安吉县设立经济开发区，大力发展投资密集、技术含量高、无污染的工业、第三产业以及其他各种文化产业。1994 年，安吉县成立县旅游公司，作为全县旅游开发与管理机构。以开辟天荒坪抽水蓄能电站为旅游业突破口，加速开发了竹种园、吴昌硕纪念馆、灵峰寺、龙王山及两大水库等旅游景点。1996 年 10 月，安吉县旅游管理局成立，内设办公室、规划建设科、市场开发科、行业管理科。同年，经省旅游局等部门验收，安吉宾馆和金叶大酒店被批准为旅游涉外饭店。1997 年，县政府出台《关于加快发展安吉旅游业的若干政策意见》，建立安吉县旅游发展基金，并成立“安吉县旅游工作领导小组”，代县长任组长。同年，编制了《安吉县风景旅游发展总体规划(1996~2010 年)》，这是历史上的首批旅游规划之一，确立“一环（历史文化民俗风情环）、两区（天荒坪风景旅游区、龙王山风景旅游区）、一中心(递铺旅游服务中心）”的旅游格局，推出昌硕文化游、龙王山探秘游、天荒坪风光游三条特色旅游线路。1998 年，在《中共安吉县第十次代表大会上的工作报告》中，首次提出把旅游业发展作为全县经济的新增长点，以围绕打造“都市后花园”这个目标，搞好旅游规划，景点建设，绿色工程，行业管理，尽快形成“一园两区三线”的旅游网络，把安吉建设成为富有鲜明竹乡特色的旅游大县。1999 年，根据县委、县政府确立的“五化工程”战略任务，进一步提高“中国竹乡”品牌知名度，县旅游管理局积极鼓励开发旅游景点和旅游商品。开发了坐直升机“登高”观竹海特色旅游项目及感受真山真水和农家风味的“进农家”项目。

经过近十年的发展，安吉初步形成了吃、住、行、游、购、娱等旅游要素齐全的产业体系，正逐步从环境治理向生态旅游发展迈进。在这个阶段，安吉逐步认识到了生态环境的重要性，放弃污染行业，保护青山绿水，发展绿色旅游。

6.1.1.2 2001~2006 年“两山”理论明确发展阶段

2000 年，安吉县加快了创建“旅游大县”的进程，按照《安吉县风景旅游发展总体规划》（1996~2010 年），加大了对“二区一环一中心”的实施开发和建设，形成了集体、股份和个人相结合的融集资格局，全年滚动式旅游建设和开发资金超过 1 亿元，全年接待游客 102 万人次，旅游收入 1.99 亿元。

2001 年 1 月 17 日，县委、县政府做出了决定安吉发展方向的重大决策——《关于“生态立县——生态经济强县”的实施意见》，这标志着安吉生态立县战略的正式确立。“生态立县——生态经济强县”战略的实施，给安吉旅游业带来了新的发展机遇。

2002 年，县旅游局会同县质量技术监督局制定了安吉县首个地方旅游标准——《“进农家”旅游标准》，并正式颁布实施，为开设家庭旅馆的农户在承办条件、服务质量、服务标准等方面做了明确的规定。

2003 年，安吉县在全省率先实行了“农家乐”接团、标准、价格、促销“四统一”的管理新模式，建立了石岭、迂迢、张家山、无蚊村、余村和山川“夕阳红”6 个农家乐服务中心，逐步形成了具有安吉特色的休闲旅游度假新模式。

2004 年 7 月 1 日，县委县政府召开了全县旅游发展工作会议，县委书记做了题为“深化改革，加快发展，全力建设生态旅游强县”的主题报告，并出台了《关于加快生态旅游强县建设的若干意见》，该会议成为安吉旅游史上，规模最大、档次最高、影响最深的旅游盛会。

2005 年 8 月 15 日，时任浙江省委书记的习近平同志在安吉余村考察时，首次提出的“绿水青山就是金山银山”科学论断，“绿水青山”向“金山银山”迈进的突出成就体现在农家乐发展改革方面。这一阶段，安吉制定了《农家乐服务质量通用要求》；出台了《安吉县农家乐管理办法》；建立了县农家乐规范管理协调小组及其办公室，初步形成了组织、制度、政策“三位一体”的保障体系。全年接待游客 40 余万人次，安吉县农家乐规范化发展在长三角区域成为新亮点，既保护了当地的生态环境，又促进农民的大幅度增收。

这一阶段的安吉乡村旅游发展，是从早期的追求量的提升到质的提升的转变阶段，是生态保护与乡村旅游并行发展的阶段，是“两山”理论的明确发展的阶段。

6.1.1.3 2007~2012 年“金山银山”的逐步实现阶段

2007 年，安吉县开始实施休闲经济先行区建设，创建环灵峰山休闲旅游度假区，引进天使乐园等一批重大旅游项目。2007 年 8 月 8 日，在中国旅游精品推广大会上安吉县被评为“中国最佳生态旅游县”。2008 年 2 月 28 日，县委、县政府召开“中国美丽乡村”建设万人动员大会。发布《建设“中国美丽乡村”行动纲领》，吹响了中国美丽乡村建设的集结号。提出中国美丽乡村建设全国第一、全国唯一、全面覆盖、全民参与、因地制宜、分门别类、一次规划、分步实施的行动目标。确定 61 个首批创建村，562 个建设项目，吸纳民间资本 13.74 亿元。县委、县政府制定《关于乡村旅游示范村培育和精品农家乐提升工作的实施意见》，制定乡村旅游示范村创建标准和考核办法。通过一年的建设，共建成中国美丽乡村精品村 18 个，重点村 26 个，特色村 6 个，精品示范带 1 条。

安吉县建设中国美丽乡村的实践，引起高层关注和媒体共鸣。2009 年，中央政策研究室、国务院政策研究室的领导和专家专程赴安吉调研。环境保护部将安吉列为“全国新农村与生态县互促共建示范区”和“全国生态文明试点县”。国家林业局将安吉列为“全国林业推进社会主义新农村建设示范县”。时任中央农办主任陈锡文考察安吉时表示，安吉中国美丽乡村建设是中国新农村建设的鲜活样本。

2009 年，时任浙江省委书记赵洪祝说：“安吉走出了一条科学发展的道路，值得各地借鉴。”2010 年，“中国美丽乡村嘉年华”华丽亮相，安吉被列为全省首批综合改革试点县。2011 年，安吉县编制《安吉县休闲旅游业发展总体规划（2011~2020）》，制定《安吉县旅游综合改革试点工作三年行动计划（2011~2013）》。2012 年，国家旅游局正式将“美丽中国之旅”（安吉 · 中国美丽乡村之缩影）作为中国旅游整体形象进行推广。2012 年，全县实现接待旅游人次 875.9 万，旅游总收入 68.1 亿元，门票收入 1.6 亿元。全县休闲旅游经济总量达 17.7 亿元，占全县 GDP 比重的 7.3%，高出全国、全省两个百分点以上。

安吉乡村旅游，源于生态，高于生态，坚持生态，这一阶段的安吉乡村旅游真正享受到生态环境保护反哺的第一份生态红利，真正实现了“绿水青山”向“金山银山”的转化。

6.1.1.4 2013 年以来安吉旅游的全面发展阶段

2013 年 2 月，县委、县政府召开全县休闲旅游业发展大会，进一步确立了休闲旅游业的县域经济支柱产业定位和“双轮驱动”发展战略，成立县旅游休闲发展委员会，设立旅发办，实施由县领导牵头负责的大景区建设“五大行动”，提出了“县域景区化”“产业融合化”“旅游品牌化”的旅游业转型升级发展三大目标。5 月 31 日，时任国家旅游局局长邵琪伟亲临安吉调研乡村旅游工作，对安吉县“因地制宜发展乡村旅游、以旅游业促进生态文明建设和新农村建设的探索实践”予以充分肯定。11 月 20 日，国家旅游局授予安吉县“国家乡村旅游度假实验区”称号。2014 年 4 月 2 日，由县政府、省标准化研究院等 6 家单位共同起草，省质监局批准发布的全国首个美丽乡村省级地方标准《美丽乡村建设规范》正式发布，使得美丽乡村建设从一个宏观的方向性概念转化为可操作性的工作实践，确保美丽乡村建有方向、评有标准、管有方法。8 月 6 日，国家旅游局正式发文，将安吉列为第三批全国旅游标准化试点县（区），安吉成为全省唯一一个全国旅游标准化试点县。8 月 12 日，张纪中版《侠客行》在安吉杭垓正式开拍，以此为契机打造的梅海影视基地开工建设。2015 年 1 月，安吉山川获批成为国家 4A 级旅游景区，成为全国首个全乡域 4A 级旅游景区。7 月 13 日，安吉山屿海旅游发展股份有限公司在“新三板”正式挂牌，成为全国唯一一家会员制旅居度假企业。8 月 14 日，安吉县旅游服务中心驻台湾中国旅行社门店专柜在台北设立，成为浙江省首个在台设立旅游专柜的县级单位。2015 年，大年初一风景小镇、乐翻天 · 欢乐风暴乐园、全球性连锁度假村 CLUB MED 等项目落户安吉。

另外，安吉县高家堂景区与安吉交银村镇银行合作，推出“以储养游”新模式，成为安吉运用互联网跨界思维，实践“旅游+”，创新旅游营销创新的新举措。2016 年 2 月 25 日，新华社客户端头条以天使小镇作为全省唯一代表小镇重点关注，央广、光明网“2016 探索浙江特色小镇”专题刊播了天使小镇建设专题报道。4 月初，安吉县在鄣吴镇启用首个山地公共自行车租赁系统，为游客提供便捷服务。9 月 24 日，安吉县被中国林业产业联合会授予“全国森林旅游示范县”荣誉称号，成为浙江省 2016 年唯一获此殊荣的县市。上墅乡和杭垓镇分别被命名为“中国慢生活休闲区”“中国森林养生基地”。这些殊荣的获得，不仅展示了全县旅游产业的转型升级，体现了林业与旅游产业的融合，更是“两山”理论的成功实践。

这一阶段，安吉旅游在“两山”理论的指引下，获得了全面发展，品牌知名度大大提升。Hello Kitty 天使乐园、乐翻天 · 欢乐风暴、凤凰国际 JW 万豪酒店、大年初一风景小镇、深溪大石浪旅游度假区等一批休闲旅游项目落户开业，安吉旅游项目进入一个全面“丰收期”。

6.1.2 安吉乡村旅游发展的积极影响

2015 年中央一号文件提出挖掘乡村生态休闲、旅游观光、文化教育价值。2016 年中央一号文件又强调大力发展休闲农业和乡村旅游，以发挥旅游业在解决“三农”问题、农业现代化、农业城镇化中的积极作用。

安吉依托独特资源发展乡村旅游，不断总结和探索旅游业发展的新举措、新办法和新机制，统筹起了城乡发展，富裕了一方百姓，更为全国旅游业改革与发展积累了许多宝贵的经验。

安吉通过发展战略的确立、体制机制的创新和工作举措的落实，乡村旅游发展取得了显著的成效。强劲的旅游发展势头，持续的旅游发展速度，驰名的乡村旅游品牌，连锁的旅游带动效应，均领跑全国。

6.1.2.1 经济成效

（1）安吉旅游业增长速度惊人。2015年全年接待国内外旅游人数1495.2万人次，比上年增长24.1%。其中，接待境外旅游人数11.4万人次，增长26.5%。全年实现旅游总收入175.6亿元，增长37.7%。其中，国内旅游收入172.8亿元，增长37.8%；旅游外汇收入0.44亿美元，增长27.5%。全年旅游景区门票收入3.71亿元，增长72.1%。横向比较，安吉接待国内旅游人数增幅及国内旅游总收入增幅比全国分别高出13.6个百分点和24.7个百分点。纵向比较，安吉旅游发展二十余年来，游客接待量增长了53.4倍，旅游总收入增长了585.3倍。安吉旅游正以其特有的“安吉速度”呈现出蓬勃发展的良好势头。

（2）安吉各产业更加发达。安吉旅游坚持一二三产业联动发展，旅游业不仅大大增加了城镇居民的可支配收入，也实现了农业、工业与旅游产业的协调发展。2015年，全县实现全年生产总值（GDP）303.35亿元，比上年增长8.3%。其中，第一产业增加值26.06亿元，第二产业增加值140.10亿元，第三产业增加值137.20亿元，分别增长1.5%、5.8%和13%。按户籍人口计算，全县人均生产总值65379元，比上年增长8.1%。2015年全年旅游业增加值36.7亿元，占全年生产总值（GDP）的12.1%，占服务业增加值的26.5%，旅游业税收收入占地方财政收入的9.5%，旅游业从业人员4.56万人，占全社会就业人员的15.2%。

（3）安吉农民更加富裕。安吉县积极倡导生态循环低碳理念，大力发展以旅游产业为代表的生态循环经济，同时，积极将“三农”资源有效地转化为旅游资源，带动农村经济发展，促进农民增收致富。安吉一些原本地理位置偏远、村级经济较为薄弱的村，依托乡村旅游的发展，走上了一条富民强村之路，譬如，上墅乡董岭村常住人口仅488人，但夏季最高接待农家乐避暑游客20万人次，农民人均收入从发展农家乐之前的0.32万元增长到2016年的2.94万元。2016年，安吉全县农民人均收入26256元，超过全省平均水平3300多元，其中乡村旅游产业对农民人均纯收入贡献率达12.1%。2016年，全县实现财政总收入60.33亿元，增长8.3%，其中地方财政收入35.85亿元，增长9.6%。增幅连续五年居全省前列、全市第一。

6.1.2.2 社会成效

（1）乡村更加美丽，人居环境持续改善。安吉通过全县建成大景区，把村落建成特色景点的美丽乡村建设行动，实现环境、空间、产业和文明的相互支撑。乡村呈现出宜居、宜业、宜游，且安、且吉、且美的良好局面，实现了浙江省提出的科学规划布局美、村容整洁环境美、创业增收生活美、乡风文明身心美。通过美丽乡村建设，安吉农村的人居环境得到了极大改善，不同色彩、不同风格的村舍民居，错落在自然山水、深壑浅丘之间，形成一幅清新优雅、天人合一的美丽画卷。2010 年，安吉“中国美丽乡村”建设模式正式成为“国家标准”和省级示范，并在 2012 年获得全国首个县域“联合国人居奖”。

截至 2015 年年底，全县累计建成“中国美丽乡村”179 个村，其中 164 个精品村、12 个重点村和 3 个特色村，创建覆盖率达 95.7%。安吉在全国率先实施农村生活污水处理工程，实施《农村生活污水处理技术规范》《水环境优美村建设规范》等标准，90%的行政村开展农村生活污水处理，无害化处理率为 92.3%。安吉在全省率先启动农村生活垃圾收运系统，实施《农村生活垃圾处理技术规范》系列标准，在全县 7 个乡镇、84 个行政村开展农村垃圾分类减量试点工作，全县农村生活垃圾收集覆盖率达 100%。

（2）旅游带动效应成为全国的样板。安吉旅游的持续快速发展，带动了一大批具有示范效应的工农业旅游景点。江南天池景区依托全国最大的天荒坪抽水蓄能电站水库景观，成为全国工业旅游示范点，滑雪项目更是“引爆”整个华东地区冬季旅游。中南百草原景区是华东地区最大的生态农业园区，也是全国农业旅游示范点，年接待游客人次达 60 万。还有以制扇、竹制品加工、白茶炒制及农作物栽培为参与体验的一大批工农业旅游示范点正吸引着成批的游客，100 个农业休闲观光园正在建设之中。报福镇通过中国美丽乡村建设，全镇作为一个大景区经过精心打造，形成“报福十景”，成为乡村旅游典范。

（3）百姓的生活水平不断提高。乡村旅游的发展，加快了安吉百姓生活水平的提升，促进了城乡公共服务体系从城市到农村的延伸。目前，安吉已建成覆盖全县的“2 千米便民服务圈”，实现了农村联网公路、城乡公交、劳动就业、卫生服务、居家养老、集镇污水设施、农村生活垃圾收集无害处理、学前教育、广播电视、文化体育、城乡居民社会养老保险 11 项公共服务全覆盖。更为重要的是，众多以往身处封闭乡村的农民通过开办农家乐参与乡村旅游的发展，直接面向市场，在服务游客的过程中也促进了自身素质和文明程度的提升。一些乡村旅游村庄结合乡村旅游的发展需要制定村规民约、卫生公约等规章制度，同时建设了图书室、文化室，组织村民开展文娱活动表演，加强了民俗文化传播。县级旅游部门和乡镇定期举办各类乡村旅游培训班，教授菜肴制作、文明礼仪、服务标准等方面的知识，提高了农民的素质。

6.1.2.3 文化成效

（1）生态文明理念深入人心。安吉县坚持生态立县，保护和发展良好的生态环境成为安吉城乡居民的自觉行为，实现农业生产、农民生活、农村生态的协调发展，安吉生态环境更加优美，为打造良好的发展环境创造了前提条件。

在保护建设和经营生态环境的过程中，安吉人的生态意识不断提高，保护和建设美丽的生态环境已经成为每一个安吉人的自觉行为，依靠优美的生态环境，良好的生态理念，繁荣的生态经济，安吉建构了生态文明建设的科学体系，积累了生态文明建设的重要经验，被授予首个国家生态县、新农村与生态县互促共建示范区、林业推进新农村建设示范县、全国首批生态文明建设试点县，安吉生态文明建设走在了全国前列，实现了生态文明全国示范。安吉全流域水质始终保持在国家Ⅰ类标准，干流水质在Ⅲ类以上，空气质量常年保持清新，空气负离子浓度均超过700个每立方厘米，空气质量优良率达到94.7%，是土净、水净、气净的“三净”之地。

（2）乡村旅游品牌全国驰名。随着安吉中国美丽乡村建设的纵深推进，美丽乡村这一品牌得到了一大批领导、专家的高度关注和肯定，中央主流媒体多次予以报道，“中国美丽乡村节”荣获中国县域最佳旅游节庆奖项，“中国美丽乡村”“中国大竹海”两大县域旅游品牌的知名度享誉全国。先后荣获中国第一个“生态县”、中国第一个县级“人居奖”及“全国休闲农业与乡村旅游示范县”“中国最佳生态旅游县”“中国自驾车旅游品牌十大目的地”“浙江省旅游经济强县”“浙江省休闲旅游城市”“2009省十大生态旅游名城”等称号。

（3）文化事业蓬勃发展。安吉美丽乡村建设的不断推进，不仅使传统文化得到了保护和传承，也通过裂变出一系列新的文化要素，涌现一批文化创意产业，创新发展的安吉文化呈现出勃勃的生机与活力。

美丽乡村建设使文化事业蓬勃发展，影响力快速提升，实现县级文化示范村（社区）全覆盖，成功创建浙江省文化先进县。先后在城乡尤其是农村建成31个地域文化展示馆，中国·安吉生态博物馆被国家文物局认定为我国东部地区生态博物馆建设的示范点。

在促进文化事业发展的同时，安吉大力发展文化产业。目前，已初步形成了以六大文化产业发展为导向、示范园区和重点项目为依托的文化产业发展格局。安吉竹乐、竹叶龙艺术表演成为长三角具有重要影响力的文化艺术形式。竹叶龙艺术表演亮相2008年北京奥运会和2009年法国和平艺术节，在更高舞台上展示了安吉风采。

依托文化底蕴，传统文化产业与现代文化创意产业蓬勃发展，已先后引进天使乐园、天山书院、中国音画乡村、安吉（龙山）生态影视基地等重要项目，包装打造安吉白茶休闲文创产业园、昌硕故里文化休闲旅游区等本土文化产业项目，逐步形成产业集聚，已建或在建的文化创意项目30余个，这些项目全部投入使用后将拉动1260亿元的产出。

6.2 我国西南地区的乡村旅游——以广西为例

6.2.1 广西乡村旅游发展概况

广西乡村旅游发展主要有政府主导模式、项目推动模式、景区（保护区）帮扶模式和农户自主经营模式等，其中以农户自主经营模式为主，如三江侗族自治县丹洲农家乐、桂林市鲁家寨、龙州县下冻乡峡岗村那宋屯、凭祥市夏石镇板小屯等都是农户自主经营模式，但是都获得了当地旅游局的大力扶持，如政府出资修建基础设施等。

同时，政府还实施了不少乡村旅游富民工程：支持乡村旅游富民工程重点村的道路、步行道、停车场、厕所、农副土特产销售中心、供水供电设施、垃圾污水处理设施、消防设施以及环境整治等建设。对乡村旅游扶贫重点村的农家乐等，重点支持实施“三改一整”工程（即改厨、改厕、改房间、修整院落）项目。具体的案有以下几种模式。

（1）农家乐模式。一是村屯靠近城镇及交通线。二是有特色的种养业作为支撑。以农林渔产品的种养、采摘或捕捉、加工、深加工等为依托，开发一系列的适宜游人参与互动的体验项目，通过休闲养生、趣味活动增强对旅游地文化的认同。农家乐模式在广西各地成为全域旅游的基础，迅速发挥扶贫作用。如南宁近郊的石埠、上林县下水源、武鸣区下渌村、阳朔县历村、凭祥夏石板小屯等都有众多农家乐。

（2）乡村生态旅游模式。利用当地良好的自然与人文生态环境（包括独特民俗文化），开展生态休闲观光、生态养生度假等旅游活动，达到生态效益、经济效益与社会效益三统一目标。三江侗族自治县丹洲古镇依托历史文化和主导农业办起数十家农家乐，成了广西著名的乡村生态旅游景区。

（3）景区带动旅游扶贫模式。通过旅游景区知名度和影响力，将游客带到社区，拓宽了乡村旅游市场。如大明山景区带动环山的小陆、上朝、两江、巷贤、西燕等村屯旅游发展，扶贫效果突现。

（4）养生保健旅游模式。依托区域生态环境多样、中医药文化历史厚重或中药材生产加工基地等优势，重点发展特色医疗、疗养康复、美容保健等中医药健康旅游产品，以拓宽贫困农民增收的新渠道。如靖西市是历史悠久的中越边境药市，周边村民以中草药种植、交易、医疗、养生等与旅游融合，提高经济收入，带动全市乡村旅游发展。

6.2.2 广西乡村生态旅游发展策略

6.2.2.1 因地制宜，科学开发乡村生态资源

A 广西乡村旅游分布特点及其分区

广西乡村旅游空间分布具有以下几个特点。

（1）在围绕城市近郊成环形分布。如南宁市区近郊西有美丽南方景区及坛洛等周边的农家乐，东有九曲湾温泉景区及其周边三塘四塘镇的农家乐，北有花花大世界、高峰园林苗木场园带与农家乐，南有青秀山景区与江边农家乐。这些成群分布的农家乐是近郊乡村旅游的主体，依托紧靠南宁市区的区位、客源市场和发展生态农业的优势，构成南宁市一小时（车程）乡村旅游圈。柳州市区和桂林市区周边也有类似的乡村旅游圈。

（2）围绕著名景区成环形分布。如环绕著名的大明山旅游景区西侧武鸣区有上朝村、两江龙母村、小陆板陶村、马头小黎村等，东侧上林县有大丰镇下水源村、巷贤留仙村等正在发展乡村旅游。

（3）沿交通要道两侧或枢纽点分布。如阳朔县城至高田镇公路两侧、马山县古零镇附近公路两侧等都有呈带状分布的乡村旅游。

乡村旅游按功能可分为观光型、度假型、节庆型及综合型的乡村旅游产品。广西大部分乡村旅游属观光型，如藤县石表山景区附近的道家村等。巴马瑶族自治县坡月村有“候鸟人”游客长住，属典型的度假型。宾阳县城附近农村的炮龙节、浦北县北通和龙门一带秋收后有岭头节等都是节庆型。恭城瑶族自治县红岩村是乡村旅游示范村，既有山水风光，有柿子节，还有可供游客食宿或度假的农家乐，属于综合型乡村旅游。2016 年 12 月，自治区环境保护厅拟命名自治区级生态乡镇名单共 104 个乡镇。拟命名自治区级生态村名单共 538 个村。这些备选的众多乡镇村都是自然生态环境比较良好的地方，可以结合考虑旅游资源及基础设施等条件，从中选出重点建设旅游小镇和乡村旅游点，自然也是适合生态旅游者的生态旅游目的地。

广西东西南北中各地区地貌、气候、经济等有一定的区域分异特征，乡村旅游资源优劣势也各不相同。因地制宜，科学开发乡村生态旅游资源，能够促进广西乡村旅游健康持续发展。

桂东北和桂西北地区喀斯特峰林地貌典型、气候季节性变化和植被季相变化相对明显，各乡村也应随着季节变化而变换旅游主题内容。桂东北地区历史文化厚重，农业生产水平相对较高，种养业种类较多，广大水果（柑、橘、葡萄等）专业村（乡）和古村镇文化为生态旅游提供了丰富的自然与人文生态旅游产品；以恭城模式为代表的生态农业逐渐普及各县区，可给生态旅游者得到真实的科普

体验。

各著名景区周围的乡村普遍发展农家乐。以恭城红岩村、阳朔历村和福利镇、临桂五通镇等为代表的乡镇旅游，环境优美、土特产和手工艺品丰富多彩，成为生态旅游者必选的旅游目的地。

桂西北地区以长寿养生生态环境闻名世界。由于交通不便，很多乡村原生态民族风情得以保存，以巴马瑶族自治县为中心的长寿养生国际旅游圈、罗城仫佬族自治县怀群和小长安、南丹县巴平、里湖白裤瑶和中堡苗族。天峨县更新、燕来、三堡和下老各乡，凤山县更沙，大化瑶族自治县贡川乡龙眼村等偏远乡村永远是生态旅游者追寻的目标。

桂西地区以山地和喀斯特峰丛两大地貌类型为主，其中乐业县天坑群因体量巨大数量众多而闻名中外。大部分地区气候冬暖夏凉，右江谷地却十分干热，形成许多不同的小微生境。中越边境地区保留有不少原生态的乡村，边民风情浓郁。乐业县火麦、磨里，凌云县浩坤，靖西市旧州、大兴、龙邦、壬庄巴泽、渠阳，那坡县弄文、平孟，平果县凤梧，田林县浪平，隆林各族自治县德峨、金钟山，西林县八大河等最吸引生态旅游者。

桂西南地区喀斯特峰林地貌发育，气候偏干热。边贸与边关文化内涵丰富，异国土特产品多样、边境地区乡村生态环境优美，壮族风情浓郁，沿边公路、南友高速和崇靖高速等交通沿线地区是生态旅游者喜爱的经典旅游目的地，如大新县硕龙、恩城、雷平、宝圩、堪圩，龙州县水口、上金（含旧街和白雪）、金龙、弄岗，宁明县赖江，天等县向都，江州区新和、那隆西大明山，扶绥县中东、巴盆等。

桂南地区有十万大山和大明山，濒临北部湾，北热带湿热气候，盛产热带南亚热带水果和海产品，环大明山、环十万大山和沿海地带新兴许多农家乐和渔家乐是喜爱穿越和品尝海鲜的驴友必须到访的热点。如东兴市榕树（头）部落，防城区垌中、扶隆、江山半岛，上思县南屏和公安，钦州市浦北县五皇岭和越城天池，灵山县大卢村，钦南区七十二泾，合浦县公馆镇龙潭，横县镇龙，宾阳县思陇乡昆仑关，上林县巷贤镇大庙和下水源，马山县古零镇弄拉和永州镇定乐江，武鸣区两江镇渌昌屯和马头镇小陆，隆安县布泉乡京望湖等。

桂中地区气候温暖，大苗山区花岗岩地貌和大瑶山区砂岩峰林地貌及优美的原生态环境闻名于世。苗、瑶、侗三族风情独特，散布在两大山区中的民族村寨早已被生态旅游者所熟知。金秀瑶族自治县的长垌、大樟、六巷、滴水、上下卜全、祖岭、上下古呈等和融水苗族自治县的杆洞、洞头、滚贝、汪洞、大年、红水等偏僻山村经常有驴友造访。三江侗族自治县的八寨、白文、考旁、孟龙等侗寨也因原生态的民俗和优雅的梯田曲线令生态旅游者不辞跋山涉水以求一睹为快。

桂东南地区以低山丘陵为主，农耕文化发达。乡村旅游以典型的岭南文化（粤剧、骑楼等）和粤菜美食（梧州的纸包鸡和龟苓膏、玉林牛肉巴等），特色鲜明的土特产如莲藕、蒜头、沙田柚、荔枝等对游客有着不可抗拒的吸引力。桂东地区以湘、粤、客家三种文化交汇融合吸引人文生态旅游者，乡村旅游以富川瑶族自治县秀水村、昭平县黄姚古镇等为代表。

B 广西乡村旅游扎实发展思考

广西乡村旅游起步较晚，有后发优势，可借鉴其他省份的经验。广西欠发达地区乡村旅游业还可以就近借鉴广西旅游先进地区如桂林市阳朔历村等的经验。但不要全盘照搬各先进地区的模式，应因地制宜，处理好渐进式发展和跨越式发展的关系。

乡村旅游渐进式发展就是量力而行，规模逐渐扩大，但是不能走只管理吃喝的老路，应在整个旅游过程融入乡村文化元素，并逐渐精细化，即在每一个旅游产品，每一个旅游环节都尽可能地融入生态元素、田园元素，让游客能在吃喝玩乐、互动体验的过程中领略乡村田园文化，满足乡愁情结。乡村旅游跨越式发展就是在充分吸取先行地区乡村旅游发展的经验和教训的基础上，尽可能发展多样化旅游、智慧旅游。其关键是应因地制宜地选择符合当地实际的生态旅游扶贫模式。

大力发展生态旅游职业教育，加强对各地旅游管理干部和导游进行培训，提升社区居民素质和从业技能，增强参与生态旅游发展的能力，重点在生态环境建设、生态资源保护、生态解说与环境教育、生态旅游开发运营等环节扩大就业。应向村民详细地分析当地的小微生境类型和特点，以便他们能全面合理地开发利用资源。培训人员应按照村民各人特长精细分工，分别教游客学习当地歌舞曲艺、讲述农村的故事、给游客作农事示范、带领游客参与农事互动，拓展与特殊农事联系的户外活动。如与采药、采摘水果相关的攀岩、爬山、探洞，与水产捕捞相关的水上活动，与特殊生物摄影（鸟类、珍稀灵长动物与花卉）等相关的导向服务等，把生态农业旅游各个环节工作做得更精致更实在。

除了农事活动互动和有机食物外，各地乡村旅游应把当地的特色文化和科普内容融入各种活动中，如桂东北的彩调、桂西北的山歌、桂东南的粤剧等曲艺在当地乡村都十分流行，在农家乐互动的友好空间中游客与村民应有展现才艺的机会。

6.2.2.2 不断提高乡村旅游产品档次

在经济实力不断提高和生态旅游者的带动下，广西乡村旅游水平逐渐提高，可开展的活动项目逐渐增多，如生态种植、钓鱼、狩猎、自然与农业科普、园林园艺、众筹农业、庭园农业、家庭农场、田耕体验、养殖体验、田野采摘、农家菜、航拍、摄影、汽车摩托车自驾、骑马、自行车、徒步穿越、登山、攀岩、溯溪、定向越野、(时尚）拓展运动、野餐、体育舞蹈、电子竞技（航海模型、航空模型、汽车模型）、自由式轮滑、划船、龙舟赛、歌舞、曲艺、刺绣、纺织、房车露营、民宿家访、族史村史等，乡村旅游业正在快速发展。

乡村旅游包括农家乐在发展起步时最需要旅游、地学和园林等专家指导。

（1）需要相关部门根据区域主体功能理论帮助乡村做好规划，即依托当小微生境的优势和特色，选择好主打旅游产品方向，发展相应的旅游产品体系。如山地丘陵——水果种植及采摘互动、爬山等；水库山塘——养水禽养鱼及其互动；泉水——特色餐饮与游泳等运动；湿地——观鸟及养水禽养鱼等；洞穴——洞穴餐厅与露营及探洞等；特色种养业——种养互动等。

（2）注重保持乡村生态的田园本色，尽量减少城市元素。如宁明县赖江村、龙州县那宋屯等多处实地考察都发现村民把不少资金浪费在宽大道路和庭园大面积地面的硬化上。实际上除了步道砌石板或卵石外，其余地面应合理布局小菜地、小花圃、小鱼池等，充分利用空间按不同层次从高到低栽上果树、葡萄藤或瓜棚、蔬菜或花卉等，既生态又省钱。这样的生态型庭园才能吸引城里人。

（3）向精细旅游方向努力，注重做好村屯和农户庭园绿化园林化等。园林和室内装饰最好以当地特色文化、民族文化元素为主，不要刻意地去混杂世界各地的“时髦”东西。如宁明县驮龙乡濑江村“越人歌”农家乐房屋改造得很好，但是，室内装饰却挂有西北风格的牛头骨、意大利图案玻璃窗、新疆挂毯花样和花山岩画符号等，给人一种赶时髦的大杂烩的感觉。

广大乡村和农户发展旅游是高校旅游、地学和园林专业大显身手的舞台。发展乡村旅游关键之一是对乡村从业人员进行培训，提高他们经营销售和策划创新能力。应到乡村旅游样板村如到阳朔历村、恭城红岩村和三江丹洲等优秀乡村旅游示范地、“中国乡村旅游创客示范基地”——桂林市鲁家村等去参观学习，增加见识，扩大眼界。市县旅游部门应帮助联系旅游和园林部门技术人员或高校相关专业师生下村扶贫，帮助设计策划乡村和农户旅游产品。

乡村生态旅游商品以其原生态和充满乡愁韵味而为生态游客所喜爱，如安徽宏村、江苏周庄、重庆等地的旅游手工艺术品之所以精美灵巧，多种多样，是有当地深厚的文化艺术底蕴的支撑。广西旅游商品制作工艺水平普遍不高，旅游产品开发、策划与经营的文化创意和艺术制作技术不足，特别是广西乡村旅游商品品种不多、做工粗糙、包装简陋、缺乏创新。而为数不多的乡村传统工艺产品如临桂五通镇的国画、阳朔福利镇的扇画、宾阳卢圩镇的壮锦、靖西旧州的绣球、北海的贝雕、合浦的珍珠饰品等都有一定历史和知名度，应该很好地继承发扬，并不断创新。

广西还有不少传统食品和地理标志产品，如容县沙田柚、融安金橘、柳州砂糖橘、玉林牛肉巴、环江（巴马）香猪、马山黑山羊、钦州大蚝、靖西酸料、永福罗汉果、上林八角、桂林三宝（三花酒、豆腐乳、辣椒酱）和马肉米粉、南宁老友粉、柳州螺蛳粉、荔浦芋头等，都应赋予新的创意，制作具有文化艺术价值的食品，形成系列化产品。如沙田柚除了吃果肉外，果皮可以做菜、做果皮糖，也可以做很多工艺品玩具，在20世纪40~50年代中秋节，桂南许多村镇都有用柚子皮给孩子做灯笼的风俗，还有木瓜雕刻灯笼等，都是十足的非物质“乡愁”文化。靖西旧州的绣球原本是旧州居民的传统工艺品，现在周边村民也做绣球来旧州摆卖，这些质量差的绣球势必会给真正的旧州绣球抹黑，有可能重蹈靖西名药田七被做假搞垮的覆辙。对品牌旅游商品和地理标志产品，工商和旅游部门应加以严格保护，以免被抢注或失传或被假冒伪劣产品挤压，加强打击“山寨伪造品”，让真正原生态的土特产和地方工艺品成为畅销的旅游商品。各地旅游部门应联系各高校或职校艺术专业师生下乡帮助当地设计开发具有地方特色的旅游商品。

6.2.2.3 多渠道促进旅游扶贫

广西还有相当部分乡村属贫困地区。乡村旅游必须与旅游扶贫紧密联系，应让广大村民认识到旅游扶贫能将“绿水青山”转变为“金山银山”，让贫困地区老百姓看到希望、尝到甜头，才能充分调动村民在旅游扶贫中的积极性和创造性。乡村旅游扶贫工程有以下几种形式。

(1) 科学编制乡村旅游扶贫规划，探索“多规合一”，即与国民经济和社会发展规划（土地利用总体规划、县域乡村建设规划、易地扶贫搬迁规划、风景名胜区总体规划、交通建设）等专项规划有效衔接。选择贫困村旅游点时应注重对所选贫困村进行资源预评估，确定是否具有旅游开发的潜力。为大力推进农村扶贫开发，2015年中央一号文件要求旅游部门将与扶贫部门一道，每年共同完成贫困村乡村旅游扶贫任务。重点支持一批有条件的乡村发展特色旅游，带动广大农民致富。如2016年广西旅游发展委员会从5000多个村中选出500个贫困村作为旅游扶贫试点。笔者参加了马山县古零乡安善村和鹿寨县导江乡龙母村的旅游规划编制考察工作，认为被选上的安善村基本没有什么特色旅游资源，如果硬要投资开发可能会事倍功半甚至竹篮打水一场空。

(2) 加强贫困村旅游基础设施和公共服务设施建设，完善乡村旅游服务体系。

(3) 大力挖掘乡村文化、农耕文化、民族文化等内涵，开发地方特色乡村旅游产品。

(4) 通过电商平台等载体，加强重点村旅游宣传营销。

(5) 加强包括创业返乡农民工、乡村旅游经营户、能工巧匠、创客和乡村旅游导游等旅游从业人才培训。加快推动旅游“互联网+”。现在村村通公路，不少农民也有汽车，乡村旅游和农产品销售困难主因已不是交通运输问题。村民缺乏的主要是必要信息：资源开发前或种养前和销售时对市场的预测及动态掌握。现在农民有手机了，关键是缺少旅游行会和政府有关部门提供有效的市场信息。

因此，当地政府和旅游行会应构建完善区域市场网络，提供针对旅游市场及当地特产或新产品的综合信息。政府有关部门要加大构建旅游和销售等数据库（包括维护和更新）的力度，真正建立起地方大数据系统，还要教会农民使用手机进入“互联网+”，让村民可以根据市场动态调整自己的营销措施。在县旅游局和乡政府技术和资金支持下，村委会组织村民参与旅游服务或以土地入股两种形式参与乡村旅游，包括村民自己创办农家乐、乡村生态旅游、景区带动旅游扶贫和养生保健旅游等模式，对发展乡村旅游、提高村民经济收入和生活质量、实现旅游扶贫旅游致富具有十分积极的意义。

6.2.2.4 保障广西乡村旅游稳步前进

各地乡村旅游的发展都需要对当地旅游资源和客源市场进行评估，不能蜂拥而上，否则就可能会一哄而散。对管理层而言，应根据评估结果将区域内的乡村旅游点（精准到农家乐）划分为重点发展和一般发展两个级别，分别进行规划、指导与支持。

对村民而言，因为涉及自己的切身利益，更应认真地根据评估结果，最好在专业部门的指导下确定项目可行性和规模大小，以便更好地规避投资风险。应加强乡村旅游的以下几点特性：（1）产业经营的双重性——农业+旅游业；（2）生活自然性与生产智能性——农村自然环境+现代农业；（3）多功能性及其相互关联性——科研、科普、生产、销售、加工、观赏、娱乐、度假+参与性、知识性、娱乐性；（4）智慧化与文化性——采用先进科技推动智慧旅游发展，融合地方民族民俗文化、耕作文化、饮食文化、建筑文化等。乡村旅游中外来企业在生态旅游发展过程中应对当地生态环境和社区居民负责，企业收益以一定形式返还当地居民。景区经营与服务工作，在同等条件下优先考虑安排当地居民和企业。景区建立与社区居民组织投资风险共担、投资收益共享的良性发展机制。

6.2.3 广西代表性乡村生态旅游示范村

6.2.3.1 富川瑶族自治县秀水历史文化旅游村

秀水村状元村位于富川瑶族自治县朝东镇潇贺古道东南一侧，距县城 30 千米，距梧州市 260 千米，距桂林市 190 千米，唐开元年间先民乘车自秦古道迁徙而来建村，绵延繁衍至今。秀水状元村由水楼、安福、八房、石余 4 个村组成，保存了大片的明清时期古民居建筑群。有状元庙、状元楼、进士门楼、心心相印树、毛氏宗祠、明清民居、如斯夫戏台，仙娘庙，立有仿古牌坊“坦川”，仙娘井，石板街巷古建筑群和明清风格的民居村落。更有延绵千载不衰的文脉风水。保留着上至皇帝下到知县赐封、贺赠的匾额，匾款花式各异、琳琅满目，堪称是一个中国文教史博物馆和宋元明清古民居露天博物馆。状元村自唐代以来出 1 名状元、26 名进士和数百名举人。自中国恢复高考制度以来，该村考取全国各重点名牌及普通院校的大中专生人数就达 120 多人。潇贺古道促进富川乃至桂东地区的经济发展，人才成长，社会进步。

秀水状元村列为自治区近期培育的重点旅游区，纳入桂东历史文化宗教名胜旅游线，融入桂林大旅游圈中。秀水村获得广西全区 37 个重点旅游建设项目之一，项目总投资 16888 万元，主要建设内容有毛氏宗祠、状元花坪、状元学堂古门楼、状元楼、古戏台、古民居、古祠堂、古书院、花街石路、八方商业街、石余商业街等古建筑和遗存的修缮与利用；状元岩、赐福洞、状元公园、民俗风情园、青龙湖等游览项目；特色商业街、特色饮食广场、休闲别墅、野营踏青区等接待服务设施，道路交通，自然环境与古民居保护工程、生态环境与保护工程等。

秀水村乡村旅游属历史文化依托型，其发展得到了政府的大力支持，应合理利用上级拨款完成传统建筑的修缮；充分重视保存完整的古迹，加强宣传厚重的历史文化，给后人展示了不可多得的历史遗存，大大地丰富了广西历史文化和民族文化。这些宝贵的经验值得向各地推广。秀水村不愧是具有广阔发展前景的乡村历史文化旅游景区。

6.2.3.2 三江侗族自治县丹洲多元化农家乐旅游村

丹洲村地处三江、融安两县交界处柳江一个江心洲，面积 1.6 平方千米，居民 1058 人。南距柳州 130 千米，有 209 国道线、枝柳铁路线、融江航线通达，交通十分便利。景区曾是明清两朝的县城，遗留下许多 400 年前的古迹，主要有福建会馆、北门楼、古城墙、古书院、东门、柚子林、古县衙门、城隍庙、古民居建筑等。全村以种植沙田柚为主，共有 1100 棵柚树。年产沙田柚 30 多万千克，果质味甘清甜。每年 11 月柚子节，游客可参与摘柚子、搬柚子、运柚子、卖柚子、做柚子菜等互动活动。

景区是集古镇风光、农业生态田园体验、农家餐饮休闲娱乐等功能于一体的全国农业旅游示范点，历史文化底蕴厚重、岛洲水景独特、自然环境幽雅、田园风光和谐。全村直接从事旅游的人数达 800 多人，间接从事的 1000 多人，农家乐旅馆 52 家，床位 800 多张。旅游接待人数达 13 万人次，带动当地消费 900 多万元。2004 年人均纯收入达 3000 元。经济、社会、生态三效益协调发展。

2006年11月27日，丹洲镇顺利通过国家旅游局评审专家组组织的全国农业旅游示范点验收。丹洲古镇创建农业旅游示范点主要有以下几个方面。

（1）县、镇、村三级全力以赴将创建工作与发展乡村旅游结合起来，全面指导村民多元化创办农家乐。

（2）做好旅游宣传推介工作。2002年以来，镇政府投入12万元资金强化旅游宣传工作，成功举办丹洲村第三、四届柚子节，上汽“世外桃源”自驾游活动等。各级媒体宣传丹洲旅游的新闻报道共116篇次，不断提高了丹洲旅游景区的知名度。

（3）加强全面管理，确保旅游发展稳中有升。2003年成立了丹洲生态古迹管理协会，制定旅游管理规章制度，加强农家旅游经营管理和培训；2004年成立丹洲生态古城旅游有限责任公司，强化旅游内部管理和市场开发能力；对古老房屋建筑整治强调修旧如旧；坚持不懈抓好环境卫生管理。

（4）不断完善旅游景区基础设施建设，包括景区接待中心、垃圾处理场、停车场、新码头、公厕、指路牌、警示牌、指示牌等。

丹洲村乡村旅游属复合型，既依托历史文化和当地民俗，又有支柱产业——柚子种植等实体经济的支撑。村民主动多元化创办农家乐，推动着乡村旅游业发展。成功经验值得在全广西乡村旅游推广。

6.2.3.3 恭城瑶族自治县红岩生态农业旅游村

红岩生态旅游新村位于恭城瑶族自治县莲花镇，距离县城很近，交通和通信十分便利。秀美的马头山山下，莲花河流经该村，河畔翠竹林立、绿柳成荫，河水清澈缓流，自然环境十分优美；村里还有一些古建筑、拴马石、牌匾等古遗迹，有一定的文化底蕴。全村有农户95户，人口390人，现在是恭城瑶族自治县最大的无公害水果生产基地——莲花镇莲塘岭无公害月柿标准化栽培示范基地，全村不但有不少的百年古柿树，至2003年还新种植了月柿600多亩，年产量达2800多吨，年人均收入达4000多元。

同时，恭城瑶族自治县把红岩村正式确立为富裕生态家园建设示范村，按照“高起点、高标准、高质量、高要求”进行规划和建设，对全村的生态环境与道路、水利、种植、养殖、绿化、环境卫生等进行整体规划，实现经济、社会与生态环境协调发展。现已建成31户独立别墅式农家小楼，瑶寨风雨桥、滚水坝梅花桩、大小型停车场、旅游小道、环园路、观景亭、环境绿化、大型养猪场、联用大型沼气池等。全村村民大力引进先进技术，实施无公害月柿标准化栽培，同时利用屋前房后建起了10多个小鱼池，开展科学养鱼，同时减少果园农药使用，确保无公害水果生产，优化了环境，增加了收入。村民还大力发展生态农业旅游业，万亩月柿园观光、庭院养殖观光，吃、住、玩一条龙服务设施建设正在逐步完善，月柿也成为上好的旅游商品，逐步形成第一、第三产业融合发展。

红岩村乡村旅游属产业依托型，主要是依托支柱农业柿子种植，但发展迅速还得益于政府在资金和技术上的支持。同时，村委会和村民一起坚持在发展生态农业基础上的同时发展生态旅游和精细旅游，以新型生态农村面貌吸引生态旅游者。

6.2.3.4 黄姚古镇历史文化旅游镇

黄姚古镇位于广西贺州市昭平县东北部，距桂林200千米。古镇发祥于宋朝年间，有着近1000年历史。自然景观有8大景24小景；保存有寺观庙祠20多座，亭台楼阁10多处，多为明清建筑。2007年被国家文物局列为第三批“中国历史文化名镇”，2009年被国家旅游局批准为4A景区。古镇周围环山，姚江、小珠江、兴宁河交汇，由龙畔街、中兴街、商业街区三块自成防御体系的建筑群组成，并通过桥梁、寨墙、门楼巧妙地连接在一起，形成一个整体。现有8大姓氏，9个宗祠，2个家祠，民居建筑多为同一姓氏围绕祠堂中心修建并向外辐射。出于抵御战乱与防盗的防御与安全需要，无论是单体还是整体的建筑布局都有着较强的防御功能。龙畔街、中兴街主要是大户人家的生活区，安乐—金德—迎秀—连理—大然街是商业贸易区，姚江两岸的公共建筑是休闲娱乐区。主要景点有广西工委旧址、古戏台、鲤鱼街、仙人古井、安乐寺、钱兴烈士像、守望楼、司马第、龙爪榕等，以及古镇里的门楼、古戏台、古街、古井、民居、宗祠、庙宇、桥、亭、匾等有形建筑遗产，特别是作为整体出现的古镇聚落环境。古镇明清古建筑保存有300多幢，面积达1.6万平方米，完整保存8条石板街，全部用青石板砌成，全长10多千米。还有亭台楼阁10多处，寺观庙祠20多座，特色桥梁11座，楹联匾额上百副。黄姚古镇的民俗活动很有特色。大年初二舞鱼龙；五月初五、七月十四、九月初九等，有唢呐、提灯、五花阵、扮饰、万事、扮龙、舞板凳龙、舞狮、舞鱼、舞龙等近20个当地民间传统表演节目。古镇特产有黄姚豆豉、黄精及黄精酒。这些大量的珍贵文物充分体现了桂东地区汉族极高的艺术价值和文化价值。

黄姚古镇属历史文化和民俗依托型。2008年，广西壮族自治区要求严格按照《中华人民共和国城乡规划法》《中华人民共和国文物保护法》和《国家历史文化名城名镇名村保护条例》的要求对黄姚历史文化名镇及其文物进行管理。黄姚古镇在有规划开发的同时，注重保护景区内外的景观，并按照修旧如旧的原则，对破旧的建筑或景观妥善地修复，尽量恢复原来的面貌。对古镇风景名胜区内的古建筑、古树名木、古墓葬、摩崖石刻、革命遗迹和其他重要的人文景观设立保护标志，落实防护措施。黄姚古镇属历史文化依托型，是广西现存最有价值的人文生态旅游目的地之一。

另外，田阳农业科技示范园利用现代科技引导带动周边乡村旅游发展，属于科技依托型；那坡县吞力屯黑衣壮村寨传统民间艺术推动乡村旅游发展，属创意主题型等。

6.2.3.5 百色市百成生态园旅游探索试点

位于百色市右江区龙景街大和村，距离百色市区十多千米。由广西百成有机农业有限公司经营。生态园整合村里约 40 亩土地，种植哈密瓜、草莓、杨梅、桑葚果等外地水果，同时经营采摘、聚会、烧烤、垂钓、休闲棋牌等乡村休闲旅游产品。2016 年已建有 40 个大棚，每个棚哈密瓜产量为 1000~1500 千克，每千克 8 元，基本被游客买光。收完哈密瓜后种草莓，还有一口大鱼塘，养罗非、鲤鱼、草鱼、鲶鱼、甲鱼、鸭、鸡等，雇工 10 多人，可供散客或单位团体聚餐、休闲活动。

该园是农户完全自主经营模式的一个代表，做好实体经济即有支柱农作物的同时，将种、管、收、销各环节与旅游互动紧密联系在一起，让游客全方位体验生态农业过程。虽然是处于起步阶段，却是在精细旅游方面进行着有益探索。应给予政策和资金方面的大力支持，其做法和发展思路都可供其他农家乐借鉴。

6.3 我国东北地区的乡村旅游——以黑龙江为例

6.3.1 黑龙江乡村旅游活动的类型

（1）森林游。黑龙江省森林覆盖率达 45.7%，林地面积居全国首位，建有 97 个森林公园，如伊春五营森林公园、茅兰沟国家森林公园、日月峡国家森林公园、牡丹江三道关森林公园、哈尔滨亚布力旅游度假区、横头山国家森林公园、平山旅游度假区、佳木斯大亮子河森林公园、加格达奇大乌苏原始森林鹿园、鹤岗龙江三峡国家森林公园、鸡西蜂蜜山。

（2）湿地游。黑龙江省有 867 万公顷湿地，占全国湿地面积的 1/8，种类多样、风貌独特，主要分布在三江平原、松嫩平原和大小兴安岭，如齐齐哈尔扎龙自然保护区、大庆鹤鸣湖湿地、双鸭山安邦河湿地公园和雁窝岛、鸡西珍宝岛湿地、漠河九曲十八弯湿地、佳木斯富锦湿地、三江湿地、洪河湿地，其中扎龙、三江、兴凯湖、洪河 4 处湿地已被列入国际重要湿地名录。

（3）湖泊游。如牡丹江镜泊湖、鸡西兴凯湖、牡丹江莲花湖、大庆连环湖和黑鱼湖。

（4）民俗风情游。感受黑龙江多彩、多元的民俗和少数民族文化，如赫哲族渔村、达斡尔哈拉新村、乌拉嘎鄂伦春民族村。

（5）农业采摘。在黑龙江众多的农业园、种植园、乡村、大农场，采摘并品尝新鲜瓜果蔬菜，如佳木斯七星农场、牡丹江海林农场、哈尔滨红旗望哈都市农业园、省农科院园艺分院、东金葡萄园、大庆八井子乡采摘园等。

（6）大农场旅游。黑龙江省是中国重要的粮食产区，拥有110多个农牧场，一望无际的大农田、现代化高科技的农业示范园区、绿色无污染食品都是重要的旅游吸引物，如红星农场、八五三农场。

6.3.2 黑龙江乡村旅游的影响分析

6.3.2.1 经济影响

乡村旅游活动能够被接受并迅速发展起来，与其经济属性密切相关。乡村地区往往地处偏僻、经济落后，因而可以说乡村旅游一开始就被打上了深深的经济烙印，在新农村建设中也被赋予增加收入、优化当地产业结构、经济转型等经济目的。在这样的背景下，研究乡村旅游的经济拉动效应和影响就显得十分必要。

A 外部投资与项目引进

随着乡村旅游的发展，建设资金短缺成为制约一些地方旅游业发展的“瓶颈”，一家一户的分散经营也无法满足乡村旅游上规模、上档次的需要，各地陆续开始启动大项目。这些项目的投资额往往较大，难以依靠当地居民或当地政府自筹。项目本身往往具有较多不可控的风险，当地缺乏相应的投资和管理经验，必须要引入外来的投资商。通常情况下，这种招商引资往往以乡镇政府、县级政府或市级政府为主，通常会给予投资商一定的优惠待遇，包括地方财政奖励、产业扶持措施、土地优惠政策以及政府基础设施建设、行政管理方面的便利条件等。通过市场条件和政策支持，一批大项目得以启动并投入使用，促进当地乡村旅游的产业化和规模化，充分利用了当地旅游资源，为当地居民提供了就业机会。

B 当地政府投资与项目建设

乡村旅游活动的开展，往往使地方政府意识到乡村旅游对地方财政、GDP、就业、居民收入、相关产业等方面的巨大拉动作用，于是主动进行相关的投资与建设。当地政府的投资主要集中于几个方面，包括旅游基础设施项目，如环保、道路、供水、排水、供电、供热、通信、有线电视、旅游电子政务等；旅游服务设施项目，如游客服务中心、旅游接待点、住宿设施、旅游购物点、休闲娱乐设施、旅游救援、旅游信息系统等。为适应乡村旅游接待，一些村镇开始整合村镇居民点和农业用地，实施退耕还林项目，恢复水资源和山体绿化，改善当地居民的居住环境和村容村貌，按照当地特色和传统进行街区绿化、庭院绿化、民居改造，使之呈现的自然、淳朴、本地化特点更为突出。

C 当地居民主动投入与带头人的示范效应

不管是旅游特色村、民俗村，还是旅游名镇、旅游景区周边，都活跃着一批依靠乡村旅游致富的个人和家庭。这些人往往率先投入乡村旅游的接待和经营活动中，赶上了乡村旅游发展的起步阶段和迅速发展阶段，并取得了一定的成功。这些人的经验和成功往往在当地起到了明显的示范作用，带动一批人加入乡村旅游的经营中，从而完善了乡村旅游的产品和服务，促进了当地乡村旅游接待体系的形成，增加了乡村旅游目的地的整体吸引力。

D 村落的景区化

乡村旅游发展的典型现象是乡村整体被改造为景区，或以乡村为依托新建若干景区，这一现象与南方的一些古镇的经营思路类似。乡村的原住居民一下子成为景区内的居民，并或多或少地参与到乡村旅游的接待和经营活动中。这种情况的出现，往往使乡村出现了典型的转型和变革，旅游业成为当地的支柱产业，拉动了种植业、养殖业、手工业、运输业、建筑业等相关产业的发展。由于处于景区生命周期的前几个阶段，如探查阶段、参与阶段、发展阶段，常住居民更多地关注乡村旅游的积极作用，尚未开始对旅游产生反感和不满。村落的景区化常常是乡村地区的整体规划和商业化开发的结果，景区化有助于保留当地的一些原有风貌和特色，但容易失去原有的乡村性。景区化适合于大众团队的观光旅游，不适合对乡村旅游的深度体验。

E 经济转型与产业拉动

乡村旅游对农业本身的影响表现得更加充分，使当地居民对农业的理解更加全面、深刻和多元化，对农业的转型表现得更积极。农业经营方式从传统农业向休闲观光型、外向型、商品化、高科技农业转变，表现出了典型的多元化和规模化特征。以农业种植为例，种植的种类和目的都发生了根本的变化，可以观光、采摘的水果、蔬菜、农作物和有机农产品、无公害农产品增加了种植的面积和投入，种植的目的由销售变为休闲观光、供游客主动购买，由间接销售给市民变为直接销售给游客。以养殖为例，原有的养殖更加分散，以自给自足为主，现在的养殖规模更大，家禽、家畜、水产品等直接成为乡村旅游用餐的吸引物。通过旅游活动提升农场产品在消费者中的知名度和美誉度，从而实现商品粮价格提高和年纯利润增加，拉动农场经济的增长。

多数农村地区存在着产业结构单一、发展缓慢、缺乏资金等问题，乡村旅游可以促进农村的产业结构调整和优化，推动经济结构的多元化，建立当地的特色产业和优势产业，充分利用当地的资源和条件，使当地的产品和服务更好地适应市场需求的变化。产业结构的调整涉及两方面：一方面是农业自身的调整和丰富，即按照大农业、高科技农业、休闲观光农业等理念去重新设计农业；另一方面是引入第二、第三产业，实现农业、建筑业、运输业、旅游业、手工业、餐饮业、零售业、食品加工业等产业的充分融合。在产业结构调整过程中，乡村旅游是一条线，不仅能够将城市与乡村、市民与农民密切联系起来，更能将多个产业有效地整合起来，从而实现以传统农业为主转型为农业和非农产业共荣的结构，带动了当地居民总收入的增加及收入来源多元化。

例如，近年来，随着渔业资源的减少，同江市委、市政府出台了优惠政策，支持赫哲族渔业村转产，发展种植、养殖、旅游、餐饮和手工艺加工等产业。目前，越来越多的赫哲族群众因转产而致富，渔业在总收入中的比例已由过去的95%下降到不足20%，旅游业的收入则以每年30%至50%的速度增长。渔业村利用当地丰富的自然资源，逐步走上了农、林、牧、副、渔全面发展之路，形成了一村多品的经济格局，完成了从单一渔猎经济向多元经济发展的转变，实现了生产、生活方式的历史性变革。此外，以吕家围子屯为例，乡村旅游发展起来后，不仅给数十个杂货摊提供了客源，促进了松子、黑木耳、蘑菇、猴头、蕨菜等土特产品的销售，还带动了帽儿山镇里的烧鸡作坊和豆腐坊的发展，全镇的30余家烧鸡作坊、100多家豆腐坊有了充足的客源。

F　增加就业创业机会与居民收入

在就业方面，乡村旅游起到了如下几个作用：（1）增加了当地居民的就业机会，发挥了农村和居民的自身优势，在当地的传统就业岗位之外增加了就业岗位的可选择性，克服当地居民工作的季节波动性；（2）增加了周边居民的直接和间接就业机会，使原本邻近却无直接联系的居民通过游客产生了联系；（3）使外出务工人员减少或有机会回来就业，有效解决了农村剩余劳动力的转移问题，减少了夫妻关系、子女教育、赡养老人等问题的发生；（4）增加了妇女、残障人士等群体的就业机会；（5）增加了自行就业、自主创业的机会，缓解了当地政府、国有企业的就业压力。

以吕家围子为例，当地旅游业不仅解决了全屯几十户的收入来源问题，还让附近村屯的剩余劳动力有了就业机会；每到旅游旺季，附近村屯的农民就聚集到吕家围子打工，男女老少都有工作机会，工资标准达到短工每天40元钱、长工每月800元钱左右；当地居民提供的饮食是排骨炖豆角、小鸡炖蘑菇、小葱蘸大酱等农家菜和大锅蒸的玉米、倭瓜、土豆等主食，住宿则是农家旅馆和火炕，接待完全是当地特色，充分发挥了当地居民的特长。目前，郭兰霞家的农家乐拥有持证上岗厨师8人，接待服务员18人，已经发展成为融住宿、餐饮、娱乐为一体的高低档结合的酒店，从大火炕到单人间一应俱全，日接待能力达300人次。

当地农民或居民对乡村旅游的直接认识往往来自收入的变化，这种变化成为乡村旅游发展壮大的原动力。当地农民或居民原本依靠当地的资源、按照当地的传统方式谋生，随着旅游经济的介入，旅游收入逐渐成为重要的、不可或缺的补充，甚至成为主要的、唯一的经济来源，彻底打破了原有的收入结构。由于收入中旅游收入占据了较大的比重，使得原有的资源、生产、生活等要素被重新调整，更加适合于乡村旅游的发展。同时，那些在乡村旅游发展方面更有意识和经营能力的居民或农民开始脱颖而出，原本擅长传统农业等生产的人变得不再具有优势。在乡村旅游这一新经济的冲击下，出现了新的收入差距。

随着乡村旅游的发展，一系列的负面经济影响表现出来，尤其是对于那些没有从事旅游业、从中获益较少的居民。以珰奈村为例，总人口约700人，其中给游客撑船的农民有50多人，在景区经营商品摊位的有20多个，再加上保安等，全村靠景区就业的不到100人。珰奈村八屯的村民大多感到，湿地景区自从建立起来，给当地农民从事旅游业的机会非常有限，而且收入也很低。景区建立后，村民过去从事的行业难以持续。例如，湿地的打鱼被禁止，而芦苇的收割只能在年末进行，景区的草也不允许农民收割用于养殖。村民撑船收入还不如在县城打工的收入，而卖商品也赚不到多少钱，八屯村民在景区有20个摊位卖商品，营业期每月要缴纳600元的摊位费。至于景区采摘和餐饮，除了有四五家是本地村民办的外，大部分均为外地人所办。在位于珰奈村柯家窑屯的农业观光区，土地系由当地政府从农民手中以每亩每年300元的价格流转过来，而建于其中的采摘园和餐饮区，无一业主是当地农民。由于气候原因，景区只在每年5月1日到10月1日营业，其余时间则歇业。上百村民尽管从事旅游业，但户籍、社保和劳动关系，和过去依附于农村一样，没任何变化。景区与其也没签订任何劳务合同，所有在景区的农民无保险、无底薪，养老和医疗关系都是按农村来办。

G 对乡村地区物价的影响

旅游业的快速发展和客流量的增加，通常会拉动物价的上涨，在一定程度上影响了当地居民的日常生活水平。在乡村旅游发展过程中，商品、服务、房地产、土地等价格和工资、生活费用等容易出现明显上涨。比较典型的是可直接用于旅游经营的那些设施和资源，如房屋、建筑物、土地、山地、湖泊等。它们在旅游开发前往往价值不高，交易机会有限，供需基本平衡；旅游开发后，需求增加，商业价值大大提升，购买和租赁的价格都会上升。

在那些经营乡村旅游的特色村和民俗村，以前房屋的价值往往不高，租赁和交易往往是村民之间进行的。开展旅游活动后，沿街的房屋价格迅速上涨，并改造或扩建为商店、餐馆、旅馆等经营设施。此外，以往无人承包或租赁的荒山、水库、林地等资源，开始具有利用价值，尤其是适合经营休闲娱乐活动或特色种植、养殖等。由于大量的劳动力被吸引到旅游业，导致当地的人力可能出现紧缺，劳动力的价格也会出现明显增加。旅游业使当地人的观念出现变化，大量的年轻人去城市和外地就业，一部分居民迁往城市定居，进一步加剧了当地劳动力的紧缺。在一些地区进行的城镇化建设，也使当地居民购买住宅的投资加大，相应地增加了居住成本。因此，可能出现这样的结果：一方面，当地居民通过乡村旅游增加了收入；另一方面，乡村旅游又使物价上涨，当地居民又不得不拿出增加的部分收入用于支出。对于那些无法从乡村旅游中受益的居民来说，物价上涨显然是明显地影响可支配收入。

H 推动农村城镇化建设

黑龙江省新农村建设领导小组办公室印发了《黑龙江省新农村建设工程2012年实施方案》，该方案的多项措施有力地促进了新农村建设与乡村旅游的充分对接。该方案的指导思想是：深入贯彻落实省委农村工作会议和全省旅游名镇暨新农村建设现场会议精神，以城乡经济社会一体化发展为方向，以“近郊城市化、远郊城镇化、中心村社区化”为路径，以盘活资源、市场运作、资金整合为手段，加快发展农业农村经济，促进农民持续增收，改善村屯环境，优化公共服务，维护农村社会和谐稳定，努力实现全省新农村建设快速协调健康发展。该方案提出的主要工作目标是：全面完成中心村规划布局，整体改造旧村200个，新建中心村200个，撤并自然屯330个，建设城镇农民小区156个，吸纳农民30万人。

乡村旅游不仅带来了旅游收入和资金注入，更促进了相应的接待条件和标准的提升，这些都推动了农村的城镇化建设，使当地居民的生活质量大大提升。目前，黑龙江省正在积极推进小城镇的建设，还在建设一批旅游名镇，原有的村屯、农场正在升级基础设施，这些地区都是乡村旅游的重要目的地和游客的活动基地。

6.3.2.2 社会和文化影响

A 对乡村文化的传播、同化与异化

在乡村旅游开展过程中，乡村旅游的发展使城乡出现了面对面的交流，乡村和城市这两种社会形态和文化形态实现了直接接触。游客、外来投资者、当地政府等对乡村文化产生了较大的影响，这种影响既通过直接接触产生，也通过观念、意识的渗透产生。具体来说，这些影响主要表现在传播、同化、异化三个方面。

(1) 乡村旅游促进了乡村文化的传播。乡村旅游使市民可以直观地了解乡村和当地居民，消除对对方的错误和片面理解，从而更好地沟通，这些都有助于构建和谐社会。尤其是青少年，通过乡村旅游可以更好地开阔眼界、增长见识，更全面、客观地了解国家和社会，特别是理解农民的艰苦与奉献精神。在乡村旅游大规模开展之前，摄影师、画家、记者、作家等群体都已经深入乡村，或采风、作画，或调查、体验生活，但总体来讲是小众的、断续的活动，乡村旅游使普通市民有了真真切切的感受。游客在旅游过程中，了解了农村的生产和生活方式，亲眼看到了农村的自然景观和村容村貌，实际接触了当地居民，带走了当地的土特产品和纪念品等，这些内容最终都会以口头讲述、博客文章、论坛帖子、照片、微博、微信等形式得以传播。每个游客就像一个种子，把所体验的乡村文化传播出去，尽管传播过程中会有错误和误解。

（2）乡村文化被城市文化同化。乡村旅游使目的地的社会和文化出现了种种变化，促进农村文明进步和发展。随着乡村旅游的发展，城乡交流、中外交流日益频繁，这些交流活动激发了当地居民自觉学习文化知识和外语的热情，居民文化水平在稳步提高。多数居民认识到受教育程度不高严重影响了乡村旅游的经营活动，尤其是限制了他们了解外部世界的能力，无法准确理解游客的需求，经营波动上水平难、转型难、创新难。城市文化相对而言更加强势，渗透力更强，乡村文化很可能在城市文化的冲击下出现种种问题，从而使城乡双向文化交流变为单向渗透。比较典型的情况是，为了适应旅游业的发展，一些地区将原有的道路、房屋、庭院等按城镇化标准进行改造，原有的居民越来越像市民，提供的住宿、饮食、娱乐等风格也是城市化的，饮食原料是从外地采购的，服务人员是招聘的，甚至是整村改造成景区并收取门票。这些乡村文化的物质载体消失后，乡村文化也就失去了存在的根基，乡村文化失去了它的本色，也很难传承下去。

（3）乡村文化的异化问题。乡村旅游的基础是乡村，这个乡村可以是空间意义的乡村，或是文化意义上的乡村，这种有别于城市的空间特征和文化特征就是乡村的独特属性和魅力——乡村性。关于乡村性的理解多种多样，但乡村性一般包括乡村的自然环境、建筑物、居民及其服饰、语言、风俗等。简单地说，乡村性可以是实实在在的乡村存在，也可以是人们头脑中对乡村的想象、理解或记忆，就像一幅图画。乡村性是发展乡村旅游的基础，丧失了乡村性，也就不存在乡村旅游了，也难以通过乡村性带来的差异性吸引游客。在乡村旅游发展过程中，居民与游客这两方面都有意无意地破坏着乡村性。游客希望获得类似城市的接待条件、乡村的独特体验，居民希望借乡村旅游摆脱一部分他们认为是落后现象的乡村性，而在城镇化、现代化等问题上，双方轻易地达成了一致。照此路径发展下去，最终的结果要么是乡村性消失，要么是人造、虚假的乡村性。乡村文化在对外传播的过程中，会出现种种错误和偏差，游客和他们的读者、听众等在理解时也会出现问题，这就使乡村文化出现了“失真”的情况。更严重的是乡村文化的城市化问题，它使乡村文化被严重同化了，游客可能难以找到城市和农村的文化差异性。最糟糕的是乡村文化沦为娱乐和表演的工具，仅仅为游客表演，仅仅是表演时才会出现，它已经成为一种“舞台”节目。理解误差、城市化和“舞台化”等问题共同造成了乡村文化的“异化”，它使游客无法逼近乡村的真实一面，体验的质量大大下降，也使乡村旅游的吸引力下降，最终造成乡村旅游目的地提前进入衰退期。

B 促进地域文化、传统文化和民族文化的认同、保护和传承

乡村旅游对于文化的保护和传承，既是缘于政府部门的积极扶持，也是乡村旅游商业化经营的一部分。虽然多数的大众旅游者对于当地文化的理解十分肤浅，文化商品本身也有粗制滥造的情况，但毕竟当地的乡村文化还是不可或缺的。对于黑龙江省独有的农垦文化、边疆文化、冰雪文化、民俗文化、少数民族文化等传统文化和特色文化，乡村旅游确实起到了有效地传播和推广作用。就农垦文化、边疆文化来说，近年来，七星农场等地抓住机遇，全力打造“大旅游”“大农业”“大交通”“大产业”“大生态”，相继开发了现代化大农业观光游、北大荒历史文化游、大界江大湿地风光游、农场生活体验游等特色旅游产品。2009 年，来七星农场考察、调研、参观、学习和旅游观光的人数已超过 10 万人次，旅游辐射、带动其他产业的效应正在逐步显现。

以赫哲族为例，赫哲族是我国人口最少的民族之一，仅剩人口几千人。从社会学角度分析，这一人口基数对于继承和发扬民族传统文化已经存在困难。乡村旅游开展以后，赫哲族渔业村实施了“上网工程”，建立了赫哲族网站和电子商务平台，建立了文化大院、“农家书屋”和文体活动场所，对村民进行风俗礼仪培训，开展文明家庭评比、手工艺品制作比赛、赫哲“伊玛堪”说唱比赛等活动。每逢节假日和农闲时间，村“伊玛堪”艺术团还组织表演赫哲族传统伊玛堪、特伦固等节目，吸引周围村屯群众前来观看。在同江市街津口赫哲族乡中心校，赫哲渔业村的孩子们在课堂上通过学习“赫哲民族文化课程”，学习赫哲族自己的语言。

C 对居民生活和消费方式的影响

乡村中出现的“城市化”接待设施和“舞台化”民俗表演等，原本是为游客准备的，但最终的结果可能是“假戏真做”，彻底改变了当地居民的生活和消费方式。这些影响主要通过两种方式产生效果：游客的主动炫耀与示范、无意的展现，当地居民的模仿与调整。乡村的生活方式是乡村文化的重要体现之一，体现在村民的吃、穿、住、行、语言之中。当地居民富裕起来后，往往会向城市人的方式靠拢。在一些地区，出现了典型的城镇化的楼房住宅和别墅，室内卫生间和浴室成为标准设计，放弃了原有的房屋和庭院风格；当地居民也有了买轿车或越野车的想法，而不是仅仅用于生产的农用车；当地居民的服装出现变化，开始关注服装的设计、品牌和时尚感；在饮食方面，不局限于自家种植和养殖的原料，海鲜、营养滋补品等开始受到关注，人们开始注重饮食的卫生、新鲜、营养和健康；同时，城市的一些休闲方式，如 KTV、打牌、打麻将、跳舞等也在一些地方出现。

D 对居民观念和意识的影响

随着游客的大量涌入，当地居民的审美观、道德观、婚姻观、消费观、金钱

观、家庭观等思想和观念都潜移默化地发生变化。这种变化是由于乡村原有的文化受到冲击，旧的东西打破了，人们的观念和意识转向另一个方向——城市文化，但新的东西并没有建立起来。这种转变只是一个阶段性的过程，还要经过若干反复，最终实现新环境下的观念和意识重建。总体来说，当地居民的观念和意识更加开放，更新速度更快，对新鲜事物接受程度更高、包容性更强，在年轻人身上表现得更加典型。观念和意识的变化有助于乡村社区的建设和发展，有助于实现新农村建设的“管理民主”的要求，也有助于市场经济在农村的落地和发展。

最关键的是乡村旅游导致当地居民商业意识的觉醒，尤其是带头人或率先尝试者的成功起到了示范作用，如吕家围子屯的郭兰霞夫妇、雪乡的刘明文夫妇等。尽管有些商业意识和经营活动具有典型的自发性，经营活动还十分简单、粗犷，但却极大增强了居民们的自信心和改变生活的愿望，因而使乡村旅游迅速发展起来。这种商业意识有别于城市中商业经营的目的性和精细化，是一种融入了乡村文化和朴素精神的商业意识。这些商业意识的觉醒和强化改变了乡村原有的人际关系和伦理道德标准，使原来的亲戚、熟人关系在商业规则下重构，而这种重构会导致一定的冲突。由于乡村旅游发展的历史较短，商业经营尚处于初级阶段，因而不规范、无序竞争的情况还没有根本解决，出现了抢客、宰客、欺诈等情况。

E 对女性地位的影响

在以往的一些家庭中，丈夫往往是家庭收入的主要贡献者，妇女的劳动（尤其是家务劳动）不能直接用金钱来衡量，她们对家庭的隐性贡献容易被忽视。乡村旅游的发展使女性有了展现自我的机会，这种展现极大地增强了妇女在接待和经营活动中的自信心和影响力，甚至超过了男性的作用。在以往的农业生产中，对体力的要求很大，其他方面的要求相对次要些。乡村旅游活动正好相反，就最简单的农家乐而言，其接待活动与操持家务、招待亲朋十分接近，正好适合女性的特点和优势，妇女的参与程度也很高。女性的耐心、细致、热情和亲和力等特质，往往是接待活动必不可少的，也因此容易与游客拉近距离。在此基础上，部分女性成为乡村旅游活动中的骨干和很多家庭中的决策者，她们创造的收入和社会地位都发生了明显变化，她们在家庭和家族中拥有更大的影响力和话语权，她们对家庭资源的利用、控制能力更强。在有些地区，女性不仅要从事旅游业，还要完成原有的种植、养殖等劳动，确实非常辛苦。在乡村旅游发展较好的地区，往往都有这样一批能干、会干的女强人，对当地的居民（尤其是女性）产生了极强的示范作用。

F 对家庭的影响

乡村旅游对农村的产业结构产生了巨大影响，拉动了众多的相关产业，从而使当地居民和外出务工人员有更多的投资和就业机会，这些都对当地居民家庭产生了重大影响。家庭本身就是一个基本的经济单位，而乡村旅游的分散经营和充分的就业机会使家庭可以作为一个单位来独立经营或集中就业，从而保留家庭的完整性。家庭的完整性是当地传统保留和继承的基础，也是解决农村的养老问题、年轻人外出务工、留守儿童和妇女问题、夫妻两地分居等问题的前提。留守妇女既要从事农业生产劳动，又要照顾孩子和老人，容易导致家庭失和、婚姻脆弱、子女教育欠缺等问题。“农村留守儿童”因父母长期外出务工或经商，缺乏足够的照顾和教育，往往导致儿童在身体发育、生活习惯、智力水平、学习成绩、思想品德和心理素质等方面出现问题。年轻人外出务工则使农村缺乏足够的青壮劳动力，农村经济的发展缺乏足够的劳动力支撑。因此，可以说乡村旅游的社会意义极为重要，它实现了当地居民“离土不离乡”“生活与工作相结合”“构建和谐家庭”的最佳效果，有效地保留了当地社区的完整性。

6.3.2.3 环境影响

A 推动农村村容的改变

在乡村旅游发展过程中，游客们往往对农村村容村貌有一定要求。如果农村村容村貌与城镇差距太大，往往不利于吸引客源并延长停留时间。乡村旅游对于村屯环境卫生及景观的要求，大大推动了农村村容的改变和环境治理，推动了村庄整体建设的发展。中央对于新农村建设提出了“村容整洁”的要求，《黑龙江省新农村建设工程2012年实施方案》提出了要努力改善村屯环境，完善农村道路建设，抓好村屯绿化美化，推广应用清洁能源。黑龙江省提出了按照“林木覆盖、乔灌点缀、栽花种草、拆墙植绿”的要求，高标准绿化村屯500个，累计完成2万个村屯的绿化任务；美化亮化400个中心村，累计完成1200个中心村的美化亮化任务。

在发展乡村旅游的过程中，一些地区的村民开始注意居住环境和卫生，整修棚舍、庭院和栅栏，整理庭院物资，栽种花草树木，进行生活垃圾处理，加强人畜粪便管理。除了村民的自觉行动以外，一些村屯实现了卫生环境管理常态化，出现了专职的卫生清洁人员。在主要的居住区、商业区和景区附近，设置了卫生间、果皮箱、垃圾箱、垃圾车，对垃圾进行规范化运输和处理，设立专门的垃圾填埋场，清除了乱贴、乱画宣传物，着力整治脏、乱的状况。农村道路的改善最为明显，不仅通往乡村的道路条件更好，村内道路硬化的比例也更高了。此外，通过自筹资金和政府补助等方式，一些地区的居民改造了泥草房，砖瓦房比例明显提高。条件较好的乡村还建立了活动广场、村民活动室等公共设施，村委会的办公条件也大大改善了，这些都对外展示了良好的形象。

B 对生态环境的负面影响

英国科学家哈丁提出了“公地悲剧”这一概念，它很好地解释了乡村旅游地发展过程中的环境退化、资源过分使用等现象。乡村旅游之所以迅速发展，往往是因为不需要对自然环境做出投入或投入很少，可以用极低的成本启动乡村旅游活动。以“农家乐”为例，其实主要的吸引力不只是农家院、农家饭，更是农村的环境，而这些环境往往相当于是一种公共资源，前期的成本极低，甚至是免费使用；漂流项目也是如此，对于河流、河道和沿线的投入和管理成本极低，甚至没有环保评估，在漂流的起点和终点准备一些设施和用品就开始接待了。

初级阶段、自发性的乡村旅游活动，一般来说规模不大，负面影响有限，季节性很突出。影响较大的是大规模的景区开发、私建滥建等情况，这些开发往往改变了原有的自然环境。为了低成本、高利润并适合旅游接待，动植物资源、水资源、土地、山体、湿地、森林等都受到了影响，这些影响只为营造并销售一个“人为的自然环境”，而这些影响要数年才能缓解。以农场为例，现有的农场是在原来的森林、草原的基础上，通过人力的数年开垦形成的，完全改变了原有的自然景观和环境，而通过“退耕还林”、集中居住等办法也需要很多年才能恢复。以湿地为例，珰奈村所在的烟筒屯镇是一个资源型乡镇，其优势产业是畜牧业，畜牧业收入占全镇农村经济总收入的绝大部分，其次是渔苇业、种植业，加上正在进行的湿地旅游业，这些产业都是资源消耗型。这种经济发展的结果就是鱼少、鸟少、苇子少，资源锐减，荒漠化的土地多了，补水、降污、退耕还湿等补救措施的效果也不明显。

乡村旅游对生态环境的负面影响，主要表现在固体垃圾、水污染、空气污染、土壤污染、噪声等方面。目前，这些污染既来自当地农村，也可能来自周边的城市；既来自当地居民的生产和生活，也可能来自周边的工业废水、废渣和废气的污染。这些污染一旦超出乡村地区的承载力，当地的环境就会恶化，旅游吸引力就会大大降低。乡村的生态环境比较脆弱，若缺乏专职的人员、工具、车辆和制度，对污染的抵御力更低。

（1）固体垃圾的影响。随着游客数量的增加，游客丢弃的垃圾和饭店、旅馆等产生的垃圾也随之增加。在没有对垃圾实行统一运输和处理的情况下，这些垃圾会迅速污染环境，甚至无处倾倒。对于那些可降解的垃圾，如剩菜剩饭、水果蔬菜、人畜粪便等，要集中、科学处理；对于塑料、化纤、电子元件等难以降解和处理的垃圾，必须减少使用量。相对而言，在居住区、商业区的垃圾更容易处理，在山区、林区、自然风景区等野外环境下的垃圾难以处理，往往使美丽风景魅力大减。

（2）水污染。在黑龙江省内多数农村缺乏供水和排水系统，农村居民往往使用井水，污水排放往往比较随意，没有污水处理能力。随着游客数量的增加，污水量大增，只能依靠自然净化后排入河流或渗入地下，从而污染河流或地下水。这些水源的污染会使饮用水质量下降，而农村地区又缺乏水质的检测和过滤，进而会影响当地居民和游客的身体健康。一些地区新建了工业企业，这些工业企业的污染能力更强，直接排放的污水和有害气体也会污染水体。

（3）空气污染。在黑龙江省内多数农村，还普遍存在燃烧煤、木材、秸秆等取暖和做饭的情况，附近的工业企业的废气、汽车尾气等也在污染着空气。此外，城市的空气污染也容易转移到农村地区。从这些情况来分析，空气污染的主要原因有时并不在具体的乡村控制范围内。

（4）噪声问题。噪声主要来自车辆、餐饮娱乐场所、游客们的嘈杂喧闹声、附近的工厂等。在调查中发现，乡村地区基础设施的改善和道路的升级，导致了车辆和游客的增加，乡村原有的清新、自然、充满泥土气息的空气被汽车尾气、可吸入颗粒物代替，原本安静的乡村变得异常喧嚣。噪声不仅对当地居民有很大的伤害，也会赶走游客，毕竟游客是冲着乡村的宁静氛围而来的。这些噪声在旅游旺季十分典型，一些不经营乡村旅游的居民甚至要外出躲避这些噪声。

7 我国典型模式的乡村旅游

乡村旅游作为旅游业发展的一种新兴业态，将自然人文景观资源、三种产业资源和市场资源进行有机结合，具有广阔的发展前景。但由于不同地域存在明显的差异，所以乡村旅游模式也不尽相同。

7.1 梯田型乡村旅游——以尤溪县为例

梯田是稻作农耕文明的历史产物，是人类在漫长的生存和发展中逐渐积累的智慧结晶。梯田的农业功能历史悠久，而旅游文化功能 20 世纪 90 年代才开始。只有较大规模、较高观赏性的梯田才有旅游开发价值。随着人们对深厚的梯田文化内涵认识日益深刻，梯田的旅游价值逐步受到人们的重视，梯田旅游开发和研究的热情逐步高涨，对梯田旅游的研究成为学术研究的一个新领域。

梯田旅游作为一种特殊的乡村旅游形式，其规划与开发需融合以梯田为主的生态农业系统中的各个要素（如竹林、溪流、村庄等），营造“四季皆有景，四季景不同”的唯美梯田景观，创造令人震撼的独特视觉效果，还需对梯田耕作工具、梯田耕作技术、梯田养鱼等具有深刻内涵的梯田文化进行挖掘，并结合本土特色民俗活动打造具有本土特色的系列梯田旅游产品，以满足游客多元化体验需求。

7.1.1 尤溪县联合梯田旅游规划案例

7.1.1.1 规划区域概况

联合梯田（以下简称“项目地”）位于尤溪县联合乡西部，涉及 8 个行政村，总面积达 10707 亩，被誉为“福建省最美的梯田”，是首批中国重要农业文化遗产，同时也是全国五大魅力梯田之一，发现海西之美十佳景点之一。早在唐开元时期，联合人民便开始开垦梯田，历经一千多年的农耕劳作及文化积淀，联合梯田已逐渐形成独特的“竹林-村庄-梯田-水流”山地农业水利灌溉系统及特有的地域农耕文化，这些资源为联合梯田旅游开发提供了重要的文化载体。联合梯田规模宏大，气势磅礴，千奇百态，变幻莫测，景观随时间变化而精彩纷呈。土墙灰瓦的村落散落其间，透露着浓郁的乡土农耕气息，人与大自然和谐共处的精彩画面在此被演绎得恰到好处。除此之外，梯田旅游资源与区域内的竹林、金鸡山、伏虎岩、联合花生、梯田人家、乡村山歌、民间音乐等旅游资源互补性良好，有利于梯田旅游的综合开发。

7.1.1.2 战略定位

以梯田、竹林、村庄、溪流、云海等旅游资源为依托，以梯田旅游资源开发为主体，带动花生、蔬菜、茶叶、渔牧等特色农业发展。充分利用联合梯田在福建省内的节点优势，将其打造成为集观光、休闲、度假、避暑、文化体验等多种功能为一体的综合性生态农业旅游地，使之成为海峡西岸重要旅游目的地和生态休闲的旅游胜地。

7.1.1.3 旅游产品设计

在梯田四季景观的设计上，根据联合梯田旅游景色春夏秋冬各不相同的特点，可将原来单一的“水稻+油菜花”的农业种植模式拓展为“油菜花+紫云英+水稻+银杏+映山红”的农业种植模式，以黄色、紫色、绿色、红色为基本色调，以周围竹林景观为辅助，再加上不同类型景观植物的自然配置、梯田人家的衬托，形成一年四季色彩丰富、独具特色的旅游产品。

在休闲体验活动的设计上，可利用梯田、竹林、村庄、菜地、鱼塘、茶山等资源，开展“摄福建最美梯田，吃联合风味特产，游联合革命老区”的旅游活动，开发瓜果尝鲜游、鱼塘垂钓游、避暑度假游、高山健身游、森林探险游、漂流刺激游等系列旅游产品，推出土猪和土鸡认领、花圃、果树种植、人力踩水、推石磨、犁地、施肥等参与性较强的旅游项目。

在梯田文化项目的设计上，可通过梯田文化展示馆以一定的方式将联合乡劳动人民在几千年前生产力还不发达的条件下挥洒血汗在荒凉的山坡上开垦出雄壮梯田的伟大历史展现给游客，让游客感受联合梯田蕴含的深刻民族精神内涵；可将梯田保土、保水、保肥的好处介绍给游客，甚至可通过一系列的科学实验让游客真切体验到梯田的强大优势，从而使游客产生更为直观和深刻的旅游体验；可把梯田在修筑过程中依地势、地形而修建的这种“道法自然”的科学精神进行推广，使游客在精神上能有更多的启迪和感悟。

在梯田旅游线路的设计上，把联合梯田的十个特色景点（雄鹰展翅、大地流金、腾云耕雾、天浴奇田、猛虎回头、彩霞辉映、金鸡报晓、旌旗在望、三云齐聚、恐龙下蛋）串成一条精品旅游线路，整条旅游线取名其曰“天人合一”。沿着联合梯田主干道在各个景色的最佳观景点分别设立十个观景点，以便游客观光游览。

7.1.1.4 配套设施规划

在联合梯田从农业生产地向休闲农业旅游地的转变过程中，联合梯田需对旅游设施的配套进行完善，以促进梯田旅游服务品质的提升。

（1）住宿设施规划。联合梯田现有的住宿设施主要包括连云村农家乐食宿点、云山村的尤溪县旅游局定点接待单位、东边村农家乐食宿点，大概可容纳80人住宿。根据游人规模测算宾馆住宿设施规模总量，联合梯田近期所需床位数为160张，中远期所需床位数为1200张。其住宿设施类型规划见表7-1。

表7-1 联合梯田住宿设施类型规划

住宿设施类型	规划要点
云山避暑山庄	把云山村的云山小学加以重新规划，改造成为一个综合性的接待中心
乡村酒店	充分发挥联合乡的集镇作用，主要在联合乡乡区和云山梯田度假村建设接待楼、综合服务楼等乡村酒店，以供游客住宿
梯田农家乐	在原有农家乐接待点的基础上加以改造，不能太过于现代化，做到总体上风格统一，个体上又各具特色
竹海田园木屋	在东边村与连云村的竹林片区建设竹海田园木屋

（2）餐饮设施规划。目前联合梯田现有的餐饮设施数量基本上与其住宿设施一致，同一个农家乐点既提供住宿服务又提供餐饮服务。旅游餐饮布局处于较为无序状态，餐饮产品以农家土菜（如土鸡）、野味、山野菜等为主，门类单一，对游客吸引力欠缺。规划设计集中餐饮区和自助式餐饮点，其中集中餐饮区主要分布在综合服务区、梯田人家等区域，可从建筑风貌、室内装饰、餐饮品种等方面加强餐饮服务的建设，自助式餐饮点主要分布在项目地的空旷地带，以生态自助、露营烧烤为主要形式。

（3）旅游购物规划。联合梯田目前还没有专门的旅游购物点，旅游商品门类也较单一。规划将联合梯田购物网络分为购物街、购物点和便利商店三种级别，将联合特色旅游商品诸如联合花生、金橘、食用菌类、珍珠笋干等旅游商品经过特色包装与开发向游客展示联合梯田农产品的独特魅力。

（4）旅游娱乐规划。项目地内暂无旅游娱乐项目。规划以云山梯田度假村为该项目地的娱乐中心，打造乡村茅屋酒吧、田园烧烤区、棋牌麻将室等休闲娱乐场所，并在云山梯田度假村内建立一个室内民俗艺术馆和一个室外露天娱乐广场，以展现联合人民的民间艺术与民间表演。

（5）设施小品规划。解说系统要有一定数量，各种标示牌要统一风格、统一形态，做到美观精致；垃圾箱宜采用形态美观、材质生态和环保形式的，根据需要设置数量，既方便使用，又有所遮蔽；休息椅根据人群密集程度及附近环境质量，按不同距离沿人行道设置，拟采用石制或木质长条形，考虑遮阴效果；景区厕所宜与景观相结合，具有一定的隐蔽性，但指示性要明确；各种电力电信线路和各种管线，务必采用暗藏式铺设。

(6) 集镇规划。联合乡作为项目地的旅游集镇所在地，是重要的游客集散中心。应加强对其的规划建设，促进其美化、绿化与亮化，使之成为集食、住、行、游、购、娱为一体的综合服务型集镇。集镇内可建设邮电、卫生院、加油站、金融、地税、供电、土管、公安等服务单位，配套自来水厂、停车场、垃圾填埋场、餐饮娱乐中心、旅游超市、旅游公厕等基础设施。通过招商引资、政府投资、民间集资，进一步完善旅游集镇服务功能，改善集镇面貌，提高乡镇形象，拓展旅游市场，促进对乡镇的辐射带动作用，推动当地经济发展。

7.1.2　案例分析

通过以上对联合梯田旅游规划的案例分析，不难看出，在梯田旅游规划过程中，需充分挖掘梯田资源的特色文化底蕴，统筹梯田的农业建设与旅游开发功能，从全局角度准确把握好梯田旅游开发的战略定位与布局，设计本土化、特色化的旅游产品，同时注重社区参与，建立合理的梯田旅游补偿机制，为梯田旅游可持续开发奠定良好的基础。

(1) 寻求本土化的梯田资源特色。目前，国内外梯田旅游规划与开发较为成功的有广西龙胜的龙脊梯田、云南元阳的哈尼梯田、湖南新化的紫鹊界梯田及菲律宾的科迪勒拉水稻梯田。这些地区梯田旅游规划与开发的成功无一不是与其独具本土特色的梯田资源品位息息相关的。例如，云南元阳的哈尼梯田以江河-森林-村寨-梯田四度同构的人与自然高度协调的、可持续发展的、良性循环的生态系统著称，吸引了不少生态学家、文化学家、摄影爱好者等前往旅游观摩；广西龙胜的龙脊梯田以悠久的农业发展历史、浓郁的少数民族风情、成功的农业生态保护、独特的传统劳作工艺闻名遐迩，受到了广大科研单位、历史学家、民族学家等的青睐；湖南新化的紫鹊界梯田则以科学的梯田灌溉系统、多彩的瑶族文化吸引了不少水利学家、民族学家等前往探索研究；菲律宾的科迪勒拉水稻梯田以综合的水利系统、神秘的传统部落礼仪闻名于世，引来了水利学家、宗教学家等的广泛关注。以上梯田旅游规划与开发的成功案例告诉我们，梯田旅游规划需注重挖掘梯田自身的特色，形成与众不同而又具有本土特色的资源秉性，这才能培育出区别于其他地区梯田旅游的核心竞争力，才能不断满足游客爱好新奇、感受风采的体验性旅游需求。

(2) 梯田旅游的开发定位需根据其所处区域的地理、文化特点及旅游发展等状况来进行综合分析和考虑。一般来说，在梯田旅游景区开发初期，可将其定位为区域旅游经济圈中的一个旅游节点，待开发较为成熟之后，可将其定位为区域旅游经济圈中的主打品牌。为了增强旅游活动的丰富性，梯田旅游景区的开发可以梯田旅游资源为主，融合区域内的山水、民俗文化等资源，统一规划建设，整体包装促销，打造一个集观光、休闲、度假、科普、文化体验等多种功能为一体的综合性农业旅游地。

（3）梯田旅游产品的开发须立足于独特的梯田旅游资源，遵循文化创意、资源保护的原则，着力挖掘当地独具本土特色的梯田文化与民俗文化内涵，形成一个具有冲击力和市场吸引力的多元化复合型旅游产品组合。在对梯田旅游产品的设计中，尤其要注意对梯田耕作工具、梯田耕作技术、梯田养鱼等具有深刻内涵的梯田文化的挖掘，设计的民俗项目要体现地方特色，民俗文化和农耕文化体验项目要安排得原汁原味且丰富多彩，寓教于游，让广大游客通过参与性较强的体验性项目感受到梯田独有的文化魅力。

（4）梯田旅游在开发建设初期，其客源市场主要以摄影爱好者为主，但是随着对梯田文化内涵挖掘的不断深入，梯田旅游的客源市场将以科研单位、专家学者（主要包括生态学家、文化学家、历史学家、民族学家、水利学家、宗教学家等）、白领阶层、家庭旅游和单位组织旅游市场为主。因此，在梯田旅游规划中，需认真研究客源市场的结构特征，以便有针对性地采取不同的营销手段，取得更好的营销效果。

（5）在梯田旅游规划过程中，需重视社区参与梯田旅游开发的重要性，只有对当地社区进行有效管理，处理好开发企业与社区农民之间的关系，保证农民能从发展旅游业当中受益，从而使得梯田旅游开发得到社区农民的支持和拥护，才能保证梯田旅游地的健康持续发展。要正确处理好社区关系，其关键在于理顺利益关系，要让农民明显感受到从一般的农田变成宝贵的旅游资源，农民可以得到实实在在的恩惠，这样农民才有从事农业生产的积极性。

（6）建立合理的梯田旅游补偿机制。由于梯田农作物的生产存在劳动力消耗大、农事操作烦琐、水资源限制等缺点，再加上社会结构变迁、人口迁出等社会因素的影响，大片梯田闲置、抛荒等现象屡见不鲜，能够开展梯田旅游的地区必定是梯田利用度较高的地区。因此，在梯田旅游规划中，更需注重对梯田资源的保护，建立起合理的梯田旅游补偿机制，对当地的经济、社会、文化进行回馈，这对于保护梯田农耕文化、维系生态环境平衡和社会稳定具有十分重要的意义。

7.2 溯源文化型乡村旅游——以建宁县闽江正源第一村为例

江河能否源远流长，关键在于源源不断的源头活水。没有源头活水，就没有川流不息的江河。一般来说，江河源头基本都是涓涓细流，与宽广辽阔的江河流域相比，它的面积显得微不足道。然而正是这小小的江河源头穿越崇山峻岭，一路汇百流千川，孕育着人间大地儿女。它的影响是不容小觑的，只要很小的变化都足以牵动着整个江河流域的生态发展。

在乡村旅游规划中，江河源头尤其是正源头经常被作为景区打造的精品与亮点，江河源头文化是在江河文化的源头上自觉追求、共同创造的适应性文化，而饮水思源则是人们对这种深奥、神秘而又神圣的源头文化的追溯、崇拜与敬仰的高度概括。因此，在对以江河源头文化为主题的乡村旅游景区进行规划设计时，需深入挖掘江河源头文化的内涵，充分利用水的灵动性，通过各种以探源、祈福为主题的参与式体验项目让游客感受到博大精深的江河源头文化。

7.2.1 建宁县闽江正源第一村旅游规划案例

7.2.1.1 区域概况

闽江正源第一村（以下简称“项目地”）位于福建省建宁县均口镇台田村严峰山北麓矮茶山一带的实验区内，是福建母亲河千里闽江的正源头所在地，涉及范围为矮茶山自然村沿水茜溪一线长约 3 千米的溪谷，面积为 149.30 公顷。由于崇山峻岭紧锁大山，千百年来，该区域基本保持住了原始植被的风貌，植被丰茂，视野开阔，环境恬静。

闽江正源第一村所在地均口镇位于建宁县南部，距县城 25 千米，区域内交通便捷，现有交通干线主要有 2 条省道、1 条县道、7 条乡道。从建宁县范围来看，向莆铁路、浦建龙梅铁路、建泰高速公路、渝湄高速公路的规划建设将为闽江正源第一村开发旅游提供了得天独厚的交通优势。

7.2.1.2 规划目标

充分挖掘闽江正源文化的底蕴，把闽江正源第一村与周边的九县石、瀑布、古道、田园风光等有机联系起来，形成山上山下互动、产业链延伸互补，建成以探源、祈福为主的文化旅游景区及保护自然、保护母亲河的科普教育基地，争取在规划远期将闽江正源第一村打造成国家 4A 级旅游景区。

7.2.1.3 战略定位

以“闽江正源第一村”作为项目地的主题形象，以“同饮一江清水拜寻闽江正源”作为其形象宣传口号，以闽江流域作为主体客源市场，突出溯源文化及乡村休闲度假特色，形成集文化体验、乡村度假、观光休闲、康体运动、商务会议、科普教育等多种功能为一体的综合性生态旅游地。

7.2.1.4 旅游项目规划

该景区项目建设应严格遵守《中华人民共和国自然保护区条例》，不得破坏保护区的一草一木。具体来说，该景区建设项目可分为三大类：

（1）溯源文化项目。从溯源文化氛围的营造来看，可沿着景区主干道打造一条三级以上公路标准的道路，取名为“思源大道”。在两边沿线的道路种植柳树作为行道树，寓意“思念闽江正源”。

从溯源文化科普的角度来看，可建立一个闽江母亲河文化广场，在广场中间设置一组闽江母亲河的形象雕塑，在广场的地面上雕刻闽江母亲河的图画展示，通过一幅幅生动形象的图画让游客在观赏中感悟闽江母亲河的无私与伟大。此外，可建立一个母亲河文化科普馆，以“闽江母亲河”为主线，用多种现代化高科技手段动态展示闽江母亲河的相关知识。

从溯源文化体验的角度来看，可在在闽江正源第一湖附近打造一个呈阶梯状的池区，取名为“圣水圆梦池”，寓意闽江正源的圣水能够帮助游客圆梦，分别将各小池命名为爱情池、财神池、文曲池、健康池、幸运池、开心池；沿3千米的水茜溪溪流设置探源步道，旅游可选择涉溪行走、跨溪立桩、走索桥、攀藤梯、滑铁索等不同的行进方式，在行进中感受探寻闽江正源的乐趣。

（2）乡村休闲度假项目。为突出项目地的乡村休闲氛围，促进乡村风景的景观化建设，在项目地选择一个地势较好的地方打造一个湖区，在湖边建设一个平坝，湖中间广种荷花，并在湖畔设计1座水榭凉亭，整个湖区取名为“闽江正源第一湖”。此外，可在可以看见九县石的水茜溪沿线中山地较为平缓的地带打造一个休闲度假山庄。山庄通过植物造景的方式，增强景观效果，主要通过木屋别墅、源野回味餐厅、千娇百媚景观园、商务会议中心、休闲娱乐中心等项目营造休闲度假的旅游氛围。

（3）其他配套建设项目。为丰富闽江正源第一村休闲游览内容，可新建一个能与闽江正源第一村原生态的特质与形象相互呼应的景区大门，并在景区入口处附近较大的空地区域配套生态停车场，供自驾车和旅游专线车停放；在能观赏到九县石美景的地方分别设立2~4个九县石观景台，让游客可以在不同的角度上观赏到九县石的不同风韵。同时为了加强其生态环境保护，应开展区域内的生态环境整治与保护工程，对植被、水体等生态资源遭到破坏的地方进行修复，还原规划区自然和谐的原生态环境。

7.2.1.5 配套设施规划

（1）道路交通规划。完善赤坑至台田、台田至张家山等连接项目地的主干道，拓宽路面，路面等级至少要达到三级以上公路标准；应对各个景区道路沿线的景观进行绿化、美化与亮化；开通直达项目地的公交线路，解决散客和自驾车旅游者进入景区难的问题。

（2）旅游住宿规划。目前项目地尚无任何旅游住宿设施。由于项目地距县城仅25千米，大部分游客会选择去建宁县城住宿。建宁全县有荷花酒店、云深国际花园酒店这两家三星级酒店及按四星级标准建设的建宁大饭店。随着交通条件的改善和市场宣传的不断拓展，旅游住宿接待能力不足将成为项目地旅游发展的主要制约因素之一。因此，项目地应该提升旅游服务接待能力，提高旅游接待硬件档次。规划在项目地内建设20栋木屋别墅，主要针对一些中高端客源市场。此外，力争到2015年，建宁全县建成五星级宾馆1家，三星级、四星级宾馆5家以上。

（3）旅游餐饮规划。规划建设一家源野回味餐厅，在菜肴设计上，应以当地特色饮食及特色小吃为主；源野回味餐厅的主题设计、建筑风格与内部装潢应与附近的旅游区、地域文化以及餐饮文化相协调；加强源野回味餐厅的整治工作，加强行业管理，重点提高就餐环境和餐饮服务水平。

（4）旅游商品规划。依托文鑫莲业有限公司、闽江正源绿田实业有限公司、孟宗笋业等骨干企业，充分利用建宁县丰富的农副产品、土特产品、木竹等资源，改造和提升传统产品，在项目地内开发建莲、笋干、红菇、猕猴桃汁、莲心雪饮料、黄花梨、黄花菜等食品系列旅游商品及工艺品、纪念品等其他系列特色旅游商品，特别要扶持优势品牌的商品开发。

（5）旅游娱乐规划。在休闲中心内配套咖啡厅、品茗轩、棋牌室、KTV包间、健身房等休闲娱乐设施；挖掘和开发宜黄戏、龙灯舞、马灯舞、花灯舞、宴堂乐等具有当地特色的民间演艺，组织开展各类高水平的文艺演出，形成具有当地特色的文化品牌，丰富游客的夜生活；举办旅游节庆活动（如闽江溯源文化节），加强对外宣传，积极吸引大众游客参与。

7.2.2 案例分析

通过以上对闽江正源第一村旅游规划进行案例分析，不难看出，在江河源头文化型乡村旅游规划过程中，尤其需要注意旅游项目建设的生态性，要把水资源与环境保护作为重要的突破点进行项目设计与市场营销，这样才能设计出具有丰富源头文化韵味的旅游景区。

（1）有些以江河源头文化为主题的乡村旅游景区位于自然保护区的实验区范围内，而其真正的源头则位于自然保护区的核心区范围内。对于此种类型的景区，在规划设计时尤其要注意遵守《中华人民共和国自然保护区条例》，可以借助江河源头的文化品牌在自然保护区的实验区范围内来打造旅游景区，但是景区范围千万不可跨越到核心区范围内。在旅游旅游项目建设时凡是与《中华人民共和国自然保护区条例》的原则和宗旨相抵触的旅游项目都不允许建设。

（2）江河源头所在地的自然环境一般来说较为恶劣，也较少有人触及，因此，其自然景观人工破坏性较小，景观景色也较为优美。但是江河源头又是一个生态性很敏感很脆弱的地方，一旦江河源头被作为旅游项目来开发，在开发的过程中肯定会有些不文明、不生态的旅游行为对江河源头产生不良的环境影响。因此，该类型的乡村旅游景区规划不仅要注意旅游项目建设的生态性，而且要把景区作为宣传生态环境保护的一个重要平台与载体，尽力通过各种手段向各类游客群体宣传生态环境保护的重要性。

（3）对于类似本章的案例研究地闽江正源第一村这样的乡村旅游景区，其旅游资源具有独一无二的排他性（如闽江源有很多个，而闽江正源则只有一个），这正是规划地可以充分利用的旅游特性，以这种独特的旅游个性来打造乡村旅游品牌是最好的营销途径，也是最好的形象宣传手段，可以起到点睛之笔的作用。

（4）在对以江河源头文化为主题的乡村旅游景区进行规划设计时，应充分了解规划地独特的江河源头文化内涵，在景观营造中适当融入江河源头文化，并把江河源头文化与当地的民俗文化有机结合在一起，这样融入的江河源头文化才具有本土特色，也才能为规划地景观营造注入鲜活的气息。

（5）该类乡村旅游景区的定位可以溯源文化为主体，融科普教育、文化体验、休闲度假等多种功能为一体，所指向的目标客源可以是一般的乡村度假游客，也可以是生态学家、水利学家、地质学家、环境学家、探险者、环保爱好者等专业性质较强的目标客源市场。

（6）对于此类型乡村旅游景区的项目设计，应注意如下要点：通过项目名称、项目布局、项目环境等内容烘托出探寻源头的文化之感，让游客能够在江河文化的源头感受文化的真谛；把规划地所在的水资源充分盘活起来，实现动静结合、动中有静、静中有动的效果，并通过各种以探源、祈福为主题的参与式体验项目让游客感受到博大精深的江河源头文化。

7.3 茶文化型乡村旅游——以大田县茶香小镇（屏山乡）为例

中国是茶的故乡，茶文化的发展历史悠久，形成丰富的茶文化旅游资源。20世纪90年代，茶文化旅游开始兴起，近年来日益成为一种旅游新时尚。目前比较知名的茶旅游景点（景区）有杭州中国茶叶博物馆、漳州天福茶博物院、北京老舍茶馆、苏州春来茶馆、丽江茶马古道、香格里拉茶马古道、广州雁南飞茶田度假村、重庆永川中华茶艺山庄、杭州梅家坞茶文化乡村旅游区等。

茶文化型乡村旅游是以茶为主题，将茶旅游资源与乡村其他旅游资源有机结合，为游客提供具有观赏、科普、休闲或度假等功能的旅游产品，实现休闲、娱乐或度假等目的的活动。随着茶文化型旅游日益成为新时尚，各茶产地纷纷发展茶文化型旅游，其中茶文化型乡村旅游是发展热点，因此对茶文化型乡村旅游进行规划更显必要。

7.3.1 大田县茶香小镇（屏山乡）旅游规划案例

7.3.1.1 规划区概况

A 地理位置

规划区位于大田县屏山乡，地处福建省戴云山脉西侧，位于福建省大田县东南部北纬25°38′、东经117°49′，乡政府所在地海拔1100多米，是福建省海拔最高的乡镇。规划区通往大田县城的乡道22千米，212省道从边境经过，是大田县融入闽南沿海的南大门，特别是“十一五”期间，随着“泉三”高速公路全面建设和农村四级路建设的不断推进，屏山Y字形公路网络的雏形已形成。

B 资源概况

规划区大部分地区海拔600~1000米，千米以上的山峰有27座，是九山半水半分田的高山区，年平均气温15.5℃左右，高山气候凉爽，常年多雾，全年有100多天云雾笼罩，昼夜温差大，光照适宜，生态良好，形成姿态万千的云雾景观和香气清幽锐长、滋味清醇甘鲜、汤色清澈蜜绿、叶底肥厚软亮优质的高山茶，且茶园规模宏大，达万亩以上，高山万亩茶园资源品位较高，特色突出。同时，规划区还有与茶相关的特色菜茶叶排骨等，这些资源为规划区发展茶文化旅游奠定了基础。

7.3.1.2 战略定位

A 总体定位

根据对规划区的基本概况和旅游资源的调查与分析，综合考虑规划区所在县大田县旅游发展以大田县优良的山水生态资源为基础，以经营“避暑气候”和“高山茶园”为切入点，以“春采茶、夏避暑、秋观堡、冬泡泉”为主要内容，打造“南方天山，闽中茶苑”的总体思路；结合对规划区周边以茶为主题的旅游景区的分析，将茶香小镇的总体性质定位为“以茶文化体验为主体，形成集体验、休闲、度假、避暑、观光、科普等多种功能于一体的综合性旅游地”。

规划区周边以茶为主题的旅游景区的功能定位与主要旅游产品见表7-2。

表 7-2 茶香小镇及周边茶旅游景区基本情况

旅游景区（点）	功能定位	主要旅游产品
茶香小镇（大田县屏山乡）	茶文化体验、茶园度假	茶香阁、品茗轩、茶香会议中心、兰芷养生馆、度假木屋、生态茶园、茶作坊、知青茶坊、茶博馆
高山茶文化创意产业园（大田县吴山乡）	茶贸易旅游	茶文化民俗广场、茶文化交流会展中心、商务会所、茶文化风情商业街
九鹏溪（漳平）	水上茶乡度假	九鹏迎宾、霞客广场、落霞谷、水岸茶园、木屋别墅、九鹏食府、公馆茶轩
金山寨茶叶旅游观光园（永春）	茶叶观光	茶园观光
凤山茶叶大观园（安溪）	茶叶观光	茶叶品种园、凤苑、茶作坊

B　形象定位

根据规划区茶文化旅游的总体定位，结合规划区万亩高山茶园和优质高山茶等特色资源，将规划区的形象定位为“茶香小镇，避暑家园”。

“茶香小镇，避暑家园”的主题形象突出了规划区万亩茶园、优质高山茶、高山气候等优质的旅游资源，同时彰显了规划区以万亩茶园为依托，为游客提供茶文化体验和避暑度假体验的休闲、度假和避暑的旅游品牌形象。

7.3.1.3　总体布局与项目策划

A　总体布局

通过对规划区旅游资源的调查和分析，根据邻近性、整体性、系统性、有机性等空间组织原则，综合考虑周边景区的资源特色和发展态势，结合规划项目的战略定位和开发思路，确定规划区旅游开发空间布局规划的总体思路是“一心二区”，即一个中心两个分区，见表 7-3。

表 7-3 茶香小镇（屏山乡）总体布局

功能分区	功能定位
屏山旅游集散中心	旅游集散、民俗体验等
大仙峰茶文化体验区——茶香小镇	茶园观光、茶文化体验、休闲、避暑、会议、度假、朝圣等
玉屏梯田观光区	梯田观光、竹林体验、农家体验等

B　项目策划

a　屏山旅游集散中心项目策划

(1) 规划思路：将规划区的茶叶机械化加工和屏山布袋木偶、车鼓舞及屏山小吃等人文旅游资源进行整合，根据规划区政府所在地的区位条件，将该区域打造为一个集茶叶加工制作、特色茶餐饮、茶特色购物于一体的旅游集散中心。

（2）主要项目：仙茗特色一条街、茶香剧院。

b 大仙峰茶文化体验区项目策划

（1）规划思路：依托茶园和高山气候，以高山茶园和避暑气候为切入点，打造体现“茶文化”的休闲度假旅游产品，以体验旅游为开发模式，以产业联动为发展目标，让游客在茶叶的生产、制作过程中充分体验茶文化的内涵；同时，进一步加大对崇圣岩的宣传，将大仙峰崇圣岩的朝圣香客吸引到茶香小镇旅游。

（2）主要项目：茶香度假山庄、茶文化体验园、大仙峰崇圣岩。

c 玉屏梯田观光区项目策划

（1）规划思路：以玉屏梯田为主体，同时对周边的竹林、森林进行开发与改造，并将玉屏的民居、农活等融入其中，打造高山梯田观光、农家乐等产品，作为茶香小镇的分流和补充。

（2）主要项目：梯田观光、高山竹林、梯田人家。

7.3.1.4 旅游产品规划

综合考虑规划区的旅游资源禀赋、生态环境、区位条件、市场能力等各种要素，按照观念创新、市场导向、资源互补、精品塑造等原则，形成以体验、休闲、度假为主，观光、科普为辅的复合型旅游产品，规划区要建立起包括休闲度假旅游、生态观光旅游、文化体验旅游、节事旅游和专项旅游五大类型的多元化复合型旅游产品体系，构筑规划区核心旅游吸引力和竞争力，见表7-4。

表7-4 茶香小镇旅游产品体系

产品体系	产品名称	产品具体内容
休闲度假旅游产品	茶乡度假游	度假木屋、兰芷茶养馆、茶香会议中心、品茗轩、仙茗亭
	乡村体验游	梯田人家、仙茗特色一条街
生态观光旅游产品	梯田观光游	梯田八景（一马当先、灵蛇出洞、雄鹰翱翔、野猪觅食、猿啸山林、蝴蝶展翅、金龟祝寿及天狗望月）
	生态茶园观光游	百茶园、生态茶园
	天象观光游	大仙峰云雾景观、茶园云雾景观
文化体验旅游产品	茶文化体验游	茶叶采摘、茶作坊制作、采茶对歌台、知青茶坊、茗装阁、茗品屋、茶香长廊、茶香剧院、茶博馆
	朝圣文化游	崇圣岩朝圣

续表 7-4

产品体系	产品名称	产品具体内容
节事旅游产品	节事活动游	高山茶文化旅游节、茶王赛、美阳庙会、高山茶美食节
专项旅游产品	艺术创作游	摄影创作、摄影长廊、伊恋园
	科学考察游	百茶园、大仙峰

7.3.1.5 配套设施规划

规划区茶文化旅游的发展，要求相关的配套设施与之相适应，从游客需求出发，通过交通、餐饮、住宿、娱乐、购物和解说系统等相关设施的建设与完善，为游客提供全方位的优质服务，增强游客的实际体验，提升规划区的竞争力。

（1）交通设施规划。规划区的交通设施规划围绕茶香小镇建设形成便捷的旅游交通体系，形成网络化格局。完善通往各旅游景区（点）的公路交通条件，提高旅游景区至主干道路的公路等级质量。旅游网络线按照“景随路开，路为景开”的原则，其建设突出交通和观光两大功能；并修建通往不同区域设置不同风格的游步道，做好标识牌和生态停车场的建设，并在景区内部建立多样化的交通方式体系，将电动、人力、畜力多种动力相结合。

（2）餐饮设施。规划区餐饮设施的档次、规模与设施特色必须以满足游人的实际需要为前提。首先，在充分考虑旅游淡旺季的游客数量变化和游客组成变化的基础上，合理确定餐饮设施的规模、特色与布局方式，以中档的餐饮接待为主，统一包装宣传茶香小镇（屏山乡）特色的餐饮文化；其次，增加餐饮产品中的茶文化含量，开发茶饭、茶菜、茶糕点、茶汤、抹茶冰激凌等茶餐饮产品，如屏山现有的特色菜——茶香排骨，进一步挖掘茶食，形成茶美食特色街。最后，具体规划高级餐厅——茗香阁、茶香度假山庄的游客中心以及其他景区内的主要服务接待点的大众餐厅、玉屏村和仙茗特色一条街的风味小吃街。

（3）住宿设施。规划区住宿设施的风格、材质要与所在区域的环境相协调，如茶香度假山庄的住宿设施要与生态茶园相适应，与各个区域的定位相一致；住宿的格调、造型及装修等方面要融入屏山高山茶文化元素；并强调住宿设施的低碳化建设，从材质和施工中都强调低碳化。规划设施度假木屋、标准客房和农家住宿。

（4）购物设施。规划区购物设施的规划突出设施与所在区域的环境协调性，将高山茶文化融入购物设施的建设中，突出茶香小镇特色。规划满足不同档次购物需求的商店，首先规划在茶香度假山庄特色商店销售高山茶及与相关茶商品；特色商店，仙茗特色一条街中销售与高山茶有关的商品和特色小吃；便利商店，茶香小镇度假山庄及其他景区的游客服务接待处，提供基本的生活用品，格调与游客接待中心保持一致。见表 7-5。

表 7-5 茶香小镇（屏山乡）旅游商品体系

旅游商品系列	具 体 内 容
土特产品系列	高山茶（江山美人茶、高山茶、铁观音、红茶）、竹笋、肉兔等农副产品及其制品
旅游工艺品系列	茶工艺品（茶饼、茶枕、茶屏风）、竹制工艺品、木制工艺品
旅游纪念品系列	如茶制挂件、丝带、明信片（废茶叶制作）、扑克（图片为各种茶叶）、服装、帽子等（这些纪念品都有茶香小镇的标识）
旅游日用品系列	登山拐杖、背包、竹帽、拖鞋、扇子、太阳伞、太阳帽、矿泉水、饮料、T 恤等各类旅游实用的生活用品
旅游音像/书籍质品系列	介绍旅游景区的旅游指南、导游图、明信片、专题风光片、茶歌 VCD、磁带、光盘等

（5）娱乐设施。规划区娱乐设施的规划突出屏山文化底蕴与秀美的自然风光相结合，形成动静有致、参与性强、富有地方特色的休闲娱乐项目，凸显各个景区的特色。茶香小镇各景区要根据具体的定位设置娱乐设施，增加夜间娱乐活动，充实游客在茶香小镇（屏山乡）的游程。规划设计茶馆、茶香广场、民俗表演馆和茶香度假山庄湖边的水上娱乐设施。

（6）解说系统。规划区解说系统的规划应突出茶文化内涵的展示，具体通过解说牌的造型、内容、解说员的讲解水平及相关解说资料等来表现。景点说明牌、道路指示牌、忠告说明牌、服务指示牌等打造为茶叶形状，采用木质、竹质等与规划区相适宜的生态环保材料；重视解说的质量，聘请专业人员如有经验的茶人、科研所的工作人员担任讲解员，提高规划区解说人员的讲解水平和服务质量；在各咨询服务站点设计制作规划区宣传图册、多媒体宣传片等；充分运用网络快捷、迅速的特性和多样的信息传达方式，在旅游信息网站上设置规划区信息介绍、项目虚拟展示等。

7.3.2 案例分析

茶文化型乡村旅游规划应在旅游资源分析的基础上把握规划区茶旅游资源特色，结合规划区与周边茶文化型旅游目的地的竞合分析结果，确定规划地的发展目标与战略定位；在此基础上紧紧围绕规划区的定位与目标规划项目、产品和配套设施，实现茶叶生产过程产品化，茶文化内涵展示化，项目与产品的开发要突出体验性、趣味性与创意性，并加大对茶美食和茶商品的开发力度；同时，注重茶园的生态保护和景观绿化，使之成为一个主题突出、特色鲜明、参与性与趣味性并存的旅游目的地。

茶文化型乡村旅游规划除了按照《旅游规划通则》（GB/T 18971—2003）的要求，遵循乡村旅游规划的一般原则外，还应突出以下要点：

（1）茶文化旅游主题定位确定化。茶文化型乡村旅游规划在规划地旅游资源分析的基础上，结合其发展茶文化旅游的区位条件、周边产品的竞争情况等的分析，确定该规划地休闲、度假、观光、科普或综合的功能性质，为项目、产品和配套设施规划提供一个大前提。在此基础上，突出茶文化旅游主题及特色，通过项目、产品和配套设施的特色来展示整个规划区的特色。

（2）茶文化内涵产品化。茶文化型乡村旅游规划中应充分展示规划地茶文化的物态文化、心态文化、行为文化和制度文化，并将之转化为旅游产品。一是可将规划地与茶相关的生产活动及茶叶、茶具、茶室等与茶相关的产品进行展示，开发为茶科普旅游产品，特别是将茶叶生产过程中茶叶采摘、茶叶制作中简单易操作的步骤开发为旅游产品，让游客参与其中，体验规划地茶叶的生产过程；二是茶叶知识通过导游解说、解说牌等形式融合在茶叶生产过程中，使游客在茶旅游体验过程中增长知识，丰富茶旅游行程；三是将规划地的茶德、茶道等通过茶艺（道）表演展示其蕴含的深刻内涵，将规划地的茶礼、茶俗原汁原味再现。

（3）茶美食及茶商品创意化。茶美食和茶商品应作为茶文化型乡村旅游规划的重要内容，要充分挖掘茶文化，提升规划地已有茶美食和茶商品的味道、包装、设计等，并将传统茶文化与现代流行元素相结合，注重创意，应用现代科学技术，开发设计新的美食和商品。

（4）茶旅游营销节庆化。茶文化型乡村旅游的营销应充分利用会展旅游，特别是节事旅游发展的大环境，充分挖掘茶文化，开展与茶相关的节事活动，达到吸引游客、提高规划地知名度的目的。首先，可将开业时间选在旅游旺季，以节庆的形式开业，聚集人气，争取一炮打响；其次，规划区可举办茶文化旅游节、茶王赛、茶美食节、茶山摄影周等节庆活动，提高知名度，增加客源；最后，规划区要积极参加国内及省内各类交易会，推介自己的茶产品，并将有关茶的活动引到规划地举行，进一步提升知名度，扩大影响力。

（5）茶园生态环境保护凸显化。茶文化旅游开发应凸显生态环境的保护，改善茶经济发展造成的生态环境问题，尤其是茶园生态环境的保护。注重生态茶园的建设，在山顶、山腰营造林带，以减缓地表径流，防止水土流失，形成山顶盖帽的景观；在新定植的无性系幼龄茶园、树冠覆盖度较小的幼龄茶园、台刈改造和缺株断行的稀植茶园中，套种具有固氮作用或经济效益较高的草本作物，如花生、黄豆、绿肥（紫花苕和三叶草）、草本中药材等；选择适宜规划地种植的树种，在茶园周围及茶园内种植防护林带，以调节茶园小气候，增强茶树抵御干旱的能力。

7.4 古村落型乡村旅游——以屏南县前墩村为例

古村落是传统文化的产物，是乡土文化的重要载体。在快速工业化和城市化发展的今天，古村落以其醇厚的乡村风味和丰富的文化内涵深深地吸引着旅游者。古村落的原始自然与人文景观正是吸引旅游者的重要吸引物。因此，古村落旅游开发必须充分依托乡村原始自然与人文风貌，结合当地特色，以保护乡村原生态景观环境、本色的生产生活方式、原真性民俗文化为基础，以村庄聚落的原有布局为本底，以最少的人工干预和谐处理人与环境、人与人之间的关系，以乡村生态自然景观恢复“原生乡村”，以古村落传统农业为基础，以蓝天、白云、绿野、蔬果、花卉等打造“原色乡村”，以古村落居民传统的生产生活方式为依托打造“原真乡村”，最大限度地保护古村落的原真性，通过营造最纯真的乡村氛围，丰富旅游者的体验，达到回归乡村的要求。同时以古村落旅游开发增加当地居民收入，带动当地生态保护和传统文化传承，促进当地经济、社会发展。

7.4.1 屏南县前墩村乡村旅游规划案例

7.4.1.1 项目地概况

前墩村位于屏南县寿山乡东部，地处高山地区，海拔约930米，村落中古民居、古廊桥、茶盐古道等人文景观丰富，与周边自然景观构成了奇峰、怪石、翠竹、古树和古村、小桥、流水的优美生态景观。村庄内生态环境优美、风情浓郁，民风淳朴。前墩村毛竹资源丰富，经济结构主要以粮食作物种植、林木种植和高山蔬菜种植为主，是寿山乡高山蔬菜种植基地，并建立有“贵妃鸡”养殖基地。近年来前墩村加大美丽乡村建设力度，扎实推进新村建设，目前已成功通过省级生态村验收，所在乡通过国家级生态乡验收。

7.4.1.2 规划目标

古村落型乡村旅游发展的总体目标确立应该根据市场对古村落的诉求，重在体验传统民居生活，回归原乡，感受淳朴和原始，充分挖掘古村落的特色旅游资源，确立主题，可定位为具有体验原乡功能的独具主题的乡村休闲度假地。

以前墩村为例，根据前墩古村的乡村旅游资源和特点，将其乡村旅游发展总体目标定位为：以“原乡”理念对前墩村进行规划，着力保护乡村原生态自然景观、乡村景观与乡村文化本色，以原乡环境和原乡文化为核心吸引力，发展乡村“慢生活”体验旅游，将前墩村发展成为一个以乡村古道为特色、生态环境优美的古村休闲度假旅游目的地，争取成为全国休闲农业与乡村旅游示范点。

7.4.1.3 战略定位

A 总体定位

古村落乡村旅游总体定位应该根据古村旅游资源特色与发展条件分析，结合与周边城市或者周边景区的关系进行定位。以前墘村为例，将前墘古村乡村旅游发展定位为：以美丽乡村建设为背景，依托白水洋·鸳鸯溪景区的带动作用，以高山生态、原乡风情为特色旅游资源，开发原生乡村、原色乡村、原真乡村旅游产品，把前墘村打造成为以“原生态、慢生活”为亮点的乡村休闲度假旅游目的地，成为兼具乡村度假、生态休闲、高山避暑等功能的乡村旅游特色村。

B 形象定位

古村落乡村旅游地的形象定位首先要考虑旅游者心目中古村落的形象，凸显传统古朴的村落建筑特色、纯然的古村田园风光、复古的古村生活和具有地方乡土特色的古村文化，通过具有古村风格的形象口号和古村居民的淳朴形象充分体现，并通过广泛的宣传和推广形成一个具有古村旅游地各要素资源的形象集合。

根据前墘古村乡村旅游主体资源，充分考虑市场需求导向，综合考虑未来乡村旅游发展前景，将前墘古村乡村旅游总体形象定位为：前墘村古道人家。

“古道人家”——体现前墘古村的乡村旅游资源主体和特色，重修前墘古村中的古道，通过古道人家的打造，恢复古道人家生活、生产和生态景观，吸引旅游者在前墘古村体验生活、参与生产、感受生态、回归原乡。

C 市场定位

古村落乡村旅游地市场定位不同于一般旅游地重在考虑区位地理条件，而应重点考虑该乡村旅游地的性质，是属于城市依托型，还是景区依托型古村落乡村旅游地。城市依托型乡村旅游地的市场定位在经济较发达，交通较便利的城市地区；而景区依托型的古村旅游地则应该定位为主要景区的客源分流地。

根据前墘村的区位条件、发展实际，前墘古村乡村旅游发展主要依托的是白水洋·鸳鸯溪景区，将其定位为白水洋·鸳鸯溪景区的旺季分流地和淡季的重要补充，能缓解白水洋·鸳鸯溪景区旺季接待压力，同时与景区形成鲜明的资源和功能互补，共同促进屏南县大旅游发展。因此前墘古村旅游发展应以白水洋·鸳鸯溪景区游客为主要目标市场，辐射带动周边市场。

7.4.1.4 发展战略

（1）文化融合，打造精品。古村落文化是古村旅游发展的灵魂，乡村旅游发展应该充分融合山文化、水文化、古道文化、桥文化、民俗文化、宗教文化和古民居等当地历史人文资源，与农民生产生活相互融合，以文化润色农业，以文化丰富乡村生活，形成具有深刻文化内涵、独具地方特色的乡村旅游品牌，并通过串点成线，形成精品路线，提高知名度，助推古村旅游发展。

（2）优势互补，联动发展。古村落旅游资源中，村落景观是重点，但在实际开发过程中，应该融合古村乡野景观和民俗风情，并与周边资源相结合，在突出重点的基础上，始终把目光放在全村甚至全乡、全县乡村旅游发展的整体环境中，施行“捆绑发展”“联动发展”，实现优势互补；各区域在乡村旅游项目开发上应从大区域考虑，树立区域一体化思路，加强联合，共同发展，努力避免投资浪费和恶性竞争，以促进整体经济效益的提高。

（3）提升形象，塑造品牌。着重完善前塝古村原乡旅游产品体系，突出前塝古村旅游产品特色，提高市场影响力和吸引力；加强营销，更新营销手段，加大形象驱动的力度，增强前塝古村旅游产品的主打品牌效应；强化休闲农业与乡村旅游的休闲性、生态性、体验性、文化性、度假性、养生性，融合地域文化内涵，以鲜明的旅游形象对游客产生强大的吸引力，实行品牌发展战略。

（4）统筹兼顾，持续发展。古村旅游资源开发、古村旅游项目建设必须以有利于原生态环境、乡村人文环境和乡村旅游资源的保护为重要保障，把生态环境置于重要地位，特别注重对传统民居建筑、山体、水体、乡村文化等资源与环境的保护；加强对旅游基础设施和服务设施建设的监管力度，杜绝破坏环境的建筑设施；重点培育旅游者良好的旅游环境意识，倡导文明旅游；加强对乡村旅游经营单位的管理，完善监督机制；始终贯彻“严格保护、统一管理、合理开发、永续利用”的方针，正确处理好乡村旅游发展与资源环境保护的关系，实现经济效益、社会效益、生态效益的统一。

7.4.1.5 总体布局

古村落应该根据当地的古建筑、传统文化、自然景观等资源，以古民居、古祠堂、古道、古桥、古树、田园景观等资源为主要开发对象，结合各类资源的布局进行总体布局和功能分区规划。一般而言，古村落应突出其古村生活体验的主题，具体功能分区可以包括旅游服务区、遗址展览区、居民生活体验区、田园景观区、文化展示与体验区等，涵盖旅游服务、观光旅游、文化体验、生活体验、农事体验、商品展卖、艺术展览、遗址游览等功能。

根据前塝古村旅游资源的地域分布、特色和组合情况，结合前塝村乡村旅游发展定位，将前塝村乡村旅游发展的总体布局确定为“一带三区”：一带——彩虹农业观光体验带，三区——罗经山野休闲区、河岸古村度假区、龙泉谷生态体验区。“一带”：彩虹农业观光体验带，利用前塝村高山蔬菜种植基础，结合竹子、柿子、洋茄花、蘑菇栽培和贵妃鸡养殖等产业资源，引进其他适合前塝村种植的其他蔬果、花卉品种，以优美的山野景观和丰富多彩的农业体验活动形成前墘村特色农业产业，打造一个四季集生产、观赏、体验等功能于一体的多彩生态农业观光体验带；“三区”为罗经山野休闲区、河岸古村度假区、龙泉谷生态体验区，分别以罗经山自然景观、村庄景观和龙泉谷水体景观为资源依托，重点打造以山野休闲、古村漫游度假、水体生态休闲等为主要功能的三个功能区。具体见表7-6。

表7-6　前墘村乡村旅游发展功能分区和功能定位

总体布局	功能分区	功能定位
一带	彩虹农业观光体验带	农事体验、古村休闲
三区	罗经山野休闲区	高山避暑、山野休闲
	河岸古村度假区	古村休闲度假
	龙泉谷生态体验区	古村生态休闲

7.4.1.6　项目策划

A　彩虹农业观光体验带

（1）规划范围：前墘村村庄所在地周边环山区域。

（2）功能定位：农事体验、古村休闲。

（3）规划思路：以周边山林的绿色为基底色，选择适合前墘村种植的彩色蔬果、花卉、林木等，如樱花、枫树、水杉、玫瑰、薰衣草、橙等成带状或分块种植；根据季节搭配，形成大地彩虹景观。根据结果期的不同，开展各种主题的采摘体验活动。利用前墘村高山蔬菜种植基础，结合竹子、柿子、洋茄花、蘑菇栽培和贵妃鸡养殖等产业资源，引进其他适合前墘村种植的其他蔬果、花卉品种，以优美的山野景观和丰富多彩的农业体验活动形成前墘村特色农业产业，打造一个四季集生产、观赏、体验等功能于一体的多彩生态农业观光体验带。

（4）规划项目：蔬果欢乐园、蘑菇小屋、彩虹花园、贵妃庄园、彩虹桥、彩虹工坊。

B　河岸古村度假区

（1）规划范围：前墘村村庄所在地。

（2）功能定位：古村休闲度假。

（3）规划思路：建设河岸古村度假区，打造“原真乡村”旅游产品；结合山景、村景、水景和田园景观打造，形成一条景观优美、气质古朴、文化悠远的乡村景观画廊，突出前墘村“原山原水原乡”的生态景观和“真情真意真文化”的人文氛围，共同打造“原生、原色、原乡”乡村旅游产品，有效串联前墘村四大功能分区中的各个主要景点，为游客提供一个可“探村、涉险、寻山、觅水、赏花、摘果”的古道主题原乡风情体验地。

（4）规划项目：景区入口、古道广场、碧波小桥、河岸古村舍、乡村大戏台、茶盐古道、原乡度假酒店。

C 罗经山野休闲区

（1）规划范围：罗经山。

（2）功能定位：高山避暑、山野休闲。

（3）规划思路：以原生态的理念规划设计罗经山景区，在保护自然景观的基础上，以天柱峰、蘑菇岩、公鸡寨为主要景点，主要景点之间以游线串联，游线上零散分布罗经石、母鸡寨、顽熊石、万仞山等以远观为主的景点。景点间根据原生态植物景观打造不同主题的林间步道，并突出罗经山丰富的竹林资源，打造竹海休闲区。

（4）规划项目：天柱峰、蘑菇岩、公鸡寨、母鸡寨、林间步道、竹海休闲区。

D 龙泉谷生态体验区

（1）规划范围：龙井所在地，包括周边森林。

（2）功能定位：古村生态休闲。

（3）规划思路：以龙泉谷水体景观为资源依托，重点营造以古村中的水体生态休闲景观，打造“原生乡村”旅游产品，让游客在古村中感受原生态和纯然原始的乐趣。

（4）规划项目：龙泉谷、五彩林。

7.4.1.7 旅游产品规划

古村旅游旅游产品体系丰富多样，观光旅游产品是基础，休闲度假旅游产品是重点，但古村落所蕴含的深厚的文化底蕴只有被旅游者亲身体验后才能给予旅游者深刻的印象。因此古村落旅游体验活动的设计显得更为重要。设计古村落旅游体验活动必须考虑当地的特色资源，从古民居建筑、当地民俗风情、历史传说、传说风物等入手，以市场需求为导向，利用古村落文化资源，搭建一个真实的体验环境，设计成具有本土性、主题性、知识性、娱乐性、刺激性、参与性的体验产品。通常，古村落的旅游体验或活动包括基于乡村自然风光的体验、基于民俗活动的体验、基于民间工艺的体验等活动。

以前墘村为例，根据前墘村乡村旅游资源特色、空间分布，遵循乡村旅游产品开发的体验性、特色性等原则，将“原生乡村”“原色乡村”“原真乡村”确定为前墘村乡村旅游产品体系主要组成部分，涵盖观光旅游产品、休闲度假旅游产品、节庆旅游产品、特色乡村旅游商品等，分别以“美丽前墘”“休闲前墘”“欢乐前墘”“特色前墘”为旅游产品品牌，以观光旅游产品为基础，重点开发休闲度假旅游产品，以节庆旅游产品和特色农业旅游商品为补充。具体见表 7-7。

表 7-7 屏南县前垅村乡村旅游产品体系

产品品牌	产品体系	主要类型	开发要点
美丽前垅	观光旅游产品	农业观光旅游产品	开发赏花、赏果、田园观光等农业观光旅游产品，丰富游客观光游览内容
		乡村观光旅游产品	通过修葺古建筑、古街坊，修复古村落，整体打造古村落景观；挖掘乡村传统文化、民族文化和宗教文化；依托一村一主导产业，融果园、稻田、水塘、古村落等于一体，打造乡村景观，展现乡村风光、乡村文化
		森林生态观光旅游产品	依托罗经山开发以森林景观为依托的森林观光旅游产品
休闲前垅	休闲度假旅游产品	古村原乡休闲度假旅游产品	以前垅村为依托，重点修缮和改造传统民居，适当开发民宿，营造乡村宁静、古朴氛围，深化传统古村落特色的文化主题
		森林休闲度假旅游产品	建设森林休闲度假旅游设施，配套高质量服务和个性化旅游产品
		前垅乡村风情节	以乡村民俗文化、乡村淳朴民风、乡村美食为特色，充分展示前垅乡旅游发展成果
欢乐前垅	节庆旅游产品	前垅乡野运动会	在农闲季节，开展具有特色的农事活动项目的前垅乡野运动会
		前垅欢乐采摘节	开展欢乐采摘节，开展果蔬采摘体验、深加工体验等深度旅游产品
		前垅花卉艺术节	以“花现前垅”为主题，定期或不定期开办前垅花卉产业论坛、艺术论坛，推广花卉科普知识，推广花卉艺术
		前垅农家伴手礼	包括以脐橙、贵妃鸡、锥栗、食用菌、竹制品等为主打的前垅特色农家有机农产品
特色前垅	特色乡村旅游商品	农家特色餐饮产品	包括米烧兔、肠中肠、糍粑、一捧雪、鸳鸯果等前垅农家餐饮，花卉特色餐饮，以及农家时令土特菜品
		养生保健产品	开发以中草药、花卉等为原料，开发特色药用糖果、饼干等旅游商品

7.4.1.8 专项规划

A 古村内部道路规划

古村落内部道路系统设计应该注重古街古巷的保护，综合考虑排水、游览等需要，保持原有古道路的宽度、铺装，新建的道路采取与古街道相同的材料、比例，串联主要景点，保存或恢复古桥的原有形态，结合周边典雅的绿化和园林景观设计，让旅游者采用步行的方式，漫游在古村落中，感受古村原始风貌和悠闲生活。

以前墘古村为例，作为一个以古道为主题的古村落乡村旅游地，应该重新修建茶盐古道，并结合古道两侧的田园景观，让游客漫步在经过岁月沉淀之后的茶盐古道上，感受前墘村厚重的历史文化的同时，欣赏周边美景，呼吸新鲜空气，享受海拔900米高山的幽静岁月。此外，村庄内部原有的石板路由于目前被破坏，影响古村落景观，因此，应恢复村庄石板古道，让游客走在古朴的石板路上，穿梭在小巷间，在绿树红花间，聆听小溪潺潺流水声，呼吸沁人心脾的空气，感受宁静而悠远的乡村气息；同时，修整原有的廊桥，保留廊桥的传统结构和梁上的字迹，增加美人靠、石桌等设施，将其改建成为游客休憩区，以不同形式的道路丰富游客体验。

B 住宿设施规划

古村落乡村旅游住宿设施的建筑风格应该力求本土化、生态化，外观设计符合当地传统民居风格，体现古朴、典雅特点；针对市场的多样化、主题化、体验化需求，逐步形成功能齐全、布局合理、特色明显的，涵盖乡村酒店、乡村客栈、乡村民宿等多样化乡村旅游住宿产品，满足不同人群的休闲度假需要。在旅游住宿设施的建设取材和设计上，应尽量讲求低碳化，体现节能环保的要求。

就前墘古村而言，现有的住宿设施数量少，经营规模小，客房总量和床位数难以满足未来乡村旅游需要，住宿设备设施不完备，经营管理水平和服务质量低，缺乏特色乡村酒店和主题住宿接待设施。规划应选择几家传统民居为游客提供特色乡村主题住宿，民居的外部装修与整体一致，内部装修除了体现传统风格外，应保证相应的接待设施，并按照家庭、情侣、闺蜜等不同群体的需要，打造温馨、浪漫、可爱等不同风格的乡村主题客房，并提供当地特色农家餐饮；中远期在旧校址处建设原乡度假酒店，满足游客住宿、餐饮、会议、娱乐等多种需求。度假酒店外观采用闽东民居建筑风格，内部富有创意和设计感，建设有接待大厅、标准客房、会议中心、餐厅及棋牌室等，为游客提供便利的服务。

C 餐饮设施规划

古村落餐饮应以当地特色小吃为吸引力，开发不同主题的花卉、水果绿色餐饮，类型覆盖乡村农家、度假酒店等，美食与美景相结合，形成地域餐饮文化特色明显、个性化服务水平高、就餐环境优越、安全可靠的乡村旅游餐饮，成为前垅古村旅游发展的重要组成部分。

以前垅村为例，当前的餐饮设施不完善，特色不够突出，具体规划可在菜肴设计上，以米烧兔、肠中肠、一捧雪、鸳鸯果等为寿山乡餐饮特色小吃，以当地高山蔬菜、贵妃鸡等为主要食材，提供寿山乡特色饮食；可直接向游客展示独特的烹调技术、烹制器具，还可以进行现场的饮食礼节表演，使之成为寿山乡乡村旅游旅游产品不可或缺的一部分；同时加强特色餐饮产品的系列开发和深度开发，开发以花卉、脐橙等特色花卉、水果主题餐饮，形成项目地独具特色的餐饮主题；各餐饮设施的主题设计、建筑风格与内部装潢上，应与周边乡村的风格、地域文化以及餐饮文化相协调；在餐饮设施类型设计上，要根据游客类型的不同，规划不同档次、不同口味的餐饮设施，满足不同游客的餐饮需求；加强餐饮网点的整治工作，加强行业管理，重点优化就餐环境，提高个性化服务水平。

D　购物设施规划

古村旅游购物设施应该以绿色、低碳化为规划理念设计购物设施，就地取材，购物设施建设风格与周围环境相协调，与游客农事体验、DIY 手工制作体验活动相结合，重点研发方便游客携带、保存的寿山特色蔬果、花卉、竹制品等，以其他具有寿山特色的手工艺品为补充，不断丰富乡村旅游商品体系，并在选料和包装方面精心设计，创出独具寿山特色的旅游商品品牌。

前垅古村旅游购物设施可以依托古村老宅、祖祠、集散广场、谷场、古街等传统建筑，旅游商品以前垅特色饮食、农副产品为主，包括土特产品系列、手工艺品系列、旅游日用品系列等。

E　娱乐设施规划

古村落旅游娱乐设施应该根据客源市场需求，在各功能区建设类型多样的休闲娱乐场所，配套满足各消费层次游客需求的娱乐项目；加强乡村景观绿化、美化，开展乡村民俗体验、农事体验活动；在森林区域增设适量趋向参与性、趣味性、科学性的康乐养生设施，包括森林疗养、露营、垂钓等游乐项目。

F　古村旅游整体景观规划

通常来讲，古村落的最大特点除了体现在宗教信仰、宗教礼制、人文典故和民俗民风外，更从村落的选址、布局、山水格局等方面体现了人与自然的和谐，从建筑的外观、细部装饰体现了古村居民的智慧和艺术造诣，体现出与现代建筑强烈的反差。古村落整体景观设计首先应该保护古村落的风水格局和村庄的布局。根据古村落当地的情况，营造一幅融合山、水、村庄的山水田园画，在古村的风水建筑、风水树木处建设相应的休憩设施，突出古村风水格局的游赏性。此外，保护古村的民居、街巷、水系、道路、树木等，对于破旧的宗教建筑、名人故居进行修复，以“修旧如旧”的原则保持古建筑的原貌。在古村落景观设计中，还应该重视对与传统风格格格不入的现代建筑的拆除和改造。运用当地传统民居的建筑方式，对新建筑进行立面改造，更换门、窗、栏杆，立面加建特色围墙灯方式，最大限度与传统的民居在材料、色彩、体量上相协调，共同打造一个和谐、古朴的古村落整体景观。

以前坳村为例，首先应该加强村庄房屋整治。结合各个村落的房屋建筑特色、整体发展定位及旅游项目设计等对村庄房屋整体景观进行整治与改造，主要包括屋顶的斜屋面改造、房屋的立面外观装饰、当地传统文化元素的增设、周边景观小品的配置等。各个村落的房屋整治应各具特色，别出心裁，体现出一定的差异性，与村落的其他景观相互映衬，相互协调，形成一个有机整体。大力推进村旁、宅旁、水旁、路旁以及村口、庭院、公共活动空间等绿化美化，充分利用现有自然条件，突出自然、乡土原则，各道路节点绿化规划主要以绿化和美化为主，结合标志性景观小品，烘托旅游区的各个主题；村庄内部游步道各具主题和特色，两旁以保持自然原生状态为主，沿路的植物景观在视觉上应做到有遮有敞，有疏有密，有高有低，景观协调。

7.4.2 案例分析

（1）本土化原则。古村落旅游规划与产品开发应遵循本土化原则，既要求在古村落旅游开发过程中，以原始乡村生态环境为依托，以村落历史文脉为基础，保持原始乡村聚落、乡村景观、传统文化的原汁原味，保留古朴典雅的风格，同时要求充分挖掘乡村特色，包括住宿、餐饮等的本地取材、本地风格和乡村服务的本地化、个性化。

（2）特色化原则。古村落旅游规划的特色化原则要求古村落旅游点的建设和运营受当地资源与环境条件约束，因此规划要考虑当地的地势地貌、资源条件和生态环境，选择适宜的主导产业和产品进行开发，强化当地资源特色，重视特色文化内涵的挖掘与包装，突出原始聚落淳朴、自然的氛围，充分结合当地农业资源和传统文化，打造具有原始聚落特色化的古村落旅游产品，形成古村落旅游发展的独特个性和品牌。

（3）景村一体化原则。在景村一体化原则的指导下，综合考虑古村落旅游发展与美丽乡村建设需要，实现旅游基础设施与农村公共服务设施一体化、原始聚落旅游景观与农村风貌建设一体化、旅游环境建设与村落居住环境改善一体化、乡村旅游产业与农村三大产业一体化，把古村落旅游发展融入美丽乡村建设的全过程，以古村落旅游发展提升美丽乡村品牌，以乡村建设促进古村落旅游发展，实现景村协调发展。

总之，古村落旅游规划的重点在于以最少的人工干预，最大限度地保存古村落整体景观、真实的生产生活方式和最原真的乡风民俗文化，通过合理的功能分区和符合当地特色的功能定位，以古村落乡村生态美和人文美，丰富美丽乡村内涵，体现人与自然的互动，人与人的和谐生活，让人们回归原真乡村。

7.5 水乡型乡村旅游——以连城县木陂村为例

水是乡村旅游规划中最重要的景观要素之一。我国大多数乡村聚落建设在河口、湖泊等靠近水源的地方，江南的村落更是把水系作为主要街道，形成了典型的小桥流水、粉墙黛瓦的水乡特色景观意象。水乡旅游就是在这一基础上发展起来的。

水乡旅游是以乡村水系为主体，将水系景观与乡村自然生态景观、聚落景观、经济景观、文化景观等其他旅游资源有机结合，以水乡村落为其活动场所，满足游客观光、休闲、度假等目的的一种旅游形式。受自然环境因素影响，我国现有的水乡旅游景区主要分布在水网密集的长江三角洲和珠江三角洲地区，典型代表有江南六镇，分别是江苏吴江同里、江苏昆山周庄、江苏吴江角直、浙江嘉善西塘、浙江湖州南浔、浙江桐乡乌镇。

7.5.1 连城县木陂村乡村旅游规划案例

7.5.1.1 项目地概况

木陂村（以下简称“项目地”）是龙岩市连城县曲溪乡管辖的行政村，位于连城县东部、曲溪乡西南部，东与蒲溪接壤，南连莒溪，西连文亨，北与黄胜村相邻，距曲溪乡集镇 25 千米，距曲溪 205 国道 24 千米，距县城 48 千米。

项目地地处连城县内陆山区，全村四面环山，呈山区盆地地形。村庄紧靠天子山，平均海拔 1100 米，属亚热带季风湿润气候区，冬夏交替明显，气候温和湿润，优越的自然生态环境有利于高山避暑度假旅游产品的开发。项目地水资源丰富，地表水均属山泉水。村中心有一条主要溪流自西北向东南缓缓穿村流过，成为项目地的主要街道，在村中心形成独特的水文景观。项目地森林覆盖率高达 97%，目前的植被资源以原始林作物为主，大体分为毛竹林、松树、杉木、阔叶林等树种，拥有柳杉等国家二级保护名木、千亩铁杉林基地、万亩竹海，是闻名遐迩的省级园林示范村。项目地充分利用山地多的优势，大力发展毛竹业和蔬菜种植业，全村现有毛竹林 11000 亩，建立了 1000 亩的果园种植基地，200 亩的蔬菜、雪莲果等经济作物试点种植基地，这为项目地发展乡村旅游提供丰富的休闲农业资源。此外，项目地现有明建的“关帝庙”“兴益公祠”和“新田祠堂”

等工艺精巧的建筑景观，以及天子山、貌姑山、村口的天然水牛潭、接近天子山脚的石人岭等自然景观；每年10月，在天子山还可见一片规模约200亩的杜鹃花海景观，这都有利于水乡旅游的综合开发。

7.5.1.2 规划目标

项目地规划以天子山十月杜鹃花海景观为依托，结合木陂村高海拔的气候优势及优美的乡村环境，形成“山上观光、山下度假”的联动发展格局。以乡村水系为发展主体，整合木陂村的自然景观、人文景观，将木陂村历史与客家文化点滴融入其中，以水街的形式展现深厚而多彩的木陂村客家文化与农耕文化，突出水乡特色，开发乡村度假旅游产品，将项目地建设成档次较高、服务质量较好的梅花山高山水乡度假旅游地。

7.5.1.3 战略定位

A 性质定位

以天子山十月杜鹃花海景观为亮点，以乡村田园景观、客家民居、天子山、貌姑山、天然水牛潭、登龙桥、高山茶园、铁杉林、柳杉林等旅游资源为依托，以乡村水系为发展主体，突出水乡特色，将项目地建设成为集水乡观光、休闲度假、森林养生为一体的梅花山高山水乡度假旅游地。

B 形象定位

（1）主题形象定位。在对项目地的地质地貌特征、资源分布情况、文化脉络构成等要素分析的基础上，运用旅游形象策划的一般理论，将木陂村乡村旅游总体形象定位为“十月杜鹃柔情水乡”。

（2）形象宣传口号为：“倚高山花田，体水乡情韵；游诗情水街，宿淳朴农家。”

7.5.1.4 总体布局

根据木陂村旅游资源的地域分布、特色和组合情况，按照类型相近、功能相似的空间组织原则，将木陂村的空间布局定位为“一心四区”：“一心”即游客服务中心；“四区”即水街风情体验区、山地养生度假区、乡野休闲农耕区、森林生态静养区。见表7-8。

表7-8 木陂村总体布局

功能分区	主题定位
游客服务中心	旅游接待服务
水街风情体验区	亲水观光、民俗体验

续表 7-8

功 能 分 区	主 题 定 位
山地养生度假区	休闲度假
乡野休闲农耕区	林业种植、农事体验
森林生态静养区	森林养生、森林观光

7.5.1.5 项目策划

A 游客服务中心

规划村委会对岸的广场周边空地为项目地水乡旅游的集散中心，配置游客接待中心、生态停车场、乡村客栈等基础设施，为游客提供休憩、咨询、购物等旅游综合服务。

为突出项目地的总体旅游形象，规划对村委会办公楼前的广场进行拓宽改建，广场中间的花圃内分环种植红、紫、黄、白、粉等花色的杜鹃花，带给游客强烈的视觉冲击与景观美感，广场四周用杜鹃花盆景点缀，将其作为木陂村的标志性景观，突显“十月杜鹃”主题形象，打造集杜鹃花观赏、客家文化展示、客家民俗演绎为一体的休闲文化广场。并在旁边建立一座用于展示、制作、销售杜鹃花盆景的杜鹃花盆景苑。

B 水街风情体验区

为突出水乡旅游主题，规划在村庄中心水系及两侧村庄聚落开发一片以亲水观光、民俗体验为主要功能的水街风情体验区。

从营造水乡风貌的角度来看，通过采用堤坝设计、综合运用自然驳岸和硬质人工驳岸等策略转变乡村水系无景无趣的生硬特点，改造成为集步行、游赏、休憩等功能于一体的河滨游廊，融入亭台、石级、汀步、廊榭、桥梁、水车、民居、商业街、传统作坊等水乡标志要素，形成“一河两街”的基本格局，体现“小桥、流水、人家”的水乡面貌。

从展示水乡文化的角度来看，对街道沿岸现有建筑的立面改造，设置旅游商铺，开设旧式米行、茶店、茶馆、酒肆、饭庄、杂货店、零食店、工艺品商店、传统小吃作坊等项目，既供居民购买生活用品，也可供游人选购和制作特色工艺品，还能让游客亲自品尝选购、参与制作客家特色小吃；商铺悬挂古色古香的招牌、灯笼、字画等，营造古朴的水乡风貌和木陂历史民俗文化氛围，将其打造成为具有浓郁客家文化特色和木陂民俗风情的旅游商业步行街。以乡村水街的形式展现丰富多彩的木陂历史和客家文化。

基于求知、娱乐等体验，可以依托河滨游廊和乡村水街，开展多种亲水体验活动，如于元宵节举办“智者乐水”文化旅游节，在游廊上开展猜灯谜、观灯会、放水灯等活动；七月初七举办鹊桥会，依托游廊、桥梁等设施，借董永与七仙女的传说，针对年轻情侣，模拟鹊桥相会场景，开展水街隔河相会、隔岸对歌、隔岸抛绣球等活动。通过各项亲水节庆活动的开展，进一步扩大“柔情水乡”的旅游品牌影响力。

C 山地养生度假区

为配合项目地水乡旅游体验和优越的高山生态环境优势，规划在利用村庄左侧山地开发一片以休闲度假为主要功能的山地养生度假区，满足面向高端度假市场的旅游需求。以木陂村山、水、林俱有的原生态环境为基点，融入休闲养生的生活理念，提升养生内涵，建设生态水吧、生态餐厅、特色度假聚落等配套项目，构筑天人合一的居住环境，与水街风情体验区相互补充，相得益彰，全力打造木陂村高端度假旅游品牌。

为了进一步提高木陂村水系景观的多样性，突出水乡特色，规划中对村庄上游的溪流水道进行清淤整治、水面拓宽，在水流较大的地方进行人工挖掘，在原有乡村水体的基础上，引入多个新的小型跌水、瀑布、水潭、湖面等开放性水域空间，形成游览中心或视觉焦点，水面设置水车、碾车等水利设施，丰富景观内涵。依据山、水、林俱有的原生态环境，将现代建筑中的杰作——“流水别墅”和客家民居建筑风格相融合，在溪流两边依山势零星布置建造4~5座流水人家，院内种植杜鹃、梅花、樱花等，以花命名，以茂林、修竹、流水、缓坡为依托构筑环境幽雅、宁神静气的居住环境。同时配套建设翠竹山居（木屋别墅）、绿谷生态餐厅、生态水吧等项目营造休闲度假的旅游氛围。

D 乡野休闲农耕区

为丰富水乡旅游的游乐项目，规划利用项目地村庄右侧山地开发一片以林下种植、农事体验为主要功能的乡野休闲农耕区。依托现有的农田、竹林，利用果蔬资源、花卉资源等，构造一条杜鹃花海、花果休闲带，营造优美的乡村农业景观；利用丰富的竹林资源和花果休闲带的林下空间，发展林下种植；同时让游客积极参与野菜采摘、瓜果采摘等活动，体验乡村劳动的趣味。

E 森林生态静养区

为配合水乡度假旅游主题，规划在项目地村庄周边森林区域开发一片以森林养生、森林观光为主要功能的森林生态静养区。依托木陂村森林风光特色及高海拔地势，对木陂村森林进行适当修整，建设森林疗养基地、森林野钓点、森林露营地等满足游客养生需求的休闲设施和旅游项目，使之成为项目地乡村旅游的重要补充。

7.5.1.6 旅游产品规划

综合考虑项目地的旅游资源禀赋、生态环境、区位条件、市场能力等要素，按照观念创新、市场导向、资源互补、精品塑造等原则，形成以生态观光旅游产品为基础，以休闲度假及文化体验旅游产品为主体，以科普教育、专项等旅游产品为补充的多元化复合型产品体系。具体见表7-9。

表7-9 木陂村旅游产品体系

产品体系	产品名称	产品层次	主要项目支撑
生态观光旅游产品	田园观光游	基础旅游产品	杜鹃花海、花果休闲带
	水体观光游	基础旅游产品	流水空间
休闲度假旅游产品	避暑度假游	主体旅游产品	水乡农家、翠竹山居、流水人家
	休闲娱乐游	主体旅游产品	乡村水街、流水空间、生态水吧、河滨游廊、石级汀步
	客家美食游	主体旅游产品	绿谷生态餐厅
	康体健身游	补充旅游产品	森林疗养基地、森林野钓点、森林露营地
文化体验旅游产品	农耕文化体验游	主体旅游产品	野菜种植园
	客家民俗文化游	主体旅游产品	水乡文化广场
科普教育旅游产品	科普教育游	基础旅游产品	杜鹃花盆景苑
专项旅游产品	商务会议游	补充旅游产品	天子山客栈
	摄影采风游	补充旅游产品	村落摄影采风

7.5.1.7 乡村旅游配套设施规划

A 道路交通规划

（1）外部交通规划。规划修复蒲溪村至木陂村的损毁路面，在道路的适合路段拓宽，能满足两辆中小型车平行交会。在沿线设置交通指示牌、安全警示牌，完善路灯工程，并对车道两旁的景观进行绿化、美化。

（2）内部交通规划。

1）主干道。为村庄人口至村委会前的广场路段，已全部硬化，路面宽度2~3米，只适合小型车辆单向通行，规划将主干道进行拓宽，能满足两辆中小型车平行交会。对入村路旁的柳杉林加以保护和补充种植，作为人口景观大道。

2）游步道。指各功能分区内连接各游览景点、设施的小道，为主干道、次干道的补充和完善。游步道宽1.2~1.5米，当游步道坡度大于12°时，应随坡筑成踏步，在有需要的地方设休息平台。项目地规划修建乡村溪流两边的河滨游廊、乡野休闲农耕区的杜鹃花道、山地养生度假区内的植物走廊、森林生态静养区内的山地绿道等游步道，见表 7-10。

表 7-10　木陂村主题游步道规划

步道名称	建设地点	功　能	路面材质
河滨游廊	水街风情体验区	亲水休闲、观赏水街风情	木板
杜鹃花道	乡野休闲农耕区	杜鹃花海观光、拍摄	木板
植物走廊	山地养生度假区	竹林观光、科普教育	木板
山地绿道	森林生态静养区	森林观光、登山运动	碎石

①河滨游廊：对乡村水系进行驳岸改造，建设一条集步行、游赏、休憩、观水多功能于一体的河滨游廊，游廊临溪一侧设有护栏，沿路一侧种植杜鹃，游廊内设置座椅、木桌、灯笼等文化小品，并沿游廊设计夜景灯光。

②杜鹃花道：围绕村庄周边的山地种植根据花色种植多环杜鹃花，作为整个村庄的景观带，形成大片规模的杜鹃花海，开设一条花间栈道，沿栈道配套观景平台、赏花亭等休闲设施。

③植物走廊：在山地养生度假区规划一条植物走廊，连接流水人家、生态水吧、绿谷生态餐厅、翠竹山居等景点，走廊路面铺设木栈道，搭架种植藤本植物。

④山地绿道：沿森林景致丰富优美的线路设置几条适于游人游览、运动的山地绿道，步道以碎石材质铺设，沿途打造高山杜鹃花海、瀑布等高山景观，提升登山的乐趣。

B　住宿设施规划

住宿设施的建筑风格力求本土化、生态化，外观设计采用当地传统民居风格，古朴、典雅，体现水乡特色；住宿设施的建设应尽量低碳化，体现节能环保的要求；在住宿设施的类型选择上，应针对市场的多样化，形成功能齐全、布局合理的多样化旅游住宿体系，满足特定人群的度假需要。规划在项目地根据客源群体建设天子山客栈、水乡农家、流水人家、翠竹山居四种类型的住宿设施。

C　餐饮设施规划

在菜肴设计上，以木陂村当地生产的野菜、高山蔬菜等为主要食材，以连城客家特色饮食、特色小吃及野菜美食为主；重视项目地野菜资源的系列开发和深度加工，将餐饮与野菜开发结合，推出“野菜养生宴”、野菜保健食品，包括系列多样化的野菜餐饮产品，如野菜汁、果茶、罐头、菜粉、菜片和速冻野菜等，提升项目地的饮食文化，形成项目地独具特色的餐饮；在餐饮设施的建筑风格与内部装潢上，应采用当地传统民居风格，融入客家文化元素，与周边环境相协调；在餐饮设施类型设计上，要根据游客类型的不同，规划不同档次、不同口味的餐饮设施，满足不同游客的餐饮需求。

规划在项目地建设天子山客栈自助餐厅、水乡农家的客家厨房、绿谷生态餐厅三种类型的餐饮设施。

（1）天子山客栈：在游客接待点内的天子山客栈一层设自助餐厅，提供不同风格、不同口味的餐饮。

（2）水乡农家：以木陂良好的原生态环境和特有资源为基点，依托木陂村特色民居开发水乡农家，以当地农产品为主要食材，提供地方特色餐饮。

（3）绿谷生态餐厅：在游客接待点附近修建一座中高档的绿谷生态餐厅，餐厅以仿竹材料建造，内部用杜鹃花装饰，提供客家特色餐饮、野菜系列菜肴为主。

D 购物设施规划

a 规划思路

购物设施的建设应体现“低碳化”，就地取材，建设风格与周围环境相协调，大力研发方便游客品尝、携带、保存的木陂村野菜保健食品，及其他具有木陂特色的手工艺品、农副产品、土特产品等，丰富旅游商品体系，并在选料和包装方面精心设计，创出独具木陂村特色的野菜系列旅游商品品牌。

b 设施规划

（1）旅游商品购物区：在游客接待点内设一处旅游商品购物区，主要销售旅游生活用品、野菜、蔬菜、竹笋等当地特色土特产品和手工艺品等。

（2）乡村水街：位于乡村水系两岸民居，对两岸民居进行统一改造，销售各种生活用品、特色工艺品、客家特色小吃等。

（3）杜鹃花盆景苑销售区：在杜鹃花盆景苑内开设一处销售区，销售多种形式的杜鹃花盆景。

c 旅游商品规划

木陂村旅游商品主要以竹制工艺品及当地生产的野菜加工品为主，见表 7-11。

表 7-11 木陂村旅游商品体系

旅游商品系列	具 体 内 容
土特产品系列	野菜系列：野菜、野菜干、腌制的野菜、野菜汁等； 竹系列：竹笋、笋干、笋丝等竹笋系类； 其他农产品系列：高山蔬菜、瓜果等
手工艺品系列	杜鹃花系列：杜鹃花挂坠、杜鹃花盆景等； 竹工艺品系列：竹筒、竹篓、竹篮、竹挂画、竹刻笔筒、竹扁担、竹蜻蜓等
旅游日用品系列	拖鞋、扇子、太阳伞、太阳帽、矿泉水、饮料等各类旅游实用的生活用品

E　娱乐设施规划

a　规划思路

根据客源市场需求，在各功能区建设类型多样的休闲娱乐场所，配套满足各消费层次游客需求的娱乐项目；加强乡村水系绿化、美化，打造优美水街风光，开展多样化的亲水娱乐项目；在森林区域增设适量趋向参与性、趣味性、科学性的康乐养生设施，如森林疗养、露营、垂钓等游乐项目；在乡村水街、滨水游廊等布置夜景设施，开发夜间娱乐项目，增加此段的休闲功能，打造木陂水街夜景，丰富夜间旅游活动。

b　设施规划

规划木陂村旅游娱乐设施主要包括水乡文化广场、杜鹃花盆景苑、水车乐园、流水空间、生态水吧、花果休闲带、野菜种植园、森林疗养基地、森林野钓点、森林露营地等，具体规划内容见表 7-12。

表 7-12　木陂村娱乐设施规划

功能分区	娱乐设施	娱乐活动
游客接待点	水乡文化广场	杜鹃花展示、客家文化展示、客家民俗演绎
	杜鹃花盆景苑	杜鹃花盆景 DIY
水街风情体验区	水车乐园	踩水车
山地养生度假区	生态水吧	喝咖啡、品茗、观光、文化休闲
	流水空间	亲水休闲、欣赏水乡风光
森林生态静养区	森林疗养基地	户外瑜伽运动和森林吸氧
	森林野钓点	森林垂钓、森林观光
	森林露营地	露营、烧烤

7.5.2　案例分析

结合上一节规划案例，水乡旅游应以水为主题，其旅游规划除了遵循乡村旅游规划的一般原则外，还应突出以下要点：

（1）注重乡村水系景观的打造，兼顾生态效应与景观效应。水乡旅游规划的重点之一在于乡村水系景观的打造。水系景观的打造应在尊重自然、体现整体性、生态美等原则下，对其水系景观进行生态设计，注意通过合理的堤坝设计使水系得以循环，同时综合利用自然驳岸和硬质人工驳岸设计等策略改变水系无景无趣的生硬特点，使整个水系具有生态效应与景观效应。

（2）注意水乡标志性要素的设计，突出鲜明的水乡特色。水乡旅游规划，要求突出鲜明的水乡特色，与普通的乡村相区别。水乡特色的展现就要以独特的水乡风貌来体现，亭台、廊榭、石级、汀步、游船、码头、桥梁、民居、茶楼、酒肆、传统作坊等是水乡的标志性要素，也是水乡独特的景观形象和魅力所在。因此，在水乡型乡村旅游规划中应当注重水乡标志要素的设计，如上一节的研究案例，将水乡标志性要素浓缩在乡村水街之中，以水街的形式体现“小桥、流水、人家”的水乡面貌。

（3）充分挖掘水乡文化内涵，注重水乡文化的展示。水乡型乡村旅游规划应深入挖掘水乡的地方文化，把有形与无形、静态与动态、口头与行为的水乡文化融入水乡旅游产品、设施或服务中，营造独特的水乡情调氛围。通过水乡标志性要素的设计和文化内涵的挖掘，打造具有独特的水乡景观和浓郁的水乡民俗文化的水街，并与旅游休闲、娱乐和商业活动融为一体，从而带动水乡经济发展。水乡型乡村旅游规划，水乡文化可以浓缩在水街中来设计展现，具体设计方法有：

1）有形（静态）文化细节化处理。水乡的有形文化主要有水街、民居建筑等。水乡旅游规划首先应对其有形文化进行细节化处理。有形文化的细节化处理可以将水乡街道两岸的民居建筑规划成富有水乡特色的临街店铺，恢复旧式米行、茶店、茶馆、酒肆、饭庄、杂货店、零食店、工艺品商店、传统小吃作坊等水乡商业街风貌；水乡建筑景观改造、立面装饰等应以水乡传统民居为主要材料，体现地方民居文化。因此，水乡型乡村旅游规划中应注意地方传统民居特色的挖掘，并将其融入现代的建筑景观中。

2）无形文化物态化设计。水乡无形文化主要有水乡历史、水乡风俗、史诗传说和民间文学艺术等。无形文化的物态化设计，一方面可以根据水乡历史、传说或民俗为主题，以水街的特色旅游店铺为依托，设计不同的主题氛围，展示水乡历史文化氛围、地方居民生活文化等；另一方面可以沿水街护栏、小桥廊榭或河岸景观小品，镌刻水乡民俗、史诗传说、文学艺术等，体现水乡文化。因此，水乡型乡村旅游规划应注意对水乡历史、艺术、民俗等无形性文化的挖掘，并通过旅游建筑、景观小品等进行展示。

3）行为文化动态性演绎。行为文化主要有水乡传统节庆活动，相关的商业会展、传统服饰、地方方言、民间说唱等。行为文化的动态性演绎，主要是指水乡文化在传统节庆、服饰言语、商业会展等方面的行为展示和表演。因此，水乡型乡村旅游规划应考虑有旅游节庆产品，尤其是与水有关节庆产品的策划及相应的配套设施的规划，充分利用水街、巷道、民居、店铺等场所，动态展示水乡民俗文化。

总的来说，水乡型乡村旅游规划，应以水乡原生的自然水系景观与朴素乡土文化为基础，整合农产品、高山水系、山地、乡村民俗等旅游资源，深掘水乡文化内涵，生态设计特色水系景观，增强水乡旅游吸引力，创造一个体现自然生机、主题鲜明、特色突出的旅游目的地。

参考文献

[1] 史玉丁，李建军. 乡村旅游多功能发展与农村可持续生计协同研究［J］. 旅游学刊，2018，33（2）：15~26.

[2] 刘艳. 乡村旅游发展的制度供给与行为范式研究［J］. 山西农业大学学报（社会科学版），2018，17（1）：7~14.

[3] 吕宛青，张冬，李露露. 乡村旅游产业链内涵与特征研究［J］. 旅游论坛，2018，11（1）：30~37.

[4] 王晨光. 集体化乡村旅游发展模式对乡村振兴战略的影响与启示［J］. 山东社会科学，2018（5）：34~42.

[5] 彭亚萍，白祥. 中国休闲农业与乡村旅游可持续发展研究述评［J］. 天津农业科学，2018，24（2）：13~17.

[6] 姚蔚蔚，尹启华. 我国乡村旅游存在的问题及发展策略［J］. 农业经济，2018（1）：59~61.

[7] 周霄. 乡村旅游精准扶贫的内涵解读与路径安排［J］. 江苏农业科学，2018，46（5）：329~332.

[8] 赵承华. 乡村旅游可持续发展问题分析及路径选择［J］. 农业经济，2018（4）：42~44.

[9] 高源. 发展乡村旅游助力乡村振兴应把握"四性"［J］. 中国发展观察，2018（Z1）：51~53.

[10] 周亚琴. 供给侧视角下的乡村旅游发展思考［J］. 安徽农业科学，2018，46（1）：130~132.

[11] 吴靖南. 乡村旅游精准扶贫实现路径研究［J］. 农村经济，2017（3）：99~103.

[12] 杨学儒，杨萍. 乡村旅游创业机会识别实证研究［J］. 旅游学刊，2017，32（2）：89~103.

[13] 刘楝子. 乡村振兴战略的全域旅游：一个分析框架［J］. 改革，2017（12）：80~92.

[14] 林移刚，杨文华. 我国乡村旅游精准扶贫困境与破解研究：基于生产要素视角［J］. 云南民族大学学报（哲学社会科学版），2017，34（2）：121~127.

[15] 张健，董丽媛，华国梅. 我国乡村旅游资源评价研究综述［J］. 中国农业资源与区划，2017，38（10）：19~24.

[16] 许黎，曹诗图，柳德才. 乡村旅游开发与生态文明建设融合发展探讨［J］. 地理与地理信息科学，2017，（6）：106~111.

[17] 陈天富. 美丽乡村背景下河南乡村旅游发展问题与对策［J］. 经济地理，2017，37（11）：236~240.

[18] 邓维杰，何海燕，朱淑婷. 乡村旅游精准扶贫的困境与对策［J］. 农村经济，2017（12）：44~49.

[19] 丁铭. 乡村旅游发展策略研究［D］. 舟山：浙江海洋大学，2017.

[20] 唐静，祝小林，王婷婷. 我国乡村旅游绿色发展探讨［J］. 环境保护，2017，45（Z1）：62~64.

[21] 赵永峰. 全面建成小康社会视域下的乡村旅游发展研究 [D]. 南昌：华东交通大学，2017.

[22] 邹文宽. 全面建成小康社会视阈下的乡村旅游扶贫开发模式研究 [D]. 南昌：华东交通大学，2017.

[23] 银元. 乡村旅游合作社是促进乡村振兴的有效载体 [N]. 中国旅游报，2017-12-15.

[24] 周杨，何军红，荣浩. 我国乡村旅游中的游客满意度评估及影响因素分析 [J]. 经济管理，2016 (7)：156~166.

[25] 张德平. 基于旅游地生命周期的江苏省乡村旅游适应性管理策略研究 [J]. 中国农业资源与区划，2016 (10)：110~116.

[26] 苏燕萍. 乡村旅游经营管理模式——以阳朔为例 [J]. 商丘职业技术学院学报，2016 (4)：53~55.

[27] 赵影，钟小东. 基于旅游地生命周期理论的乡村旅游经济适应性管理策略研究 [J]. 农业经济，2016 (8)：38~40.

[28] 刘爽. 乡村旅游目的地管理及其评价研究 [J]. 科技经济市场，2016 (8)：56~57.

[29] 束良勇. 基于游客需求的浙江桐庐县乡村旅游产品提升研究 [D]. 南宁：广西大学，2016.

[30] 周佳敏，黄炜，白雪琴，等. 集中连片特困区乡村旅游开发管理模式研究——以武陵山片区为例 [J]. 企业导报，2016 (5)：26~27.

[31] 于蓉. 四川省乡村旅游适应性管理问题研究 [J]. 农业经济，2016 (1)：66~68.

[32] 陈秋华，纪金雄. 乡村旅游精准扶贫实现路径研究 [J]. 福建论坛·人文社会科学版，2016 (5)：196~200.

[33] 李妍. 客源市场细分视角下江浙地区乡村旅游产品营销策略研究 [J]. 农业经济，2016 (11)：45~47.

[34] 张德平. 基于旅游地生命周期的江苏省乡村旅游适应性管理策略研究 [J]. 中国农业资源与区划，2016 (10)：110~116.

[35] 龙鸥. 体验性乡村旅游游客感知价值影响因素及其营销策略研究 [J]. 农业经济，2016 (10)：46~48.

[36] 苏燕萍. 乡村旅游经营管理模式——以阳朔为例 [J]. 商丘职业技术学院学报，2016 (4)：53~55.

[37] 赵影，钟小东. 基于旅游地生命周期理论的乡村旅游经济适应性管理策略研究 [J]. 农业经济，2016 (8)：38~40.

[38] 罗晓彤. 休闲经济下乡村旅游市场的开发与营销推广 [J]. 农业经济，2016 (8)：143~144.

[39] 刘爽. 乡村旅游目的地管理及其评价研究 [J]. 科技经济市场，2016 (8)：56~57.

[40] 束良勇. 基于游客需求的浙江桐庐县乡村旅游产品提升研究 [D]. 南宁：广西大学，2016.

[41] 邱元炜. 婺源乡村旅游市场营销研究 [D]. 南宁：广西大学，2016.

[42] 林丽琼. 乡村旅游市场营销策略研究 [D]. 福州：福建农林大学，2016.

[43] 周佳敏，黄炜，白雪琴，等．集中连片特困区乡村旅游开发管理模式研究——以武陵山片区为例［J］．企业导报，2016（5）：26~27.
[44] 霍佳颖．陕北黄土高原乡村旅游资源及其营销策略比较优势［J］．中国农业资源与区划，2016（1）：222~226.
[45] 于蓉．四川省乡村旅游适应性管理问题研究［J］．农业经济，2016（1）：66~68.
[46] 林萍萍，陈秋华，王慧．产权视角下乡村旅游经营模式比较［J］．台湾农业探索，2016（6）：49~52.
[47] 苏燕萍．乡村旅游经营管理模式——以阳朔为例［J］．商丘职业技术学院学报，2016（4）：53~55.
[48] 宋菲．休闲农业与乡村旅游管理经营模式探索［J］．农业经济，2016（8）：21~23.
[49] 苏玉卿．乡村旅游社区主导型经营模式形成机理与优化策略研究［D］．福州：福建农林大学，2016.
[50] 辜静静．农家乐乡村旅游经营模式探究［J］．现代国企研究，2016（6）：121.
[51] 陆崇林．充分开发乡村旅游资源以旅游扶贫带富山村［N］．钦州日报，2016-12-12（001）．
[52] 李会琴，王林，宋慧冰，等．湖北省乡村旅游资源分类与评价研究［J］．国土资源科技管理，2016（5）：26~31.
[53] 于霞．乡村旅游资源评价指标体系研究［J］．四川旅游学院学报，2016（5）：51~53.
[54] 黄军，陈文林．生态行政视角下贵州乡村旅游管理研究［J］．兴义民族师范学院学报，2015（6）：22~25.
[55] 邢夫敏，王倩玉，李姝姝．制定规范提升品质提高乡村旅游服务质量——我国乡村旅游规范化管理现状［J］．吉林农业，2015（19）：38~39.
[56] 王维艳，李强．地役权在中国乡村旅游开发管理中的应用研究［J］．旅游论坛，2015（5）：53~58.
[57] 黄震方，陆林，苏勤，等．新型城镇化背景下的乡村旅游发展——理论反思与困境突破［J］．地理研究，2015（8）：1409~1421.
[58] 吕利云．基于智慧旅游平台的婺源乡村旅游提升研究［D］．南昌：江西师范大学，2015.
[59] 李新．苏州乡村旅游发展管理策略研究［D］．兰州：西北师范大学，2015.
[60] 查爱欢．乡村旅游推进新型城镇化发展模式及影响机制研究［D］．苏州：苏州大学，2015.
[61] 姜奥．福州市乡村旅游企业人力资源管理研究［D］．福州：福建农林大学，2015.
[62] 马悦纳．苏州乡村旅游政府管理中的问题与对策［D］．苏州：苏州大学，2015.
[63] 邓小海．旅游精准扶贫研究［D］．昆明：云南大学，2015.
[64] 黄军，陈文林．生态行政视角下贵州乡村旅游管理研究［J］．兴义民族师范学院学报．2015（6）：22~25.
[65] 吴佳．湖南乡村旅游的网络营销设计［J］．艺海，2015（12）：67~68.
[66] 周路强．晋城市乡村旅游营销策略研究［D］．晋中：山西农业大学，2015.

[67] 邢夫敏，王倩玉，李姝姝．制定规范提升品质提高乡村旅游服务质量——我国乡村旅游规范化管理现状［J］. 吉林农业，2015（19）：38~39.
[68] 孙维雁．乡村旅游资源的集约开发与管理［J］. 中国资源综合利用，2015（9）：44~46.
[69] 王维艳，李强．地役权在中国乡村旅游开发管理中的应用研究［J］. 旅游论坛，2015（5）：53~58.
[70] 唐建兵．新常态下乡村旅游的营销策略研究［J］. 荆楚学刊，2015（4）：49~54.
[71] 付红丹．乡村旅游经营管理模式类型探析［J］. 经营管理者，2015（34）：99~100.
[72] 韦鑫，王小辉．基于社区参与理论的西安乡村旅游经营模式选择研究［J］. 科技展望，2015（6）：212~213.
[73] 苏志斌．法国乡村旅馆发展模式介绍［J］. 旅游纵览（下半月），2015（5）：105~106.
[74] 谢春山，邱爽．观光旅游与度假旅游的差异分析［J］. 旅游研究，2015. 7（4）：11~15.
[75] 王敏，陈国忠，孙文秀．乡村旅游资源分类与评价体系探讨［J］. 齐鲁师范学院学报，2015，30（4）：91~96.
[76] 丁黎明．乡村旅游全面质量管理探析［J］. 农村经济与科技，2014，25（11）：87~89.
[77] 刘桂村．乡村旅游饭店管理对策——以成都三圣乡百花园乡村酒店为例［J］. 湖北经济学院学报（人文社会科学版），2014，11（10）：63~64.
[78] 王乐．山东省乡村旅游发展模式研究［D］. 青岛：中国海洋大学，2014.
[79] 蒋焕洲．贵州民族地区旅游扶贫实践：成效、问题与对策思考［J］. 广西财经学院学报，2014（2）：34~48.
[80] 张新．国内乡村旅游经营模式研究综述［J］. 安徽农业科学，2014（25）：8642~8644.
[81] 陈永胜．基于主体视角的上海城郊乡村旅游经营模式研究［D］. 上海：上海社会科学院，2014.
[82] 李天元．旅游学概论（第 7 版）［M］. 天津：南开大学出版社，2014.
[83] 王翠娟．中国乡村旅游资源的可持续发展［J］. 党政干部学刊，2010（6）：38~40.
[84] 杨帆．浙东地区休闲观光农业规划与探索——以宁波市宁海县胡陈乡为例［D］. 杭州：浙江农林大学，2014.
[85] 赵承华．我国乡村旅游产业链整合研究［J］. 农业经济，2007（5）：18~19.
[86] 何大为，吕士军，李晶琳．黑龙江省专项规划实施引导乡村旅游提质升级［N］. 黑龙江日报，2013-05-31.
[87] 王文珏．中央一号文件首提发展“家庭农场”［N］. 大众日报，2013-02-15.
[88] 王昱飞，张增阳，薛秀春．“马家山庄”的提质扩容——再访绥棱县大力家庭农场［N］. 绥化日报，2013-07-24.
[89] 于长顺，丛兴云．家庭农场成富锦农业新亮点［N］. 黑龙江日报，2013-6-21.
[90] 王浪．乡村旅游资源的分类与评价体系构建［N］. 中国旅游报，2010-03-22.
[91] 张凌云．时少华．李白等，旅游学概论［M］. 北京：旅游教育出版社，2013.
[92] 定军．珰奈湿地的焦虑：谁的景区？［N］. 21 世纪经济报道，2012-08-28.
[93] 李浩淼．民族地区乡村旅游与新农村建设互动发展研究——以西昌市大箐乡白庙村为例［J］. 林业经济，2012（5）：35~37.

[94] 刘伟．黑龙江省推进新农村建设再上新台阶 [N]. 黑龙江日报，2012-12-11.
[95] 龙良富．经济发达地区农村妇女参与乡村旅游的动机研究——以中山市新伦村为例[J]. 旅游学刊，2012（2）：37~42.
[96] 史云鹏，姚建平．兴十四由村变镇正当时 [N]. 黑龙江日报，2012-01-18.
[97] 王涛．英国：旅游业拉动发展 [N]. 经济日报，2012-01-14.
[98] 伍乐平，肖美娟，苏颖．乡村旅游与传统文化重构——以日本乡村旅游为例 [J]. 生态经济，2012（5）：154~157.
[99] 邢夫敏，丁会会．乡村旅游客源市场分析及拓展——基于苏州乡村旅游的调研 [J]. 社会科学家，2012（9）：93~97.
[100] 叶堂林．北京可再生能源发展战略重点及政策建议研究 [J]. 生态经济，2012（5）：147~150.
[101] 张桂英．我省新农村建设步入快速发展新阶段 [N]. 黑龙江日报，2012-02-02.
[102] 梁华，周武生．乡村旅游经营模式的选择——以广西为例 [J]. 农业经济，2012（11）：83~85.
[103] 耿品富，梅素娟，肖兴跃，等．乌当区休闲农业与乡村旅游管理经营模式探索 [J]. 贵州农业科学，2012，40（5）：205~209.
[104] 巩胜霞．皖南乡村旅游农民利益最大化经营模式研究 [D]. 合肥：安徽大学，2012.
[105] 张潇，周建霞，鞠明明．河北省乡村旅游经营模式和利益分配问题研究 [J]. 产业与科技论坛，2012（01）：35~36.
[106] 李明德．乡村旅游资源的普存性和乡村旅游产品的特色性 [A]. 中国区域科学协会区域旅游开发专业委员会、湖北省农业厅、湖北省旅游局．第十六届全国区域旅游开发学术研讨会论文集 [C]. 中国区域科学协会区域旅游开发专业委员会、湖北省农业厅、湖北省旅游局，2012：7.
[107] 胡粉宁，丁华，郭威．陕西省乡村旅游资源分类体系与评价 [J]. 生态经济（学术版），2012（01）：217~220.
[108] 刘辛妍．景区依托型乡村旅游的发展模式研究——以浙江省杭州市桐庐县乡村旅游为例 [J]. 经济研究导刊，2011（14）：25~26.
[109] 白云峰．双峰林场雪乡生“白金” [N]. 黑龙江日报，2011-03-04.
[110] 李传柱，关嘉仪，刘星．齐齐哈尔生态游乡村游受追捧 [N]. 黑龙江日报，2011-10-14.
[111] 刘大泳．漠河北极村：极光照亮幸福路 [N]. 黑龙江日报，2011-05-20.
[112] 王金叶．新农村建设视角下的西部少数民族村寨乡村旅游开发 [J]. 旅游论坛，2011（1）：41~45.
[113] 李秋月．黑龙江乡村旅游资源开发对策研究 [D]. 哈尔滨市：东北农业大学，2010.
[114] 曹水群．以乡村旅游带动农村剩余劳动力转移研究——以西藏地区为例 [J]. 特区经济，2010（5）：161~162.
[115] 窦博如．黑龙江省乡村旅游景区规划问题研究 [D]. 哈尔滨市：东北农业大学，2010.
[116] 高文香，郭剑英．新农村建设与乡村旅游相互贡献评价指标体系的构建 [J]. 特区经

济，2010（3）：182~184.
[117] 曹昱亮. 新农村建设中的乡村旅游建设策略 [J]. 特区经济，2010（7）：181~182.
[118] 金慧子. 韩国乡村旅游发展策略研究 [J]. 辽宁大学学报（哲学社会科学版），2010（1）：79~83.
[119] 孙文秀，陈国忠. 乡村旅游发展的高级化趋势探析——以北京市乡村旅游为例 [J]. 国土与自然资源研究，2010（1）：28~30.
[120] 许国新，海平，李播. 黑龙江省农村金融市场日趋活跃新型农村金融机构逐步建立 [N]. 黑龙江日报，2010-08-24.
[121] 钟凤，李秀霞. 基于新农村建设的可持续乡村旅游发展模式研究 [J]. 中国林业经济，2010（6）：45~47.
[122] 周超，杜怀宇. 宾县质监局为乡村游"加料" [N]. 黑龙江日报，2010-08-03.
[123] 吴殿廷，王欣，耿建忠，等. 旅游开发与规划 [M]. 北京：北京师范大学出版社，2010.